重思资本主义

实现持续性、包容性增长的经济与政策

[英] 迈克尔·雅各布斯（Michael Jacobs）
玛丽安娜·马祖卡托（Mariana Mazzucato） 编著 李磊 等 译 叶绍芳 译校

RETHINKING CAPITALISM

Economics and Policy for Sustainable and Inclusive Growth

中信出版集团 · 北京

图书在版编目（CIP）数据

重思资本主义：实现持续性、包容性增长的经济与政策 /（英）迈克尔·雅各布斯，（英）玛丽安娜·马祖卡托编著；李磊等译；叶绍芳译校．-- 北京：中信出版社，2017.12

书名原文：Rethinking Capitalism: Economics and Policy for Sustainable and Inclusive Growth

ISBN 978-7-5086-8177-1

Ⅰ．①重…　Ⅱ．①迈…②玛…③李…④叶…　Ⅲ．①资本主义经济－研究　Ⅳ．①F03

中国版本图书馆 CIP 数据核字（2017）第 230661 号

Rethinking Capitalism: Economics and Policy for Sustainable and Inclusive Growth edited by Michael Jacobs and Mariana Mazzucato,
ISBN 978-1-119-12095-7

重思资本主义——实现持续性、包容性增长的经济与政策

编　　著：［英］迈克尔·雅各布斯　［英］玛丽安娜·马祖卡托
译　　者：李磊　等
译　　校：叶绍芳
出版发行：中信出版集团股份有限公司
（北京市朝阳区惠新东街甲 4 号富盛大厦 2 座　邮编　100029）
承 印 者：中国电影出版社印刷厂

开　　本：787mm×1092mm　1/16　　印　　张：20.75　　字　　数：230 千字
版　　次：2017 年 12 月第 1 版　　印　　次：2017 年 12 月第 1 次印刷
京权图字：01-2017-5446　　广告经营许可证：京朝工商广字第 8087 号
书　　号：ISBN 978-7-5086-8177-1
定　　价：62.00 元

推荐序一

我们为什么要思考别人的问题

——读《重思资本主义》

近期收到《重思资本主义》一书的中文译稿，请我作个序，有感于这本书对西方资本主义的理性思考，我于是欣然应允。借这个机会，我也想和广大读者扼要谈一谈中国特色社会主义政治经济学这个话题。

不少读者可能一听到政治经济学这个词就发懵，觉得比较晦涩难懂，远不如经济学那样接地气。其实，政治经济学说白了，就是“跳出经济看经济”，力图把经济现象、经济原理、经济规律背后的东西弄明白、搞清楚，从而更好地指导经济、发展经济。

政治经济学一直都是从问题中来，奔着解决问题去的。政治经济学从来不是纸上谈兵，不是关起门来做学究，问题导向是政治经济学最鲜明的特征。构建具有中国气派、中国风格的中国特色社会主义政治经济学，不仅要立足我国国情和我国发展实践，揭示中国特色社会主义市场经济运行的新特点、新规律，提炼和总结我国经济发展实践的规律性成果，把实践经验上升为系统化的经济学说，而且还要借鉴和吸收西方经济学理论中的有益营养，进而不断开拓当代中国马克思主义政治经济学新境界。从这个意义上讲，西方资本主义是我们发展中国特色社会主义的一面“镜子”、一个“靶子”。他们遇到的问题，有的是我们已经遇到的，有的是我们将会遇到的；如何避免重走他们的老路，避免重犯他们的错误，是我们必须思考的重大现实课题，这就是为什么我们要思考别人的问题。

《重思资本主义》一书是由曾经担任英国首相特别顾问的迈克尔·雅各布斯和著名的创新经济学家玛丽安娜·马祖卡托教授联合编著，作者包括诺贝尔经济学奖得主斯蒂格利茨等当代西方公认的顶级经济学泰斗人物。这本书是西方资本主义经济学家在全球金融危机划下深刻的伤痕之后所做的一次集体性反思，试图重新思考资本主义的内在逻辑和运行机制，想弄明白资本主义到底怎么了，并提出他们的解决方案。应该说，他们的反思是系统性的，特别是能够从运行机制来探求原因，让我们对资本主义的内在机理有了更为深刻和全面的认识，对我们建设中国特色社会主义政治经济学和推进中国特色社会主义经济建设新的伟大实践均有重要借鉴意义。搞清楚别人的问题，我们就能更好地走自己的路。祝广大读者在阅读本书的过程中，能够通过对资本主义的重思，对中国特色社会主义政治经济学有更好的理解和把握。

是为序！

韩保江

中共中央党校经济学教研部主任、教授

推荐序二

与新社会主义竞争中的新资本主义形态

资本主义与社会主义，一向作为相对应的一组概念被提及，并且往往被极端地定义在非此即彼、有我没你的关系模式中。其实自从社会主义与资本主义产生以来，尽管两者之间一直在相互辩论、相互碰撞，尽管两者之间的疆界依然分明，但其双方一直在进行相互的思想渗透与要素吸纳却也是不争的事实。

今天，我们应当看到的是，曾经被经典社会主义视为恶俗的资本，正在成为社会主义社会普遍使用的经济工具；而被资本主义看成国家之恶的政府调节，也成为现代资本主义得以持续发展的重要管理选项。因此，简单冒失地预言资本主义的末日或者社会主义的失败，其实都很难被看成是真理之说。无论是在社会主义体制还是在资本主义体制中，政府的要素与市场的要素并存共生才是真实的图景，而真正的差异和奥妙之处其实是在这些要素的比重与组合方式上，这才是我们审视社会主义与资本主义的关键。

考诸理论，对于经济发展中市场力量和政府力量作用的边界，是社会主义与资本主义的重要分野。我们今天看到的情况是，社会主义体制正在不断扩大市场力量的作用范围，十八届三中全会对市场的定位是“起决定性作用”；而资本主义体制也在不断增加与强化政府干预的机会与可能。社会保障要素一向是社会主义对于劳动阶级最有动员力的战略主张，而在今天的资本主义体制中，尽管不同的党派可能在社会保障的广度和深度上还存在差异，但已经绝少有主张取缔社会保障的政治力量能够站到执政地位上，同时，实行无差别式平均主义的传统社会主义也已日益式微；创新似乎一向是主张市场取向的资本主义社会中市场主体的自然选择，但新时代社会主义体制在建构创新的长远框架与整合机制方面的优势也正在不断展现出来，同时力求避免或者减少周期性的经济跌宕也正成为不同经济体制的共同诉求；至于在政治体制方面究竟是竞争性选择，还是控制性选择，也各有立论的依据，随着中国特色社会主义道路的日益发展，过去从发达国家到发展中国家普遍认为的“资胜社败”的观点也正在面临挑战和反思。实践已经证明，在国家治理现代化方面，资本主义的选择程序未必能避免劣质选择，而社会主义的选择模式往往能提供最优之选。

不同的社会制度显然不是从一个“模子”里出来的，资本主义就有美国式的、俄罗斯式的、法德式的，以及印度式的、土耳其式的、南非式的；正如社会主义也有中国式的、越南式的、古巴式的，甚至还有被看成更接近第三条道路的所谓民主社会主义，比如北欧、瑞士以及新加坡、新西兰等国家。如果从政治信念与意识形态的角度出发，显然资本主义和社会主义各自都会找到自证其优的逻辑。20世纪80年代末以及世纪之交时，人们曾经一度对社会主义产生较为普遍的悲观情绪，福山甚至公然断言“历史的终结”。其结果是我们都看到的，所谓“历史的终结”恰恰被后来的实践给终结了。

现在，如果我们从目标的长远规划、利益的综合协调、发展的创新驱动、环境挑战的应对、文明的开放包容角度来看，以中国特色社会主义为主要代表的社会主义体制正在发展出当前资本主义体制所没有的独特魅力。这其中既有社会主义固有价值能量在新历史条件下的释放，也有中华文明要素复兴在其中的贡献，而更重要的一点就是社会主义在面对资本主义竞争的时候，越来越有信心也有能力在全球生态、科技创新、自我发展中不断优化自己的发展模式与治理模式。在这个意义上，社会主义表现出了自身富有生命力的调适性，也表现出了与资本主义体制在竞争中交流、学习、合作的包容性，因此社会主义要素与社会主义模式的全球成长也是可以预期的。而全球资本主义体制的回应究竟会是萎缩还是进取，是排斥还是包容，这将不仅仅决定资本主义与社会主义之间的关系，同时也将决定它自己的命运。就在写这篇序言的时候，我看到11月5日俄新社发布的一篇文章，标题是《民调显示，多数美国青年不满资本主义》（转载于2017年11月5日《参考消息》），根据英国一家舆情公司的民调显示，美国千禧一代青年中的多数人宁愿生活在社会主义制度下，而非资本主义。

《重思资本主义》一书所提出的“大问题”可谓正逢其时，具有极强的现实针对性，不仅仅带来了作者们对资本主义新发展中问题与对策场景的描述与尝试性新价值判断，同时对于更多身处不同体制下的读者也具有启发作用。特别是，这本书中的很多作者都是我所熟知的，他们对当代资本主义的认知，本身就是一笔宝贵的思想财富。本文不是以序介绍关键看点，而是因阅读书稿而形成的所想所感，我相信会有更多的读者在阅读中产生这样的共鸣，受到这样的启发。

袁岳

全球知名民间智库零点有数董事长

国际创业服务机构飞马旅联合创始人

献给

卡勒姆（Calum）、娜塔莎（Natasha）、罗西妮（Lucienne）

以及莱恩（Leon）、米尔（Micol）、露丝（Luce）、索菲亚（Sofia）

致 谢

〔ACKNOWLEDGEMENTS〕

丹尼尔·杰拉迪（Daniele Girardi）、卡塔罗·派那（Caetano Penna）、弗兰克·布劳沃（Frank Brouwer）、杰夫·马斯特斯（Jeff Masters）为本书做了大量富有价值的编辑工作，我们在此表示诚挚谢意。

我们感谢《政治学季刊》（*The Political Quarterly*）的琼妮·洛文都斯基（Joni Lovenduski）和黛博拉·马比特（Deborah Mabbett）两位的大力支持，感谢艾玛·安德森（Emma Anderson）为我们提供了很多帮助。感谢Wiley Blackwell公司的桑德拉·法尔登·福克斯（Sandra Fardon Fox）、莉娜·霍克斯伍德（Lena Hawkswood）和雷切尔·史密斯（Rachel Smith）为我们的付出。同时感谢克里斯蒂·贝克（Kristy Baker）和萨拉·布莱斯（Sarah Price）对本书（英文版）文字的编辑校对工作。

玛丽安娜·马祖卡托（Mariana Mazzucato）感谢新经济思维研究所提供的经费支持（经费号5474），感谢欧盟委员会“展望2020”子项目“更好的社会（2014）”下的“克服危机：欧洲新思维、新战略、新治理结构”（创新驱动、可持续、包容性增长，经费号649186）。

作者简介

[ABOUT THE AUTHORS]

迈克尔·雅各布斯（Machael Jacobs） 伦敦大学学院（University College London）公共政策学院与政治学系访问教授。雅各布斯致力于环境经济学和政治理论领域研究，关注环境变化带来的政治经济影响，已出版的著作有：《绿色经济：环境、可持续发展与未来政治》（*The Green Economy: Environment，Sustainable Development and the Politics of the Future*）（Pluto出版社，1991年）；《实现绿色千年？环境的新政治学》（*Greening the Millennium? The New Politics of the Environment*）（编著，Blackwell，1997年）；《现实世界的政治学》（*The Politics of the Real World*）（Earthscan出版社，1996年）；《为进步埋单：公共支出税收的新政治学》（*Paying for Progress: A New Politics of Tax for Public Spending*）（费边社）。2004—2010年，雅各布斯任英国首相特别顾问，负责研究国内外能源和气候变化政策。2004—2007年，他担任英国财政部经济顾问委员会成员。此前他还担任过费边社总干事，《政治学季刊》（*The Political Quarterly*）联合编辑，兰开斯特大学（Lancaster University）与伦敦政治经济学院（The London School of Economics）的研究员。

玛丽安娜·马祖卡托（Mariana Mazzucato） 萨塞克斯大学（University of Sussex）科学政策研究所（Science Policy Research Unit）创新经济学R. M. 菲利普斯（RM Phillips）讲席教授。曾先后任教于丹佛大学（University of Denver）、伦敦商学院（London Business School）、开放大学（Open University）和博科尼大学（Bocconi

University）。其专著《创业之国：打破公共部门与私营部门的神话》（*The Entrepreneurial State: Debunking Public vs. Private Sector Myths*）（Anthem 出版社，2013 年）入选 2013 年度英国《金融时报》（*Financial Times*）最佳图书榜单。2014 年，她获得《新政治家》谢菲尔德大学政治经济研究所政治经济学奖；2015 年获得汉斯－马特赫费尔奖。2013 年，美国《新共和》（*New Republic*）杂志称她为“三个最重要的创新思想家之一”。她曾担任苏格兰政府和工党的经济顾问，世界经济论坛创新经济学全球议程委员会成员。她的在研项目得到欧盟委员会、新经济思维研究所、福特基金会、美国国家航空航天局、巴西科技部等多家机构资助。

斯蒂芬妮·凯尔顿（Stephanie Kelton） 密苏里大学－堪萨斯分校（University of Missouri–Kansas City）经济学教授。她的学术专长包括美联储运作、财政政策、社会保障、国际金融与就业，尤其是关于现代货币理论的深刻阐释极负盛名。在《国家、市场与欧元》（*The State, the Market and the Euro*）（爱德华·埃尔加出版社，2003 年）一书中，她预见了欧元区债务危机。她曾担任美国参议院预算委员会首席经济学家、2016 年伯尼·桑德斯（Bernie Sanders）总统竞选团队经济顾问。她创办了“新经济视角”博客并任主编，该博客关注度极高。她还是美国一流政策智库牛人网（TopWonks）的成员。凯尔顿在全球范围内为各类决策者、投资银行和投资经理提供政策咨询服务，经常在全美广播电视节目中发表评论。

L. 兰德尔·雷（L. Randall Wray） 巴德学院利维经济研究所高级学者，著有《资本主义经济体的货币与信贷》（*Money and Credit in Capitalist Economies*）（爱德华·埃尔加出版社，1990 年）；《解读现代货币理论：实现充分就业和价格稳定的关键》（*Understanding Modern Money: The Key to Full Employment and Price Stability*）（爱德华·埃尔

加出版社，1998年）；《现代货币理论：主权货币体系宏观经济学入门》（*Modern Monetary Theory：A Primer on Macroeconomics for Sovereign Monetary Systems*）（Palgrave Macmillan出版社，2012年，第二次修订版，2015年）。他参与编写了两本书：《货币、金融不稳定与稳定政策》（*Money，Financial Instability，and Stabilization Policy*）（Edward Elgar出版社，2006年）；《凯恩斯对21世纪的启示：货币通论依然重要》（*Keynes for the 21st Century：The Continuing Relevance of The General Theory*）（Palgrave Macmillan出版社，2008年）。新著《为什么明斯基很重要：一位标新立异经济学家的作品简介》（*Why Minsky Matters: An Introduction to the Work of a Maverick Economist*）（普林斯顿大学出版社，2016年）。

耶娃·纳斯岩（Yeva Nersisyan） 富兰克林与马歇尔学院（Franklin and Marshall College）经济学助理教授。2006年毕业于亚美尼亚埃里温国立大学（Yerevan State University），获经济学学士学位，之后在密苏里大学–堪萨斯分校攻读经济学与数学硕士和博士学位，2013年获得博士学位。她专注于宏观经济学研究中后凯恩斯主义及制度传统的研究，兴趣领域还包括银行业与金融不稳定，货币与财政理论及政策。发表多篇论文，涉及影子银行、财政政策、政府赤字与债务、金融脆弱性与不稳定、金融改革及退休政策。

安德鲁·霍尔丹（Andrew Haldane） 英格兰银行首席经济学家，货币分析、研究与统计中心执行总监，货币政策委员会成员，同时还负责总体研究和统计工作。入选《时代周刊》2014年度“全球最具影响力人物”榜单，写过大量国内外货币与财政政策类文章。他参与创办“公共福利经济学”组织，旨在推动经济学家参与公益项目。

威廉·拉佐尼克（William Lazonick） 马萨诸塞大学洛厄尔分校（University of Massachusetts Lowell）经济学教授，参与创办产学研合

作机构并担任主席。此前，他曾任哈佛大学（Harvard University）经济学助理教授和副教授，哥伦比亚大学巴纳德学院（Barnard College of Columbia University）经济学教授，英士国际商学院（INSEAD）杰出研究教授。专著《新经济能否带来持续繁荣？美国的企业组织与高技术就业》（*Sustainable Prosperity in the New Economy? Business Organization and High–Tech Employment in the United States*）（厄普约翰研究所，2009年）获得2010年熊彼特奖。他所撰论文《创新型企业模式与资本主义多样性》被评为《商业史评》2010年最佳论文，获得哈佛商学院海瑞塔拉森奖。另一篇论文《只有利润没有繁荣：股票回购操控市场造成多数美国人更穷困》获得《哈佛商业评论》2014年年度最佳论文奖——“麦肯锡奖”。新著《创新型企业理论》（*The Theory of Innovative Enterprise*）将由牛津大学出版社出版。

史蒂芬妮·格里菲斯–琼斯（Stephany Griffith–Jones） 哥伦比亚大学政策对话倡议组织的金融市场总监，曾先后任萨塞克斯大学发展研究所资深研究教授、荣休教授，海外发展研究所副研究员。她是一位优秀的经济学家，主持过众多国内国际金融研究项目，著述颇丰，出版专著和编著20多部，在各类期刊报纸发表了大量文章。与乔斯·奥坎波（Jose Ocampo）、约瑟夫·斯蒂格利茨（Joseph Stiglitz）合编《看得见的手该出场了：我们从2008年全球金融危机中学到了什么》（*Time for Visible Hand: Lessons from the 2008 World Financial Crisis*）（牛津大学出版社，2010年）；与李嘉图·高夏克（Ricardo Gottschalk）合编《实现非洲金融稳定与增长》（*Achieving Financial Stability and Growth in Africa*）（Routledge出版社，2016年）。她在联合国下属机构、欧盟委员会、欧洲议会、世界银行、英联邦秘书处、美洲开发银行等多家国际组织担任过顾问，还在英国、智利、瑞典、南非、坦桑尼亚、巴西和捷克等国政府及中央银行担任过顾问。

乔瓦尼·科齐（Giovanni Cozzi） 格林威治大学（University of Greenwich）经济学高级讲师，格林威治大学政治经济学研究中心成员。他曾担任布鲁塞尔欧洲进步研究基金会（FEPS）高级经济学家，伦敦大学亚非学院发展政策研究中心研究员。他目前主要研究财政政策、社会及实体投资在推动可持续增长与就业中的作用、开发银行的角色等。其多项研究成果运用剑桥阿尔法度量模型（CAM）——结构主义的增长模型，来预测宏观经济发展的走势并提出政策建议。

约瑟夫·斯蒂格利茨（Joseph Stiglitz） 哥伦比亚大学校级教授（University Professor），1979年获约翰·贝茨·克拉克奖，2001年获诺贝尔经济学奖。他也是联合国政府间气候变化专门委员会《1995年评估报告》（*1995 Report of the Intergovernmental Panel on Climate Change*）主要撰写人之一，该委员会和美国前副总统戈尔共同获得2007年诺贝尔和平奖。斯蒂格利茨是经济合作与发展组织（OECD）经济表现和社会进步测量高端专家组共同主席、罗斯福研究所首席经济学家、哥伦比亚大学（Columbia University）政策对话倡议组织发起人及共同主席，曾担任克林顿政府时期的白宫经济顾问委员会主席，1997—2000年任世界银行资深副行长兼首席经济学家。他曾在牛津大学万灵学院任德鲁蒙德教授，并先后在麻省理工学院、耶鲁大学、斯坦福大学、普林斯顿大学任教。他的专著包括《全球化及其不满》（*Globalization and its Discontents*）（企鹅出版社，2002年）；《不平等的代价》（*The Price of Inequality*）（企鹅出版社，2012年）；《大分歧：社会不平等及我们如何应对》（*The Great Divide: Unequal Societies and What We can Do About Them*）（艾伦·莱恩出版社，2015年）。

科林·克劳奇（Colin Crouch） 华威大学（University of Warwick）荣休教授，科隆马克斯·普朗克社会研究所外部科研成员，英国人文社会科学院社会科学院副主席。曾任《政治学季刊》编辑委员会副主席兼编辑。在欧洲比较社会学与产业关系、经济社会学及英国与欧洲政治中的当代问题等领域出版多部论著。最新著作有《后民主政治》(*Post-Democracy*)(Polity出版社，2004年)；《资本主义多样性与变迁：治理重组与机构型创业者》(*Capitalist Diversity and Change: Recombinant Governance and Institutional Entrepreneurs*)(牛津大学出版社，2005年)；《新自由主义不死之谜》(*The Strange Non-death of Neoliberalism*)(Polity出版社，2011年)；《让资本主义适应社会》(*Making Capitalism Fit for Society*)(Polity出版社，2013年)；《欧洲后危机时期的社会风险管控》(*Governing Social Risks in Post-Crisis Europe*)(爱德华·埃尔加出版社，2015年)；《知识腐败：金融操控公众生活暗藏的后果》(*The Knowledge Corrupters: Hidden Consequences of the Financial Takeover of Public Life*)(Polity出版社，2015年)；《21世纪的欧洲社会与变迁》(*Society and Social Change in 21st Century Europe*)(Palgrave Macmillan出版社，2016年)。

迪米特里·增西利斯(Dimitri Zenghelis) 伦敦政治经济学院(The London School of Economics)格兰瑟姆气候变化与环境研究所联合所长，2013—2014年任经济与气候全球委员会代理首席经济学家。他曾任思科长期创新团队高级经济顾问(2008—2013年)，英国皇家国际事务研究所副研究员(查塔姆宫)。此前，他曾领导伦敦气候变化办公室斯特恩报告团队，并受英国前财政大臣戈登·布朗(Gordon Brown)委任，担任气候变化经济学斯特恩报告高级经济学家。在关注气候变化之前，他曾是英国财政部经济预测负责人，还曾任职于牛津经济研究院、位于华盛顿特区的国际金融研究所和位于伦敦的日本东海银行欧洲分行。

卡洛塔·佩雷斯(Carlota Perez) 伦敦政治经济学院国际开发荣誉教授，爱沙尼亚塔林理工大学(TUT)技术与发展教授，萨塞克斯大学科学政策研究所名誉教授。著有《技术革命与金融资本：泡沫与黄金时代的格局》（*Technological Revolutions and Financial Capital: the Dynamics of Bubbles and Golden Ages*）（爱德华·埃尔加出版社，2002年）。注重开展跨学科研究，探究技术变革对全球发展的推动作用，并将教学、研究、咨询和政府公职结合起来。她曾担任委内瑞拉工业部技术开发司司长，创立委内瑞拉第一个风险投资基金。她担任过众多企业的顾问（包括国际商业机器公司、思科和委内瑞拉国家石油公司），还曾在多国政府、多家跨国组织担任过顾问（例如美洲开发银行、联合国贸易和发展会议、联合国拉丁美洲经济委员会、经济合作与发展组织、世界银行和欧盟）。在研项目"国家在打造创新环境中的作用"由艾森米斯研究所（Anthemis Institute）资助。

目　录

〔CONTENTS〕

第八章 不平等与经济增长 / 185

第九章 私有化和公共服务外包的悖论 / 217

第十章 低碳：创新与气候变化经济学 / 239

第一章
重思资本主义：导言

迈克尔·雅各布斯
玛丽安娜·马祖卡托

2008年11月，当全球金融危机呼啸而至的时候，82岁的英国女王伊丽莎白二世到访伦敦政治经济学院。女王是去参加这所学院一座新楼的启用仪式的，但是她显然对聚集在此的学者们更感兴趣。她向他们问了一个浅白却又尖锐的问题：“既然这场危机的规模如此空前，那怎么会居然没有人预见到呢？”[1]

那些所谓的全球经济主导者和经济学家往往自命不凡，而女王自然也不想去揭穿他们的虚荣，尽管解读全球经济原本就是经济学家的分内之事。但是，这次“女王之问”确实直刺当代资本主义两大失灵的心脏：其一，西方资本主义经济在2007—2008年濒临崩溃，至今仍然未能复苏；其二，金融危机持续发酵，而主流的经济学家们却没能搞清楚这场危机的个中缘由。[2]

Pubilshed by John Wiley & Sons Ltd，9600 Garsington Road，Qxford OX4 2DQ，UK and 350 Main Street，Malden，MA 02148，USA

本书正是聚焦资本主义的这两大失灵。一方面，西方发达国家通过一套不平衡的动态机制，使得资本主义在200多年的时间里深刻地改变了人类社会的面貌，但这一机制在过去10年间失灵了，经济运行不良，各种问题丛生。这场金融危机导致了当代持续最为深远的经济衰退，即便已经过去了将近10年，依然没有哪个发达经济体已经恢复正常或者相对稳定。更为可怕的是，发展的前景依然处于极度不确定之中。即使是在经济强劲发展的前危机时代，发达国家的大部分中产阶级的生活水平也几乎没有任何提升。最富有的那部分人同其他阶层之间的不平等差距，甚至达到了19世纪以来前所未见的程度。与此同时，持续的环境压力，特别是气候变化，已经对全球繁荣造成了极其深远的危害。

然而，经济学作为一门科学，必须直面各种问题，必须对现代经济如何运作做出诠释。究竟是什么让金融危机如此令人震惊？从两个层面来看，这都绝非简单的问题，以至于几乎没有一个经济学家能做到“事前诸葛亮”。在过去10多年中，正统经济学观点认为，经济政策已经从实质上解决了商业周期的根本性问题：大萧条被认为一去不复返。而且，危机发生以来的经济应对政策已经是最优的方案了。实践中所采用的正统处方是“审慎的财政政策——缩减公共支出以图减少财政赤字和债务”。事实上，这个处方不仅没有让西方经济恢复健康，反而在处理最令人困扰、疲沓不堪的经济虚弱时，已经明显失败了。

本书的核心主题正是要回应这些理论和政策上的失灵。正统经济学无法提供足够的思想资源，来帮助我们解决当前经济所面临的多层次危机。要解决这些危机，我们必须对现代资本主义如何运作有一个更为深刻的认识，进而找到它如今在关键进路上失灵的原因。对目前一些占主导地位的经济学观点进行检讨已经刻不容缓，并且，这种反思会指向一系列新的经济政策，从而更好地对治当代资本主义面临的问题。

因此，这本书的每一章都会聚焦一个关键经济问题，阐述正统经济学理论对该问题的所谓正统路径。然后，作者会提供一个不同的、更为透彻的经济分析路径，进而得出新的政策解决方案。为达此目的，作者会诉诸一些对资本主义系统很重要的、有很强解释力的经济学流派，而这些经济学流派却被正统经济学所忽视或者边缘化。在每一章具体的分析中，作者会用独到的阐释告诉你，资本主义其实是可以被重新定型、重新定向的，从而避免目前的失灵困境。但是，唯有重新审视经济学的思维框架，确立新的政策路径，这个目标才有可能实现。

资本主义及其困境

在这篇导言中，我们汇集了本书的一些主要思想，这些思想恰是本书的闪光之处。我们首先列出西方资本主义失灵的证据，解释造成目前资本主义经济这种虚弱乏力背后的三大根本问题。接着，提出解决这些问题的路径，以及经济学理论和分析中需要汲取的教训。通过对正统的市场和“市场失灵”概念进行批判，进而阐述对资本主义更为深刻的洞见，为经济政策提供更为成功的路径，旨在实现一种更加强调创新的、包容的和可持续的经济繁荣形式。

疲弱的、不稳定的增长

对当前经济的所有分析，都有一个无可回避的起点。2008年的金融危机，以及随之而来的持续衰退和缓慢复苏，已经无可辩驳地证明了西方资本主义不能再产生强大而稳定的增长。

这场金融危机波及范围之广，史无前例。2009年，37个发达经济体中实际GDP下降的多达34个，同时，自第二次世界大战以来，全球经济首次出现整体衰退。[3]仅2009年一年，整个欧元区实际GDP下降4.5%（其中欧洲经济实力最强的德国，实际GDP下降了5.6%），日本下降5.5%，英国下降4.3%，美国下降2.8%。[4] 2007—2009年，全球增加了约3 000万失业人口，其中超过半数来自发达经济体，美国失业人数上升了750万。[5]

为了防止危机蔓延，政府不得不把大量纳税人的钱用来救助银行，而恰恰是银行的放贷加剧了金融危机。此前，政府从未动用过如此庞大规模的资金。美联储用于救助30家银行和其他公司的未偿付紧急贷款最高达1.2万亿美元。英国为银行提供的现金和担保总额高达1.162万亿英镑。[6]与此同时，针对个人消费和投资严重下滑、产出大幅下滑、失业人口增加的现状，政府还采取了大规模刺激手段，试图维持私人消费和投资萎缩造成的需求。出口的大幅下跌和失业率的持续攀升导致财政赤字急剧上升，然而税收却在下滑，作为“自动稳定器”的福利支出和其他公共支出都必不可少。2009—2010年，爱尔兰公共赤字高达GDP的32.3%，希腊则占GDP的15.2%，美国占GDP的12.7%，英国占GDP的10.8%，日本占GDP的8.8%，法国占GDP的7.2%。[7]

金融危机暴露了全球金融系统在运行和监管时的根本弱点。美联储前主席格林斯潘在国会接受质询时不得不承认，西方的金融监管方式所赖以建立的理论本身就有缺陷。这种理论假定“各种组织，特别是银行，具有自利性，因此它们有最好的能力保护股东和企业的权益”，事实证明这一假设是错误的。[8]同这种所谓的“有效市场假定”相反，有观点认为，金融市场具有系统性的价格失真缺陷和风险，往往容易造成灾难性的后果。[9]

2008年的金融危机是自1929年大萧条以来最严重的一次经济危机。正如卡门·莱因哈特（Carmen Reinhart）和肯尼斯·罗格夫（Kenneth Rogoff）指出的，从20世纪七八十年代开始，由于大多数国家开始实行金融自由化政策，因而银行危机发生频率更加频繁（见

图1–1）。[10]据国际货币基金组织统计，20世纪70年代到2007年期间，在全球范围内爆发了124次系统性银行危机、208次货币危机和63次主权债务危机。[11]可以说，现代资本主义的不稳定性已不再是偶发现象，反而成为其结构性特征。

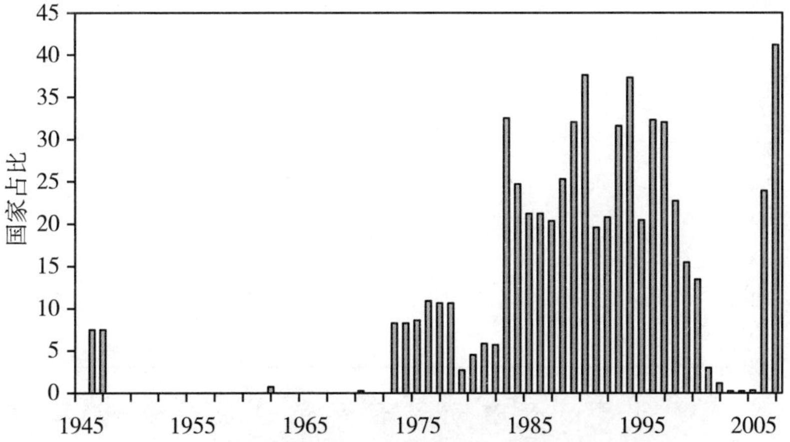

图1–1　出现银行业危机的国家占比（1945—2008）
（数值由这些国家收入占全球总额的比例加权得出）

注：样本为某年所有独立国家的总和。

资料来源：C. M. Reinhart and K. S. Rogoff, *This Time is Different: Eight Centuries of Financial Folly*, Princeton, NJ, Princeton University Press, 2009.

毋庸置疑，自从危机发生以来，政策制定者已经专注于改进和加强银行监管，并寻求增强金融系统的总体稳定性。[12]尽管这些举措很重要，但并未触及现代资本主义经济的根本缺陷，即未能促进足够的公共部门和私人部门对实体经济的投资，而这恰恰是实现经济可持续增长所必需的动力之源。

金融危机暴露出一个令人不安的真相：过去10年经济看似呈现出良性增长态势，实际上既不意味着生产力持续提升，也不意味着国民收入稳步提高，反而造成家庭和公司债务均增加到空前水平（见

图1–2)。低利率和宽松的贷款，尤其是针对土地和资产的利息与贷款，催生了资产价格泡沫，而这个泡沫终将破裂。鉴于这一因素，金融危机之前产值增加，之后却急剧下滑，只有考虑产值的前后变化，才能对经济形势做出正确判断。

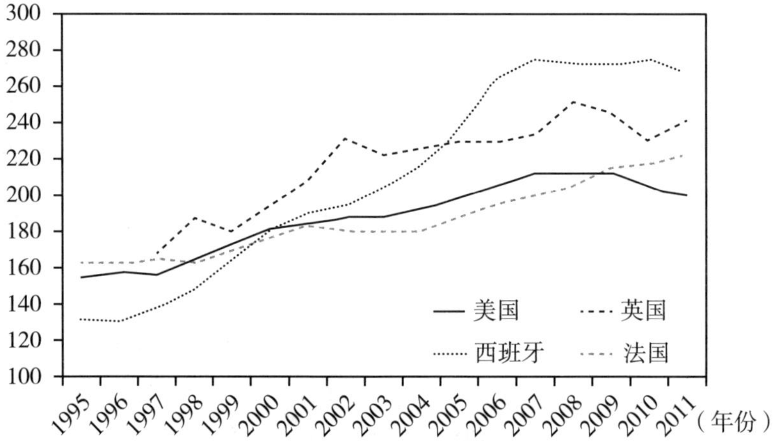

图1–2 未偿付的私人债务(GDP占比)

资料来源：OECD统计数据，http://stats.oecd.org/index.aspx?queryid=34814(2016年4月12日查获)。

2008年之后，大多数西方经济体开始缓慢复苏，经济逐步回升，但这却是现代史上最慢的一次复苏。美国、法国和德国用了整整三年，才使其产值回到金融危机前的水平；而英国则用了五年（见图1–3)。大多数发达经济体的失业率一直比经济危机爆发前要高。现有可比数据显示，经济合作与发展组织（OECD，以下简称为“经合组织”)30多个成员国中的28个国家，2014年的失业率均高于2007年（见图1–4)。[13]有些国家即使失业率低于2007年，失业率较危机之后的峰值一直在下降，但其实际工资水平却停滞不前（见图1–5)。英国的就业率上升，实际工资却大幅下降，降幅创1964年以来的历史新高。[14]

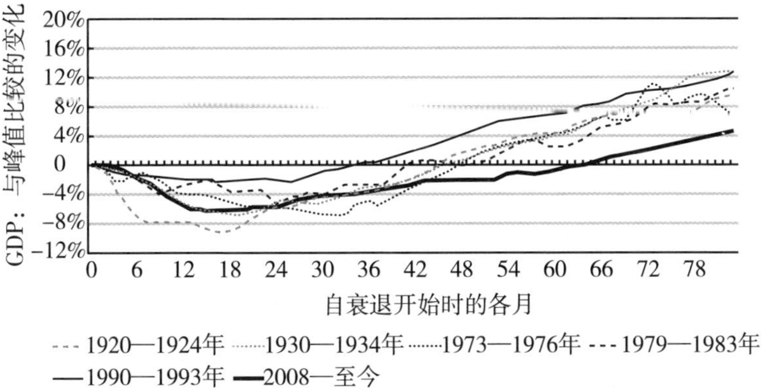

图1–3 英国经济衰退和复苏的概况比较

注：根据月GDP的季度中央移动平均线计算得出；1920—1924年的经济概况不考虑1921年煤矿工人大罢工造成的负面影响（这次罢工自3月31日开始，6月28日结束）。该统计也不考虑1926年煤矿工人罢工以及由此引发的总罢工造成的经济影响。

资料来源：National Institute of Economic and Social Research，*NIESR Monthly Estimates of GDP*，*7th October*，*2014*，*London*，*2014*，p. 1，http://www.niesr.ac.uk/sites/default/files/publications/gdp1014.pdf（2016年4月12日查获）。

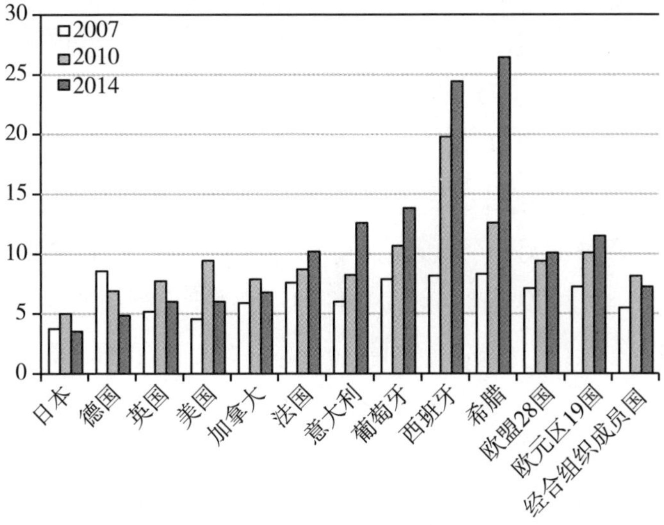

图1–4 2007年、2010年、2014年选定国家的失业率

资料来源：OECD统计数据，https://data.oecd.org/unemp/unemployment-rate.htm（2016年4月12日查获）。

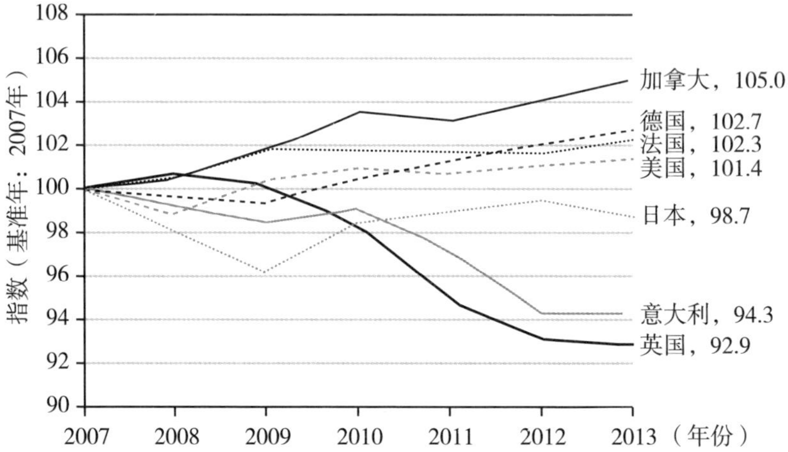

图1–5 2007—2013年选定发达国家的平均实际工资指数

资料来源：*ILO Global Wage Report 2014/15*, Geneva, International Labour Office, Geneva, 2015.

私营部门的投资急剧下滑，导致经济增长疲软。在前一个增长周期中，投资占GDP的比例一直在下降（见图1–6）。2008年以来，这种下降趋势并没有逆转，尽管大多数主要发达经济体实施多轮“量化宽松”货币政策，实际利率长期维持在接近于零的水平，央行通过“量化宽松”，增加货币供给，刺激需求。但是，通货膨胀率持续走低，说明这个政策并不奏效。

投资滑坡的另一个原因是，企业部门“金融化”趋势明显。近10年，公司利润中用于股份回购和股利分配的支出越来越多，而不是用于再投资和生产力创新。2004—2013年，《财富》世界500强企业支付高达3.4万亿美元，用于回购股份。2014年，这些企业分配给股东的利润高达8 850亿美元，而其全部净收入只有8 470亿美元。[15]

投资下滑的一个严重后果是，生产率同历史趋势相比已经很疲弱。金融危机爆发之前10年，西方七国集团（G7）劳动生产率增长幅度几乎都低于历史趋势，其中有些国家劳动生产率增幅连续30年下

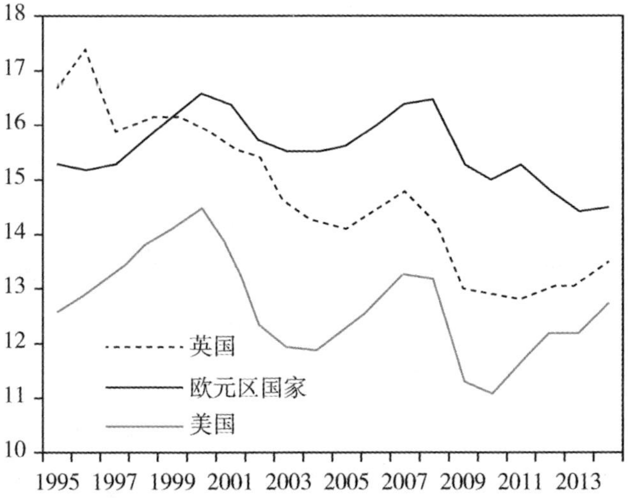

图1–6 投资（非住宅固定资本形成总额）在GDP中的占比

资料来源：欧盟统计局，http://ec.europa.eu/eurostat/data/database（2016年4月12日查获）。

滑，这种下降趋势仍在延续。金融危机之后，包括美国、日本、法国和英国在内的大多数发达国家，劳动生产率增幅进一步下跌。[16]与此同时，数据显示，促进生产率提高的创新步伐也在放缓。[17]在这样的大背景下，有些经济学家不免要问，西方资本主义是否已进入“长期增长停滞”状态，投资和需求的结构性疲弱导致正利率已无法维持充分就业。尽管这个前景未必完全不可避免，但这种展望反映了人们的普遍担心，即发达经济体可能面临一个长期低增长、金融不稳定的困境。[18]

生活水平徘徊不前，贫富差距不断扩大

低增长和不稳定只是现代资本主义面临的诸多问题之一。过去的40年中，西方资本主义经济体的一个最显著的特征就是，即使经济增长非常强劲，但大多数家庭的实际收入却没有相应提高。1990—2014年，美国的GDP上升了78%，而实际家庭收入中值却勉强高于1990

年的水平。[19]这种平均收入与整体经济增长相背离的现象，首先出现在美国，如今却已成为大多数发达经济体的一大特点。

实际上，这个特点包括三个不同的趋势：在大多数发达国家，劳动所得（薪金和工资）占总产出的比重在下降，报酬增加和生产率提升不同步，劳动份额下降带来分配不平等现象更加严重。

1980—2007年，在整个发达经济体中，劳动所得占GDP的比重平均下降了9%，其中，美国下降了5%（从70%下降到65%），德国下降了10%（从72%下降到62%），[20]日本下降了15%（从77%下降到62%）。20世纪70年代之前，工资水平和生产率同步增长。进入80年代之后，美国（非农）商业部门实际小时产出提高了约85%，而实际小时报酬却只增加了约35%。[21]据国际劳工局测算，整体而言，1999年至今，36个发达经济体中，劳动生产率增幅是实际工资增幅的近3倍（见图1–7）。

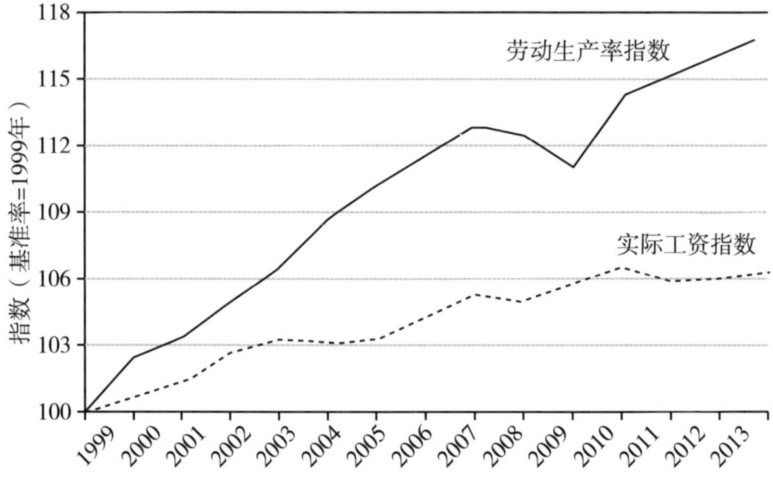

图1–7　1999—2013年，36个发达经济体平均工资和劳动生产率增长趋势

注：将36个发达经济体的每月实际平均工资的同比增长值进行加权平均计算，得出工资增加值。

资料来源：*ILO Global Wage Report 2014/15*, Geneva, International Labour Office, 2015.

与此同时，由于劳动份额持续下降，高收入者劳动所得反而增加，中低收入者劳动所得急剧下降。2001年，发达经济体中高技能人才的劳动所得上升了6.5个百分点，而低技能劳动者的劳动所得却下降了4.8个百分点。[22]

处于收入分配顶端的人群受益最大。1975—2012年，美国1%最富有人群的税前收入占收入增长总量的比例高达47%（见图1-8），而同一时期，加拿大则为37%，澳大利亚和英国都高于20%。[23]1980—2013年，美国1%最富有人群的收入上升了142%（因通货膨胀调整了数值，从46 910美元上升到1 119 315美元），在国民收入中的占比上升了一倍。2008年金融危机之后，经济缓慢复苏，前三年中，91%的收入增长额归1%最富有者所有。[24]整体而言，最近20年间，经合组织成员国中1%的最高收入者劳动份额在总量中的占比增加了五分之一。[25]

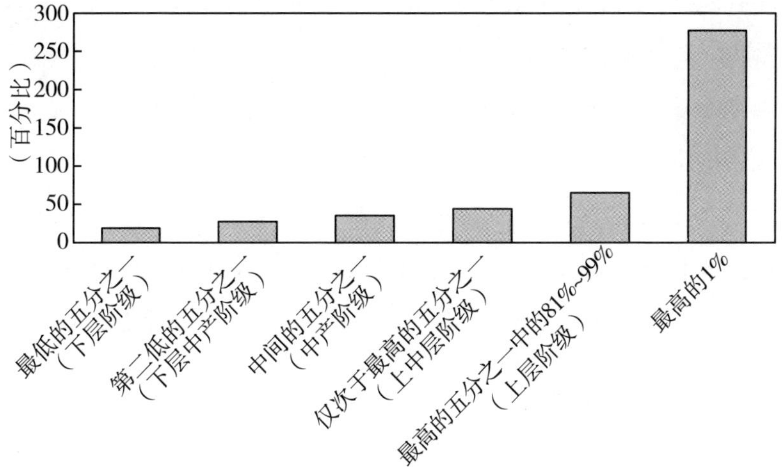

图1-8 美国1979—2007年税后实际收入增长值

资料来源：美国国会预算局，《1979—2007年家庭收入分配趋势》，Congressional Budget Office Publication No. 4031，2011，Summary Figure 1。

与此同时，大多数发达国家的劳动力市场不稳定，两极分化现象加剧。20世纪90年代末到21世纪初的10年间，大多数发达经济体中，低收入劳动者的比例上升。[26]金融危机爆发之后，失业率居高不下，年轻人失业率偏高。2014年，经合组织成员国中，16~25岁年龄段的平均失业率达15%，而在西班牙、葡萄牙、意大利和希腊四国这个年龄段的年轻人中，失业者超过总数的三分之一。[27]目前，经合组织成员国中，“非标准工作”（涵盖兼职工作、临时工作和自由职业，当然这些工作并非都缺乏保障）约占总数的三分之一。所有就业岗位中，20世纪90年代后创造的“非标准工作”岗位占一半，2008年金融危机之后创造的岗位占到60%。2013年，经合组织成员国中，近30%的兼职工作者都是“非自愿的”，也就是说，他们想做全职工作，但只能找到兼职工作。[28]

这些发展趋势加剧了发达国家的不平等现象。1985—2013年，经合组织成员国中有17个国家的基尼系数上升，4个国家的基尼系数几乎没有变化，只有一个国家（土耳其）的基尼系数下降。基尼系数是衡量收入差距的重要指标。[29]其实，贫富差距比收入差距大得多，这是由两个原因造成的：其一，收入分配从工资转向利润；其二，土地和资产价值飙升。英国1%最富有人群占有国民财富的比例从1970年的23%上升到2010年的28%。在同一时期的美国，这个比例则从28%上升到34%。2010年，美国0.1%最富有人群占有约15%的国民财富。在英美两国，10%的富裕人口拥有超过70%的国民财富。[30]

气候变化与环境风险

当代资本主义的发展背后隐藏着另一个更严重的问题：全球温室气体排放量骤增，气候变化恶劣，导致灾难性后果的风险极大。

纵观资本主义发展史，经济发展和环境破坏相伴，从大气污染、水污染和土壤污染，到栖息地消失、物种灭绝。经济发展提高人类福祉，同时也因破坏环境而使其经济成就失色不少。针对这些环境问题，发达国家采取了一些应对措施，但任何问题都没有彻底解决。人类社会的生存发展高度依赖生物物理过程，许多生物物理过程已经达到或非常接近临界点（或称为“环境安全界限”）。这种状况非常危险，但是绝大多数人并未认识到这个问题的严重性。[31]

然而，气候变化这种全球威胁非常独特。过去的200年间，发达国家使用化石燃料，产生累积效应，而新兴经济体快速发展，化石燃料消费激增，让问题更加复杂。这就意味着，除非目前的温室气体排放量骤减，否则全球环境将遭到不可逆的毁灭性破坏。如果温室气体排放量继续维持在现有水平，全球平均气温将升高3~4摄氏度，甚至更高。联合国政府间气候变化专门委员会警告说，即使全球气温上升2摄氏度，极端天气（如洪灾、风暴潮和旱灾）也将更加频发，造成基础设施网络瘫痪，生活必需的一些关键服务中断，沿海地区及城市受损会更严重。极端天气还会导致农业减产，食品短缺风险增加，食品供应体系崩溃。极端高温天气会引发更多健康问题，由此导致的疾病将夺走许多人的生命。此外，极端天气还会引起冲突，增加人民流离失所的风险，生态系统破坏加速，物种灭绝加剧。[32]

总的来说，在过去的25年间，极端天气带来的恶劣影响已广为人知。[33]但是，长期以来，发达国家几乎没有采取什么有效的应对措施。其中一个最主要的原因就是，资本主义的生产和消费体系与制造温室气体尤其是二氧化碳密不可分，而这个体系的能源基础是化石燃料。全球80%的能源仍然来自石油、煤炭和天然气。最近，发达经济体采取结构性的去工业化政策，并推出许多应对气候变化的举措，目前，温室气体排放量呈下降趋势。但是，发达国家减排背后的一个重要原因是，这些国家借助全球化将生产转移到发展中国家。[34]如果按控制全球气候变暖所需的减排进度衡量，西方经济体其实并未减排，或者说杯水车薪，不管是它们自己制造的温室气体还是进口的产品和服务中隐含的温室气体（见图1–9）。事实上，现代资本主义国家一直在给自身未来的繁荣和安全埋下巨大风险。

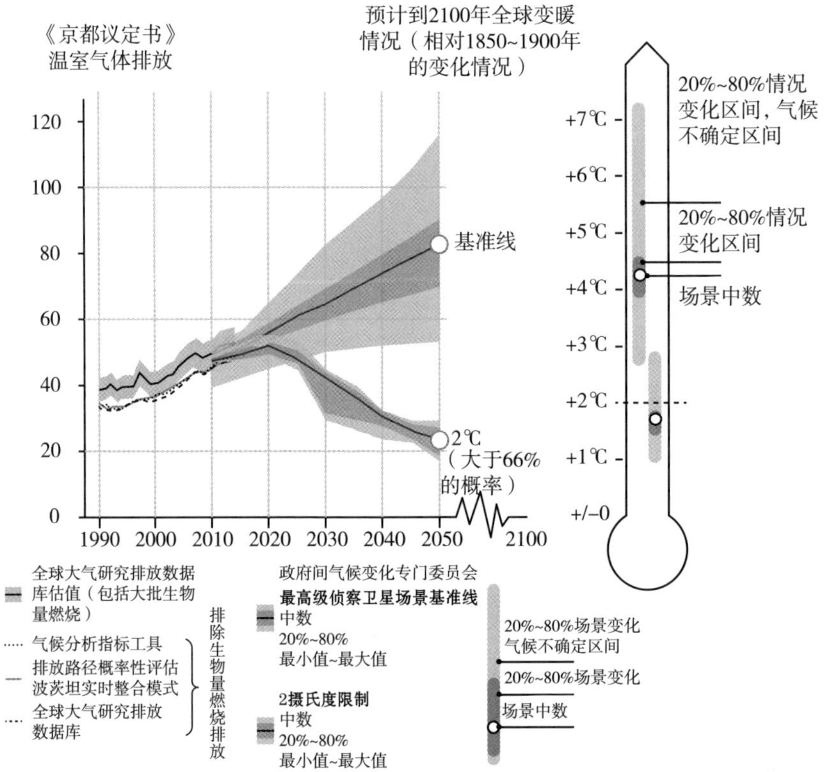

图1–9　1990—2050年全球温室气体排放量

资料来源：联合国环境规划署，《2015年排放差距报告》，内罗毕，联合国环境规划署，2015，《2015年排放差距报告》参照了联合国政府间气候变化专门委员会第五次评估报告，2014，http://uneplive.unep.org/media/docs/theme/13/EGR_2015_301115_lores.pdf（2016年4月12日查获）。

重思经济政策

因此，种种迹象表明，最近几十年西方资本主义遭遇了严重问题。而且，这些缺陷和矛盾不是暂时性的，而是结构性的。监管者们正在努力减少金融市场行为带来的系统性风险，但是，现代金融体系非常复杂，人们普遍担心，系统性风险无法消除。针对资产持有人和企业高管的激励机制造成了金融界和产业界人士越来越注重眼前利益，这些激励措施以及全球经济体需求长期疲弱造成投资率偏低，尤其是对创新投入不足、实际工资停滞不前、贫富差距扩大等，这些问题源于劳动力市场结构、企业薪酬制度、土地所有制形式以及财富所有权的结构性特质。温室气体排放量居高不下，源于能源和运输体系的结构性特点。按发达国家目前的经济政策思路，它们中的任何一个国家都不太可能解决其中的任何一个问题。

但是，这并不意味着没有解决方法。发展前景绝非注定失败，但确实需要反思。正如作者在本书中的逻辑论证所表明，目前，大多数决策依据的正统经济学理论无法充分解释现代资本主义是如何运行的，因此也无法解释现代资本主义怎样才能更好地运行。本书作者在批判各自领域内的正统经济学方法的基础上，提出一个解释力更强的方案作为全新的政策建议。本书每一章都针对现代资本主义的一个特定问题及其相关的政策展开辩论。

这些辩论中最有争议的是，金融危机爆发之时经济遭受重创，危机之后经济缓慢复苏，这两个不同时期应采取何种财政和货币政策予以应对。第二章的作者斯蒂芬妮·凯尔顿和第三章的作者兰德尔·雷、耶娃·纳斯岩对应对金融危机而采取的正统的财政紧缩政策提出异议。凯尔顿认为，紧缩政策严重误解了经济规律。高赤字导致衰退这种主张完全是本末倒置，误解了事实。正是衰退导致赤字飙升，由于经济滑坡，政府税收减少，而社会保障福利和公共开支则发挥“自动稳定器”作用。凯尔顿的研究显示，个人消费和投资锐减会降低需求，而赤字却刺激需求，因此实际上赤字可以防止衰退加剧。金融危机过后，个人积累骤减，由于经济（包括海外部分）中的积累和借贷必须平衡，这样便产生了一个不可避免的后果：公共债务增加。财政紧缩政策试图通过减少总需求，尽快降低赤字，实际上却拖延了经济复苏的步伐，而在像希腊、西班牙和葡萄牙这样受金融危机重创的国家，财政紧缩政策更是阻碍了经济复苏。经济增长非常缓慢，意味着赤字没有像预期的那样快速下降。这说明，紧缩政策并未实现其政策初衷。

雷和纳斯岩进一步分析后认为，宏观经济政策的主流观点误解了货币的本质。正统观点认为，货币具有外部性，由中央银行决定。其实，只要商业银行发生借贷，事实上便产生了货币，从而提升了借贷者的购买力。实际上，货币内生于实体经济。通过考察现代中央银行的运行方式，雷和纳斯岩发现，如果一个国家有自己的货币，那么政府开支便不受税收或借贷的限制。[35]欧元区有些规定纯粹是为了阻止本国没有货币、经济较弱的欧洲国家进行借贷。雷和纳斯岩认为，量化宽松政策并不是一个提升总需求的好办法，要刺激经济增长，财政政策比量化宽松更有力，也更有效。

不出所料，财政紧缩政策未能扭转投资水平低的状况，而投资水平低已成为西方经济体的长期特征。本书第四章到第七章的作者分析了造成这个问题的经济根源（第四章作者安德鲁·霍尔丹，第五章作者威廉·拉佐尼克，第六章作者玛丽安娜·马祖卡托，第七章作者史蒂芬妮·格里菲斯–琼斯和乔瓦尼·科齐）。

霍尔丹想搞清楚，金融市场注重短期效益是否降低了企业的投资意愿。通过分析未来的收益体现在今天的股价中的比例，看看到底打了多少折扣，他发现，1995年之后出现了一个在经济学上有重要影响的现象，而在1995年之前的10年则没有这种现象。通过比较分析私人公司和公开上市公司的分红有什么差别，而不是比较它们保留了多少收益用于投资，他发现，在一段较长时期，英国私人公司将利润用于企业投资的比例往往比上市公司高出4~8倍。他得出结论，总体看来，注重短期效益对企业的投资行为产生了实质影响。他对此提出许多政策措施，比如提高企业长期战略的透明度，改变企业高管薪酬结构，改进股东管理方式，改革税收制度，通过这些方式来激励长期持股者。

拉佐尼克专注于经济学中的主流企业理论。新古典主义经济学家采用一种模型分析企业，他们将企业看作不断自我优化的逐利者，其行为受到市场竞争的限制。这种模型无法解释企业创新现象。拉佐尼克提出了创新型企业理论，创新型企业生产率更高，产品和服务竞争力更强，因此成为经济增长的源泉。在他看来，打造创新型企业的关键不是市场的本质，而在于企业的架构和组织形式。他比较了20世纪后半叶日本和美国的工业企业，结果表明，不同组织方法和管理模式带来创新程度上的差异，并由此决定商业成功与否。他主张，经济学家只有研究过去的真实事例，而不是仅仅运用抽象理论，才能真正理解创新是如何推动经济发展的。

马祖卡托在第六章中论述创新如何驱动经济发展。正统经济学观点认为，私营部门推动创新，而政府政策应该只关注基础科学研究。马祖卡托证实，这种观点实属误解。实际上，尤其是像美国这样的现代化国家，一直在推动所有领域的创新发展。举例来说，苹果公司iPhone手机上的所有新技术都离不开政府的扶持。她详细叙述了私人投资者多么不愿意为创新提供资金支持，这和“风险资本主义”的传言恰恰相反，尽管这个传言广为人知。马祖卡托提议，建立“创业型政府”，加大创新投资力度，解决社会面临的问题，如气候变化和老年人的医疗保健。由于“导向性”创新存在风险（选择扶持特定任务、技术、行业和企业），因此，纳税人应该分享收益。她说，国家投资银行，比如德国复兴信贷银行极其重要，它能将长期“耐心”资本引向高风险基础设施和创新。

接着，格里菲斯–琼斯和科齐阐述，基于创新驱动发展的理念推出的投资项目可能取得什么成绩。金融危机之后经济缓慢复苏，欧盟决策者没有积极应对，两位作者对此提出批评，他们提出一个五年投资刺激计划，这个计划基于欧洲投资银行（欧盟政府投资银行）增加借贷。主流经济学观点认为，公共投资最终将“挤掉”私人投资。他们对这个观点提出异议，因为利率很低，资本过剩，而资本又要寻求收益，结果和主流经济学观点恰恰相反。公共投资将会撬动更多私人资本。两位作者运用宏观经济学模型比较他们提出的投资刺激计划和“一切照旧”模式之间的差异。结果显示，投资刺激计划不仅能提高欧洲增长率和就业率，而且还会加速削减公共赤字。

第八章和第九章的作者分别是约瑟夫·斯蒂格利茨和科林·克劳奇。他们关注主流经济学理论和现代资本主义现实之间的两大脱节之处。斯蒂格利茨强调了过去30年间贫富差距加剧的现象。他并不认同新古典主义的观点，即工资和薪金反映的是劳动者的边际生产率。实际上，企业高管的高收入暴露了某种形式的“寻租”，这种榨取来的酬劳同生产率或者其应得的经济收益毫不相关。他进一步指出，收入悬殊并不能促进经济繁荣，实际上反而阻碍了增长。这个观点也和主流观点相背。斯蒂格利茨提出一系列政策措施，旨在扭转目前的经济走势。这些措施包括：改变企业高管薪酬制度，调整宏观经济政策降低失业率，加大教育投资，改革资本税。在文章结论部分，他再次强调，经济政策指标并不仅仅衡量GDP增长率，GDP增长的分配情况及其具体内容也很重要。

克劳奇回顾了私有化和外包的发展历程。最近几十年，许多国家（英国尤其显著）在国有产业中推行私有化改革，将公共服务外包出去，参与市场竞争。这些政策遵循新自由主义经济学理论准则。新自由主义经济学认为，市场竞争提高效率，为消费者提供更多选择。然而，克劳奇发现，事实并非如此。无论是私有化产业还是公共服务行业都产生了寡头，结果，几乎没有市场竞争，消费者也几乎毫无选择。本该是市场主导的过程变得严重政治化，成了一种“企业新自由主义”，这和新自由主义最初的主张背道而驰。克劳奇认为，企业游说的力量已无比强大，甚至连民主原则本身都受到威胁。

本书最后两章探讨资本主义发展对环境造成的影响。第十章的作者迪米特里·增西利斯论述，为什么气候变化不仅对经济体制构成极大挑战，而且对经济本身形成巨大威胁。科学常识告诉我们，温室气体排放量最终必须降到接近于零的水平，全球气温上升趋势才能停止。然而，目前几乎所有经济活动都要消费化石炭，燃烧化石炭是温室气体的主要来源。因此，只有能源、运输、土地使用以及工业体系彻底实现结构转型，才能解决全球气候变暖问题。增西利斯认为，从新古典主义经济学角度分析这个问题，重点关注边际市场失灵，这种分析存在很多不足之处。我们要理解技术创新和结构转变的整个过程，而这些过程既受“路径依赖”影响，又受经济预期的影响。路径依赖的特点是，过去的投资制约将来的投资决策。当创新沿着低碳发展方向快速推进时，决策连贯、措施有力有助于推进投资向临界点靠拢。

本书最后一章作者卡洛塔·佩雷斯说，这种结构变化以前发生过。最初借助水力和机械化催生工业革命，后来进入煤炭、蒸汽、钢铁、铁路、汽车和批量生产时代，如今则是信息与通信技术时代。现代社会见证了一波又一波技术革命。无论是新技术、新产品的推广普及，还是金融体系和政府决策的调整应对，每次技术革命都遵循一个模式。佩雷斯认为，将信息与通信技术深入发展的成果和环境技术结合起来，潜力巨大，可以大大减少生产和消费中的碳排放及物质内容。最终带来新一轮增长，减少环境破坏，创造新的就业机会，同时还可能缩小贫富差距。她提出许多促进经济转型的政策建议，例如，将税赋从劳动和利润环节转向能源和资源使用环节。她认为，这种转型既借鉴又发展了发达国家和发展中国家关于“美好生活”的精致、绿色的理念。

克服市场失灵：一种新进路

本书每一章均采用不同的视角来分析主题。邀请这些作者一起为本书组稿，可以帮助我们从不同角度解读现代资本主义问题的实质，了解应对这些问题所需的经济学理论。每位作者仅对自己写作的章节内容负责。我们既不追求也不主张所有作者的观点必须一致。不过，他们的批判分析确实有许多共同之处。每一章都质疑正统经济学理论中的一个重要观点，并提出相应的建设性政策建议。

我们所谓的“正统”，是指有关经济政策的公开辩论中的主要观点。在经济学学科内，围绕理论和政策方面的争论此起彼伏。正统经济学话语背后隐藏着一个非常简单的思想，即资本主义如何有效运作？也就是说，资本主义是一种以市场竞争为特征的经济制度。私营公司尽力为股东赚取更多利润，他们在市场中相互竞争，为其他企业和自由选择的消费者提供产品和服务。新古典主义经济理论（主流观点基于这个理论）认为，在不同的独立市场中，竞争提升经济效率，进而实现福利最大化。人们通常认为，市场运作趋势倾向于达到平衡，而企业运营和市场运作基本相同。作为“代理人”，企业行为同样受制于市场的外部压力。从总体经济而言，正是企业间的竞争实现了创新发展，进而促进经济长期增长。

按照主流经济学模型的理解，市场并不总能良好运转。因此，该模型用“市场失灵”这个概念解释为什么结果欠佳以及如何改进。以下情形会导致市场失灵：企业获得垄断地位限制了竞争；生产者和消费者之间信息不对称；“各种外部效应”或是对第三方的影响没有合理体现在市场价格中；独立生产者和消费者无法获得公共产品和大众产品的收益。[36]在这些情况下，现实市场容易失灵。这就意味着，“自由”市场并不能实现福利最大化。因此，市场失灵理论为政府干预提供了理论基础。公共政策应该“纠正”市场失灵。具体来说，可以促进竞争，要求产品和服务信息更加透明，通过征收污染税这类手段迫使经济参与者为各种外部效应带来的影响埋单，提供公共产品或为公共产品提供补贴。

正统观点同时强调，不仅市场会失灵，政府也会失灵。即使政府用心良苦，实施干预，结果可能比放任市场自由发展更糟糕。其中一个重要原因是私人参与者时常调整自身行为，适时补救。另一方面，公共机构从来都有私心，它们制定符合自身利益的目标和激励政策，这些目标和政策也许无法反映整个社会的普遍福利需求。公共政策干预意在纠正市场失灵，但也可能导致政府失灵，而政府失灵的恶劣影响超过市场失灵的不良后果。因此，公共政策干预总是要在纠正市场失灵和造成政府失灵二者之间寻求平衡点。[37]

一般而言，这个关于资本主义的总体模型是当今大多数公共经济评论及决策的理论依据。由此得出一些人们熟知的政策结论，其中一个最重要的结论是，市场通常能够催生积极的结果，从而增加福利。因此，应该让市场自由运作，尽量少干预。需要建立一套有关就业、消费者保护和环保的基本规章制度，清除外部效应，消除信息不对称。然而，政府既不应对市场发号施令，也不应影响市场中的企业行为。市场中“看不见的手”最了解情况，这只“看不见的手”催生创造最高福利的活动，企业努力为股东们创造最大价值。即使市场可能出现失误，政府也不能认为自己对此可以越俎代庖。因此，政府要特别提防，通过产业政策和创新政策“挑选赢家”，推动银行及其他金融机构进行特定投资，自身参与投资私营经济。公共投资，特别是当公共投资资金来自借贷时，将会“挤掉”私人投资。政府应该尽量利用竞争力强的私营企业参与公用事业，提供公共服务。实现公共财政收支平衡应是财政政策考虑的头等大事。尽管税收是必要的，可是，税收往往挫伤财富创造者的积极性，降低工作热情，因此应尽量降低税赋。对于上述每一个主张，学院派经济学家众说纷纭，莫衷一是。这些学院派经济学家通常都熟知既复杂又微妙的理论，并掌握翔实的实证材料。在公开辩论中不难发现这些观点，而且，最近数年，这些观点主导了实际决策。

主流模型提供了一个既简单又极具吸引力的框架，帮助人们思考经济学原理和经济政策。这种模型结合了新古典主义微观经济学中精确的数学推演和有关宏观经济的似乎合理的观点。运用这个主流模型得出的许多政策建议受到手握经济大权人士的青睐，因而这个主流模型得以牢牢控制经济学公共话语。

其实，这个模型不能充分解释资本主义如何有效运转，因为市场不是一些简单结构的集合体，也不会按照经济学教科书中设想的方式运作。“市场失灵”这个概念无助于分析资本主义面临的难题，也无助于提出合理的应对策略。这些理想化的理论要么忽视了资本主义的许多关键特征，要么将之视为资本主义的“不足之处”，而没有认识到，这其实是资本主义的系统性结构特点。这些理论既没有关注不同经济体发展的实例，也没有关注不同经济体何时发展良好、何时发展受挫以及其中的缘由。最近几十年，西方资本主义遇到的主要问题有：增长疲弱、金融不稳定、投资下滑、经济金融化、生活水平停滞不前、贫富差距加剧，环境风险堪忧。这些理论对其中的任何一个问题都缺乏解释力。

资本主义经济不是理论抽象的产物，而是复杂的动态体系。这些体系植根于特定社会和独特的自然环境中。自然环境受生物物理规律支配。各种实际经济参与者之间构成多重联系，资本主义经济体产生于这些多重联系。这些实际经济参与者的行为不符合理想化的“代表性代理人”具有的特点，他们根据具体情况、自身特点以及不同选择，采取不同应对策略。这些多重联系不是促进均衡，而是催生了增长和变迁的动态模式。这些联系产生的宏观经济学效果大于微观经济的部分之和。这些多重联系存在问题不是因为市场失灵（虽然市场“通常”不会失灵），而是经济结构的根本特征所致。因此，要理解资本主义经济如何运行并解释政策如何能促使其更好地运行，就需要一个更全面的方法。

幸运的是，经济学中有很多资源可以提供新方法，虽然资本主义经济的这些特征几乎说明不了什么问题。100多年来，经济学界一直在从理论上分析并在实际发展过程中关注这些特征。20世纪最伟大的几位经济学家在各自的论著中分析了资本主义经济的特点，比如，卡尔·波兰尼（Karl Polanyi）、约瑟夫·熊彼特（Joseph Schumpeter）和约翰·梅纳德·凯恩斯（John Maynard Keynes）等。后来的演化学派、制度学派和后凯恩斯学派的经济学家对此也做了分析。本书每一章的论述表明，在此基础之上的进一步分析，不仅彻底批判当下政策，还呈现了其他重要的视角。

我们从这些方面重思资本主义，其背后是对资本主义的三大深刻洞见。

第一个洞见就是，我们需要更全面地分析市场及市场中企业的特征。将市场看作早已存在的抽象制度，经济参与者（公司、投资者和家庭）“进入”其中开展经济活动。而且，参与者一旦进入其中，便要依照制度所要求的特定方式行动。这种观点不利于正确理解市场。这样理解市场更好：市场是公私经济参与者和公私机制互动的结果。影响结果的因素有：参与者的性质（如企业的公司治理结构不同），参与者的天赋及动机，制约参与者的法律条款、规章制度和文化背景，决定交易的特点。市场是“嵌合”在体制结构以及社会、法律和文化背景中的。[38]波兰尼指出，当今世界，“自由”市场这个概念是经济理论建构的产物，而不是基于经验观察得出的结论。[39]他发现，国家政策是国家资本主义市场的强力推手，其实资本主义市场根本不具有任何“天然性”或普遍性。[40]

关于企业间竞争的主流思想也同样会让人产生误解。许多现代资本主义最重要的市场都形成了寡头垄断，以规模经济和“网络效应”为特征，造成集中和坐享利益者。“市场”的外部力量造成资本主义企业运转方式相似，然而，即使是市场竞争非常激烈的产业，相关企业的运营模式也并不相同。拉佐尼克研究发现，实际上，无论是企业的内部特征还是针对不同市场情况做出的政策回应，各企业间一直丰富多样，千差万别。出现这种状况不足为奇，因为企业必须不断创新，提升自身竞争力。演化经济学强调，这种多样性不是向相似性转化的短期特点，而是资本主义体系的长期特征。[41]不同的准则和常规产生不同的行为和结果。

事实证明，所有权和治理结构异常重要。在过去30年间，主流观点认为，股东价值最大化将会实现最佳经济绩效，尤其是在英美两国，这种观点长期主导商业理论和实务。[42]资本主义发展史和其他国家的发展历程表明，组建企业的首要目标既不是为了实现无拘无束的股东的最大短期利润，也不是为了给高管支付薪酬。举例来说，德国、斯堪的纳维亚地区和日本的企业，其组织结构遵循公司法和企业文化，对包括自身员工在内的大批股东负责，首要目标是促进长期生产并获得长期利润。这些企业都是资本主义性质，但是企业行为却差异明显。通常情况下，这类企业的创新投入高于那些注重股东短期利益最大化的同行，高管的薪酬和普通员工的薪金之间的级差比其他同行低，将收入中的较大份额用于投资，较小份额用于支付股息，这些企业股东平均持股时间更长。数据显示，尽管（在某些情况下）这类企业的短期利润可能下降，长期来看，它们促进经济强劲增长。[43]这个现象说明，要想提高经济绩效，公共政策须重点关注企业所有制关系、治理体系和管理激励方式。

总之，市场不是理想化的抽象概念，而是在不同情况下出现的具体产物，且区分明显。主流经济学家主张，“经济学法则就像工程法：一套法则处处适用”。[44]事实上，市场行为种类繁多，资本主义也有多种模式。[45]

第二个洞见是，公私部门的技术创新投资和组织创新投入，才能真正推动经济增长，促进经济发展。创新成果在经济中的推广不仅影响生产方式，而且影响分配方式和消费方式。在过去的200年间，创新成果在经济中的推广成为提高生产力，进而提高生活水平的重要推动力。[46]因此，关于资本主义经济如何运行的理论必须关注核心问题：创新的动态，理解所需投资的特定本质及投资带来的动荡、非均衡的结果。

这就需要比正统经济学理论更准确地动态理解创新如何产生。正统经济学理论认为，竞争存在缺陷。现代演化经济学吸收熊彼特对“创造性破坏”的独创性分析，[47]对经济运行规律做了诸多解释。在充满不确定因素的情况下，市场趋向不均衡，市场变化趋向路径依赖，企业如何凭借有限理性运营？技术、企业和产业结构共同演进，社会制度和公共机构为其提供支持，彼此密切联系，形成复杂的反馈过程，这些因素共同作用，促进增长。[48]

因此，推进创新要关注其中的每一个因素。经济健康运行要求企业具有勇担风险的管理文化，激励远见卓识的战略思维，而不是像霍尔丹所说的那样，主要关注短期金融收益。实现创新需要非常具体的、特色鲜明的融资方式，特点鲜明：耐心、长期与专注。格里菲斯–琼斯和科齐认为，这种融资方式让公营银行发挥独特作用，它们能将融资导向长期项目，利用私人资本，产生乘数效应。税收政策要鼓励长期投资。

马祖卡托发现，创新同样需要资金充足的公共研发机制以及强有力的产业政策。这些机制和政策导向创新的各个环节，而不仅仅局限在基础科学传统的“公共产品”领域。一个重要的认识是，创新不仅有概率，而且有方向。[49]从历史来看，这个方向通常是由“任务导向”的公共政策决定的，这些公共政策将公私投资引向新领域。佩雷斯注意到，在大生产时代，推动郊区发展的政策促进适合大规模生产的新技术充分推广应用。马祖卡托研究发现，公共资金扶持，直接推动信息技术革命以及其他领域取得突破，如生物技术、纳米技术及今天的绿色科技。[50]这些突破都离不开供给和需求政策，而这些政策催生新市场、新产品。公共投资“涌入”私人投资领域。

主流观点认为，政府推进“创造公平竞争环境”，其实，政府做的远远不止这些。政府通过确立社会目标，利用自身资源和长期资本共同投资。政府能够促进竞争环境向公共选择的目标倾斜。第二次世界大战后，福利国家先后建立，20世纪末，信息技术革命兴盛，带来一轮轮新的经济增长，经济更加繁荣。如今的新目标潜能巨大，推进新一轮创新和投资。这个新目标的首要任务是逐步减少并最终消除温室气体排放，降低气候变化带来的危险；另一个挑战则是制约经济对生物物理领域内环境的影响。佩雷斯认为，向“绿色”革命方向发展潜力巨大，和信息通信技术持续发展一起共同推动新一轮结构转型，促进经济增长。

第三个洞见是，认识到公共部门在创新过程中的作用。也就是说，创造经济价值是集体努力的结果。企业仅凭自身并不能创造财富。当今任何企业的运营都离不开国家提供基本服务。这些服务包含：学校和高等教育机构，医疗和社会服务，住房、社会保障、治安国防，运输、能源、水和垃圾处理。这些构成了核心基础设施。这些服务，其中包括分配给这些服务的资源，以及用于这些服务的投资种类，对私营企业的生产率至关重要。私营部门“创造财富”，而拥有纳税人资金保障的公共服务“消费”这些财富。国家不仅“监管”私营经济活动，其实，经济成果由公私参与者共同创造，公私参与者受社会和环境条件的影响，反过来又影响社会和环境条件。

这样，凯恩斯对企业周期的分析便非常重要。[51]他的重要洞见是，私人投资非常活跃，又趋向周期性发展，加剧了经济繁荣和衰退的趋势。当消费过低时，政府需要投资，不仅可以稳定总需求，而且刺激企业界的“动物精神”。企业界只有对未来增长领域充满信心时才会去投资。有些经济学家将金融市场解释为首领、跟随行为。实际情况要复杂得多。[52]公共投资发挥根本作用，是创造经济机遇的手段，从而提升企业的投资意愿。增西利斯认为，建立对未来增长的预期是政府的一个重要职能，不仅仅只在经济滑坡之时；也正因为如此，任务导向型创新政策作用巨大，可以推动经济绩效不断提升。在这一点上，凯恩斯和熊彼特观点一致。凯恩斯认为，“投资社会化”将促进投资更稳定，从而增长也更稳定。正如马祖卡托所言，“投资社会化”意味着，公共部门可以成为投资者和股权持有者。[53]

凯尔顿强调，公共开支对创造经济增长的条件至关重要，然而，金融危机之后，财政紧缩政策削减了公共开支，结果，负债占GDP的比重没有下降，反而上升了。这说明，紧缩财政政策徒劳无功。雷和纳斯岩则强调，银行系统的“关键”措施催生了货币的内生性，政府有了更大空间使用财政政策扶持经济增长，而不像主流进路所提供的有限的政策空间。

因此，政府的大小和功能对资本主义经济运营影响深远。主流经济学评论经常持这种观点，公共部门的作用应尽可能减少，将私营企业从监管的“死亡之手”中解放出来，从“挤出”的不良影响中解脱出来。实际上，成功的资本主义经济几乎离不开政府的积极支持。[54]政府的作用不仅提供或共同投资基础设施（即使通常怀疑公共投资的人有时也承认这一点），虽然这个作用很重要。我们看到，政府在创新中的作用也很关键。同时，培养技能熟练、适应力强的劳动力需要大力投入教育、培训、医疗、儿童保育、社会关怀。克劳奇的研究显示，政府的这些职能不能简单地进行外包或私有化。如果这么做的话，促进竞争这个目标反而造成了私营寡头垄断，这样就失去了公共目标，而使企业的政治影响力增强。我们要承认，私营企业和公共部门之间相互依存，市场和非市场活动之间也是相互依赖的。

这种相互依赖关系对税收的影响很大。正统经济学观点认为，税收有负面影响，因为，私营企业创造的价值被国家没收了。但是，理解了公共部门在共同创造经济总量中的作用之后，我们的理解就更进一步了。公共部门对生产过程做出贡献，因而经济参与者要给公共部门纳税。主流模型主张，减少税收在经济总量中的占比将促进增长。如果公共部门积极参与，有效使用税收，那么事实可能正好相反。

资本主义生产的社会化性质使收入和财富分配成为经济增长的重要变量。主流模型分析认为，劳动和资本带来的回报反映了（边际）生产率。而斯蒂格利茨认为，这个理论无法解释最近几十年贫富差距加大现象。显然，股东和高管，特别是金融业，从企业创造的价值中榨取了不相称租金。托马斯·皮凯蒂（Thomas Piketty）研究表明，资本的继承（特别是土地和财产），其增值速度高于整体经济增速，造成财富总体分配严重倾斜，而不是像标准生产力概念描述的那样。[55]这种倾斜对当前经济增长的公平性和包容性产生深远影响，同时也对经济增长产生负面影响。众多数据显示，收入和财富分配更平等的经济，其经济增长更稳定。[56]总体而言，缩小贫富差距的再分配政策对经济增长有积极影响。[57]

这种情况对资本和劳动之间实现分配再平衡意义重大。实际上，随着工会会员的减少，力量的削弱，管理的失范，工人力量越来越弱。“灵活的”劳工市场让雇主力量增强，雇员的工资和工作条件均下降。制定法定最低工资的历程说明，涨工资往往会迫使企业加大投资，提高生产力，提升经济绩效。[58]因此，公共政策在规范劳动市场中发挥着重要作用——增加工会会员人数以及雇员对资本的所有权，调控住房和土地市场。公共政策也应确保建立累进税制：不仅对财富和收入征收累进税，而且对企业和个人征收累进税。

共同生产的另一个方面也很重要，因为对分配有重要影响。所有经济都在生物物理系统内运行。从生态角度看，经济活动创造价值，使用物质资源和能源。物质资源和能源在被使用之后变成了垃圾，以一种热力学无序的熵状态返回到环境中。[59]经济增长可能来自利用更多生物物理资源或来自每个单位生产量创造的经济价值提升。当今，许多自然环境的生物物理功能已达到或接近安全边界，因此，到底哪种经济增长方式占主导显得尤为重要，这将会深刻影响今天的人们和子孙后代之间的财富分配。增西利斯认为，在面临气候变化危险的情况下，工业经济以碳为中心对于理解经济结构性变化在经济分析中的作用非常关键，这种结构变化不仅仅局限于纠正边际市场失灵。

因此，这三大洞见对我们如何思考经济决策影响深远。公共政策并不是“干预”经济，市场似乎独立于公共机构及其所植根的社会和环境条件。政策的作用不仅是“纠正”市场失灵——如果市场不是会失灵的话，市场是自由的。政策还帮助创建、塑造市场以实现共同生产，公平分配经济价值。经济绩效不能仅仅用短期GDP增长来衡量，而要用更好的衡量指标：长期价值创造、社会幸福感、贫富差距及环境可持续性。[60]

一段时期以来，西方资本主义运行不良，主流经济政策反映的是过时的、老套的观点。实践证明，这些政策无法将经济带入新的运行轨道。我们希望本书的观点表明，资本主义失灵并不是不可避免的。经济制度创造性更强，可持续性更好，包容性更强。但这需要我们的理解发生根本性的改变：关于资本主义的运行方式，关于公共政策如何帮助催生和塑造全新的经济前景。

注 释

1. http://www.telegraph.co.uk/news/uknews/theroyalfamily/3386353/The-Queen-asks-why-no-one-saw-the-credit-crunch-coming.html（2016年4月12日查获）。
2. “女王之问”提出之后，英国人文社会科学院举行了一场研讨会，探讨“女王之问”的答案并致信女王解释他们得出的结论。参见：http://www.britac.ac.uk/news/newsrelease-economy.cfm（2016年4月12日查获）。
3. S. Verick and I. Iyanatul，*The Great Recession of 2008–2009: Causes*，*Consequences and Policy Responses*，Discussion Paper No 4934，Bonn，Institute for the Study of Labor，2010.
4. IMF，*World Economic Outlook: Uneven Growth—Short- and Long-Term Factors*，Washington，DC，International Monetary Fund，April 2015，p. 171. 2009年实现GDP实际增长的三个发达经济体是澳大利亚、韩国和以色列。
5. International Monetary Fund，International Labour Organization，*The Challenges of Growth*，*Employment and Social Cohesion*，*2010*，http: //www.osloconference2010.org/discussionpaper.pdf（2016年4月12日查获）。
6. *Wall Street Aristocracy Got $1.2 Trillion in Secret Loans*，Bloomberg，11 August 2011，http: //www.bloomberg.com/news/articles/2011-08-21/

wall–street–aristocracygot–1–2–trillion–in–fed–s–secret–loans（2016年4月12日查获）；National Audit Office，*Taxpayer Support for UK Banks，FAQs*，https://www.nao.org.uk/highlights/taxpayer–support–for–uk–banks–faqs/（2016年4月12日查获）。这些数字和单天救市额峰值相关。美联储用于提振金融系统的累计金额在7.77万亿美元至29万亿美元。彭博新闻社——*Secret Fed Loans Gave Banks $13 Billion Undisclosed to Congress*，Bloomberg Markets，28 November 2011，http://www.bloomberg.com/news/articles/2011–11–28/secret–fed–loans–undisclosed–tocongress– gave–banks–13–billion–in–income（2016年4月12日查获）——and $29 trillion by James Felkerson，$29, 000, 000, 000, 000: *A Detailed Look at the Fed's Bailout by Funding Facility and Recipient*，Working Paper No. 698，Levy Economics Institute of Bard College，2011，http: //www. levyinstitute. org/pubs/wp_698. pdf（2016年4月12日查获）。

7. OECD，General government deficit（indicator），2016，doi: 10. 1787/77079edb–en（2016年4月12日查获）。
8. Testimony to the Congressional Committee on Oversight and Government Reform，23 October 2008，https: //www. gpo. gov/fdsys/pkg/CHRG–110hhrg55764/html/CHRG–110hhrg55764.htm（2016年4月12日查获）。
9. R. J. Shiller，*Irrational Exuberance*，Princeton，NJ，Princeton University Press，2000.
10. C. Reinhart and K. Rogoff，'Growth in a time of debt'，*American Economic Review*，vol. 100，no. 2，2010，pp. 573–8.
11. L. Laeven and F. Valencia，*Systemic Banking Crises: A New Database*，IMF Working Paper No. 224，November 2008.
12. J. A. Turner，*Between Debt and the Devil: Money，Credit，and Fixing Global Finance*，Princeton and Oxford，Princeton University Press，

2016.

13. 经合组织五个成员国（智利、德国、以色列、日本、荷兰）2014年失业率低于2007年。经合组织成员国2007年平均失业率为5.6%，2013年为8.3%，达到最高值。2014年为7.3%。欧盟28国，2008年失业率最低，为7%；之后持续上升，2013年达到最高值10.8%。OECD，Unemployment rate（indicator），2016，doi: 10.1787/997c8750–en（2016年4月12日查获）。
14. Low Pay Commission，*National Minimum Wage*，Low Pay Commission Report 2013，Cm 8816，London，The Stationery Office，2014.
15. W. Lazonick，'Profits without prosperity'，*Harvard Business Review*，vol. 92，no. 9，2014，pp. 46–55.
16. OECD，OECD *Compendium of Productivity Indicators 2015*，Paris，OECD Publishing，2015，doi:10.1787/pdtvy–2015–en（2016年4月12日查获）。
17. R. J. Gordon，*Is US Economic Growth Over? Faltering Innovation Confronts the Six Headwinds*，Centre for Economic Policy Research，Policy Insight No. 63，September 2012，http://www.cepr.org/sites/default/files/policy_insights/PolicyInsight63.pdf（2016年4月12日查获）。
18. 举例说明，参见：L. H. Summers，'U.S. economic prospects: secular stagnation，hysteresis，and the zero lower bound'，*Business Economics*，vol. 49，no. 2，2014，pp. 65–73，http://larrysummers.com/wp–content/uploads/2014/06/NABE–speech–Lawrence–H.–Summers1.pdf（2016年4月12日查获）；C. Teulings and R. Baldwin（eds），*Secular Stagnation: Facts，Causes and Cures*，London，CEPR Press，2014，http://voxeu.org/sites/default/files/Vox_secular_stagnation.pdf（2016年4月12日查获）。
19. 2014年美国实际中数家庭收入为53 657美元，1990年为52 623美元（根据2014年城市居民消费价格指数调整）。数据来源：US

Bureau of the Census，made available by the Federal Bank of St Louis，https://research.stlouisfed.org/fred2/series/MEHOINUSA672N（2016年4月12日查获）。

20. E. Stockhammer，*Why Have Wage Shares Fallen? A Panel Analysis of the Determinants of Functional Income Distribution*，Geneva，International Labour Office，2013. 考虑到自主创业，工资比重做了调整。“发达经济体”包括除韩国之外的所有高收入经合组织成员国。
21. ILO，*Global Wage Report 2012/13*，Geneva，International Labour Organisation，2013.
22. OECD，*World Economic Outlook: Spillovers and Cycles in the Global Economy*，Paris，OECD Publishing，2007，Figure 5.15.
23. OECD，*Income Inequality: The Gap between Rich and Poor*，Paris，OECD Publishing，2015.
24. T. Piketty and E. Saez，'Income inequality in the United States，1913–1998'，*Quarterly Journal of Economics*，vol. 118，no. 1，2003，pp.1–39，Tables A3 and A6——更新版下载于：http://eml.berkeley.edu/~saez/。数字是2013年的实际美元价值并包括资本收益（2016年4月12日查获）。
25. OECD，*OECD Employment Outlook 2012*，Paris，OECD Publishing，2012，http://dx.doi.org/10.1787/empl_outlook–2012–en（2016年4月12日查获）。数字和获取这些数据的国家相关。
26. ILO，*Global Wage Report 2010/11*，Geneva，International Labour Organisation，2010，Figure 20.
27. OECD，Youth unemployment rate（indicator），2016，doi: 10.1787/c3634df7–en（2016年4月12日查获）。
28. OECD，*In It Together: Why Less Inequality Benefits Us All*，Paris，OECD Publishing，2015，Figure 4.1.B，http://dx.doi.org/10.1787/888933208028

（2016年4月12日查获）。

29. Ibid，http://dx.doi.org/10.1787/888933207711（2016年4月12日查获）。

30. 数据来源：http://piketty.pse.ens.fr/files/capital21c/en/xls/，Figures 10.3 and 10.5，and Table S10.1（2016年4月12日查获）。

31. J. Rockström et al.，‘A safe operating space for humanity’，*Nature*，no. 461，24 September 2009，pp. 472–5，http://www.nature.com/nature/journal/v461/n7263/full/461472a.html（2016年4月12日查获）；W. Steffen et al.，‘Planetary boundaries: guiding human development on a changing planet’，Scienc，vol. 347，no. 6223，13 February 2015，http://science.sciencemag.org/content/347/6223/1259855（2016年4月12日查获）。

32. Intergovernmental Panel on Climate Change，*Climate Change 2014: Impacts，Adaptation，and Vulnerability: Summary for Policymakers*，Cambridge and New York，Cambridge University Press，2014，https://www.ipcc.ch/report/ar5/wg2/（2016年4月12日查获）。

33. 1990年，政府间气候变化专门委员会发布了第一份评估报告。参见：https://www.ipcc.ch/publications_and_data/publications_ipcc_first_assessment_1990_wg1.shtml（2016年4月12日查获）。

34. T. O. Wiedmann et al.，‘The material footprint of nations’，*Proceedings of the National Academy of Sciences of America*，vol. 112，no. 20，2015，pp. 6271–6，http://doi:10.1073/pnas.1220362110（2016年4月12日查获）。

35. 较之中央银行，政府通过支出是否在事实上创造了新货币？政府在支出前，是否须通过税收或借贷获得银行信用货币？对于这两个问题，货币理论研究者们争论激烈。实际上，英国和欧盟国家在法律和制度设计上阻止政府通过支出扩大货币供应。然而，许多经济学家都接受这个基本观点：货币扩张对实现名义需求充分增长至关重要，国家创造货币可能优于私营银行创造信贷。详细探讨参见：J. A. Turner，*Between Debt and the Devil: Money，Credit，and Fixing Global Finance*， Princeton，NJ，Princeton University Press，2015。

36. K. 埃罗（K. Arrow）在一篇论文中对市场失灵的分析，观点独特新颖。*An Extension of the Basic Theorems of Classical Welfare Economics*，paper presented at the Second Berkeley Symposium on Mathematical Statistics and Probability，Berkeley，1951.
37. G. Tullock，A. Seldon and G. L. Brady，*Government Failure: A Primer in Public Choice*，*Washington*，DC，Cato Institute，2002.
38. P. B. Evans，*Embedded Autonomy: States and Industrial Transformation*，Princeton，NJ，Princeton University Press，1995.
39. K. Polanyi，*The Great Transformation: The Political and Economic Origins of Our Time*，Boston，MA，Beacon Press，2001 [1944].
40. 正如波兰尼所说："通往自由市场之路被打通，并且通过不断持续的、集中组织和控制的干涉主义的强化来保持道路畅通……管理者必须持续不断密切关注，以确保制度的自由运作。"（Ibid，p. 144）。
41. R. R. Nelson and S. G. Winter，*An Evolutionary Theory of Economic Change*，Cambridge，MA，Harvard University Press，2009.
42. W. Lazonick and M. O' Sullivan，'Maximizing shareholder value: a new ideology for corporate governance'，*Economy and Society*，vol. 29，no. 1，2000，pp. 13–35.
43. W. Hutton，*How Good We Can Be: Ending the Mercenary Society and Building a Great Country*，London，Abacus，2015.
44. 劳伦斯·萨默斯（Lawrence Summers），1991年10月时任世界银行首席经济学家；转引自：M. Ellman，'Transition economies'，in H.-J. Chang，ed.，*Rethinking Development Economics*，London and New

York，Anthem Press，2003，pp. 179–98（p. 197）。

45. P. A. Hall and D. Soskice，eds.，*Varieties of Capitalism. The Institutional Foundations of Comparative Advantage*，Oxford，Oxford University Press，2001.

46. C. Perez，*Technological Revolutions and Financial Capital: The Dynamics of Bubbles and Golden Ages*，London，Edward Elgar，2002.

47. J. A. Schumpeter，*Capitalism，Socialism，and Democracy*，3rd edn，New York，Harper，1962 [1942].

48. Nelson and Winter，*An Evolutionary Theory of Economic Change ; see also R. Nelson，Economic Development from the Perspective of Evolutionary Economic Theory*，GLOBELICS Working Paper No. 2007–02，2007，http://dcsh.xoc.uam.mx/eii/globelicswp/wpg0702.pdf（2016年4月12日查获）。

49. A. Stirling，'"Opening up" and "closing down" power，participation，and pluralism in the social appraisal of technology'，*Science，Technology and Human Values*，vol. 33，no. 2，2008，pp. 262–94（2016年4月12日查获）。

50. D. Foray，D. C. Mowery and R. R. Nelson，'Public R&D and social challenges: what lessons from mission R&D programs?' *Research Policy*，vol. 41，no. 10，2012，pp. 1697–702; M. Mazzucato，' From market fixing to market-creating: a new framework for innovation policy'，forthcoming in special issue of *Industry and Innovation:* 'Innovation Policy – can it make a difference?'，2016，可以参阅：http://doi:10.1080/13662716.1146124（2016年4月12日查获）。

51. J. M. Keynes，*The General Theory of Employment，Interest and Money*，London，Macmillan，2007 [1936].

52. Shiller，*Irrational Exuberance* .

53. “我期望看到国家……对直接组织投资承担更多责任……因此，我认为，某种程度上的投资全面社会化将是实现接近充分就业的唯一途径。” J. M. Keynes，*The Collected Writings of John Maynard Keynes*，vol. 7，Cambridge，Cambridge University Press，1973，pp. 164，378.

54. H.-J. Chang，*Globalization*，*Economic Development and the Role of the State*，London，Zed Books，2002.

55. T. Piketty，*Capital in the 21st Century*，*Cambridge*，MA，Harvard University Press，2014.

56. A. Berg and J. D. Ostry，*Inequality and Unsustainable Growth: Two Sides of the Same Coin?*，International Monetary Fund Staff Discussion Note No. 11/08，April 2011，https://www.imf.org/external/pubs/ft/sdn/2011/sdn1108.pdf（2016年4月12日查获）；F. Cingano，*Trends in Income Inequality and Its Impact on Economic Growth*，OECD Social，Employment and Migration Working Papers，No. 163，December 2014，http://www.oecd.org/els/soc/trends-in-income-inequality-and-its-impact-on-economic-growth-SEMWP163. pdf（2016年4月12日查获）。

57. J. D. Ostry，A. Berg and C. G. Tsangarides，*Redistribution*，*Inequality and Growth*，IMF Staff Discussion Note，SDN 14/02，2014，https://www.imf.org/external/pubs/ft/sdn/2014/sdn1402.pdf（2016年4月12日查获）。详细讨论经济实绩、福利与不平等三者关系的著作，参见：R. G. Wilkinson and K. Pickett，*The Spirit Level: Why More Equal Societies Almost Always Do Better*，London，Allen Lane，2009。

58. R. Riley and C. Rosazza Bondibene，*Raising the Standard: Minimum Wages and Firm Productivity*，NIESR Discussion Paper 449，National Institute for Economic and Social Research，2015，http://www.niesr.

ac.uk/sites/default/files/publications/Minimum % 20wages % 20and % 20firm % 20productivity % 20NIESR % 20DP % 20449.pdf（2016年4月12日查获）。

59. N. Georgescu–Roegen，*The Entropy Law and the Economic Process*，Cambridge，MA，Harvard University Press，1971; M. Jacobs，The Green Economy，London，Pluto Press，1991; H. E. Daly and J. Farley，Ecological Economics: Principles and Applications，Washington，Island Press，2011.

60. J. E. Stiglitz，A. Sen and J. P. Fitoussi，*Report by the Commission on the Measurement of Economic Performance and Social Progress*，Paris，Commission on the Measurement of Economic Performance and Social Progress，2010.

第二章

紧缩性的失灵：反思财政政策

斯蒂芬妮·凯尔顿

导　言

2007—2008年，当金融风暴席卷全球，世界经济遭遇了几十年来最严重的萎缩。不难理解，人们都在关注这次系统性金融危机产生的过程、源头及缘由。危机过后近10年，发达国家仍在疲于应对危机带来的严重后果。值得庆幸的是，这些国家成功避免了金融危机可能导致的全方位的大灾难，没有出现1929年经济危机之后的经济大萧条。既然制度失灵造成2007—2008年金融危机，一个迫切需要回答的问题就是：何种因素能够让这个失灵的制度得以恢复？针对这个问题，我在本章提出了自己的观点：答案只能从财政和货币政策的快速应对中去寻找，这些举措部分是有意为之，部分则是自动反应。这也正是这场金融危机和1929年经济危机的实质区别：一方面，央行积极提供流

Published by John Wiley & Sons Ltd，9600 Garsington Road，Oxford OX4 2DQ，UK and 350 Main Street，Malden，MA 02148，USA

动性；另一方面，经济下滑之后，政府预算迅速做出反应，扩大公共赤字。这两个因素共同作用，从而避免了一次新的大萧条。

然而，在经济产生内爆后的几年里，发达资本主义国家的决策者们却又回到了过去的老路上，即乞灵于平衡预算和财政紧缩。本章的核心要点旨在阐明采取财政紧缩，也就是通常所说的“财政整顿”来应对金融危机，犯了策略性错误。推动财政紧缩政策出台的理论存在缺陷，不能正确解读预算赤字的作用，忽略了赤字和私营部门债务之间的关系。我们需要深刻反思这个政策，进而提出一个新的更具雄心的思路，以便更加充分、高效地运用政府预算，通过建立一个能够创造更加普惠繁荣的新制度，来替代当前这种制度上的不公平对待。为了便于阐明这些观点，特别是论述现代经济中财政预算的实质，本章采用一种叙述的框架，从部门财政平衡进路的视角，分析“后雷曼”时代几年间发生的经济发展态势。

“赤字挽救了世界”

2007年全球金融危机刚开始时，表现为流动性危机。[1]当信用市场停顿，像雷曼兄弟和贝尔斯登[2]这样的“影子银行”无法通过再融资保住其持有的资产，流动性危机随之出现。接着，一波资不抵债、无力偿还债务的浪潮席卷美国，造成一批房屋抵押贷款专业公司，如美国国际集团和美林公司左支右绌甚至倒闭，引发全球关注。美联储匆忙应对，采取措施遏制这场危机在金融系统中进一步蔓延。首先，美联储减息，注入流动性；其次，采取了一些非常规的措施，如量化宽松。[3]结果，的确起到了抑制危机进一步扩大的效果。

作为发生危机时的最终贷款人，美联储做了分内之事，在国内外均发挥了这个职能。通过定期标售便利（TAF）为美国国内的银行注入资金，[4]并与外国中央银行建立互惠货币协议（“货币交换线”），为国外金融机构提供资金。[5]当然，这并不意味着这些举措实施起来非常顺利。恰恰相反，2008年9月15日雷曼兄弟公司破产之后，美联储不得不注入大量流动性，之后，金融市场持续恶化，美联储被迫再次注入流动性。危机高峰时，美联储对其他国家央行的未偿付外汇互换总额高达5 800亿美元。[6]这个举措有效应对了全球金融危机：由一家独大的美国央行持续提供流动性。但是，这种解读并不全面。

还有一个不容忽略的因素是，美国这个大政府如何通过财政政策应对经济大衰退。源于房屋抵押贷款业的金融危机已经波及美国经济，造成严重影响。2008年年中，严重后果已经显现（见图2–1）。就业率一下子变成负增长，进入冬季以后，劳动力市场持续低迷，每个月失去约80万个岗位。几个月之内，国会提出一项计划，通过了《美国复苏与再投资法案》，2009年2月17日，该法案经时任总统奥巴马签署生效。[7]

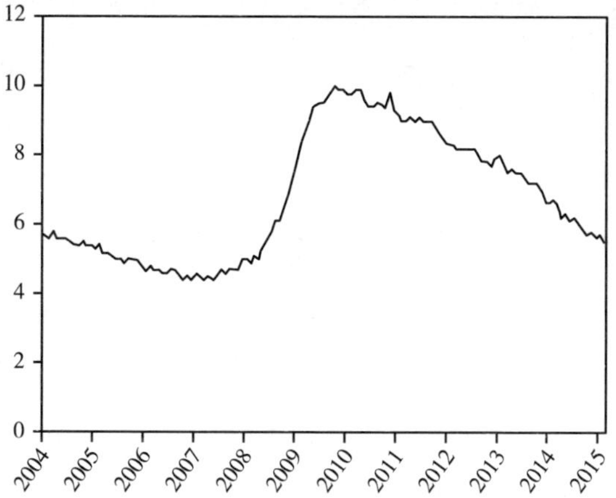

图2–1　美国失业率

资料来源：美国劳工统计局。

《美国复苏与再投资法案》通常被称为“刺激法案”，该法案旨在扭转经济下行之势，投资总额高达7 870亿美元。其中，减税总额达

2 750亿美元，联邦支出总额增加超过5 000亿美元。法案实施之后的三年，美国经济得到有效刺激，及时推动了基础设施投资，州政府和地方政府财政紧张的困境得到直接纾解，税收减免政策帮助处境艰难的学生、业主和企业渡过难关。白宫称赞该法案取得重大胜利，指出由于政府积极采取措施，在2009—2012年，每年保住或创造了约160万个就业机会，成功避免了1929年经济危机大萧条局面再次出现。[8]

危机之后的经济复苏，究竟是《美国复苏与再投资法案》立下的汗马功劳，还是因为其他更强大的潜在力量发挥了作用？对于这个重要问题，诺贝尔经济学奖得主保罗·克鲁格曼（Paul Krugman）在《纽约时报》时评专栏发表了系列文章，给出了他的答案。其中一篇文章题为《赤字挽救了世界》，克鲁格曼认为，是“自动稳定器”，[9]而不是国会和白宫采取的应对措施，减缓了产出和就业下滑造成的冲击，最终扭转了产出和就业下降之势。这篇文章的标题可谓名副其实。[10]克鲁格曼的观点非常重要，他的观点值得进一步发展完善。

这个推理受到“部门财政平衡”分析法的启发，该分析法由剑桥经济学家韦恩·戈德利（Wynne Godley）提出。[11]直觉告诉我们，就整体经济而言，收支平衡是理所当然的会计恒等式。因此，如果我们考虑到不同经济部门，即通常所划分的公共部门、私营部门和外资部门，其中任何一个部门出现财政不平衡的状况，必定被其他部门等值或相反的财政不平衡抵销掉，这样，才能保证整体收支平衡。换言之，如果一个部门支出小于收入，那么必定有其他部门（或不止一个部门）支出大于收入，前一个部门将获得后一个部门的净权益。

我们需要回顾一下金融危机发生的背景，当时，私营部门（美国和其他国家）支出超过收入，债务达到历史最高水平。图2–2中的黑线显示私营部门财政平衡情况，即私营部门收入和支出的差额，等同于积累和投资的差额。数据显示，20世纪90年代开始私营部门就出现了财政平衡状况的恶化。到1997年，私营部门放弃坚持了几十年的习惯性盈余的做法，支出首次超过收入（即产生赤字）。

引发这次金融危机的经济发展特征和明斯基（Minsky）提出的“金融不稳定假说”极其相似。[12]明斯基认为，经济繁荣时期，私人行为体（特别是家庭和银行）开始堆积越来越多的债务。之后，房价突然下跌，投机热得到扭转，造成系统性财务困境，迫使私人行为体同时行动，尽力减少自身负债。换句话说，房地产泡沫一旦破裂，私人行为体减少支出，增加积累，减轻债务负担，或者还清债务。人们都有一种强烈的愿望，希望重回盈余状态。[13]

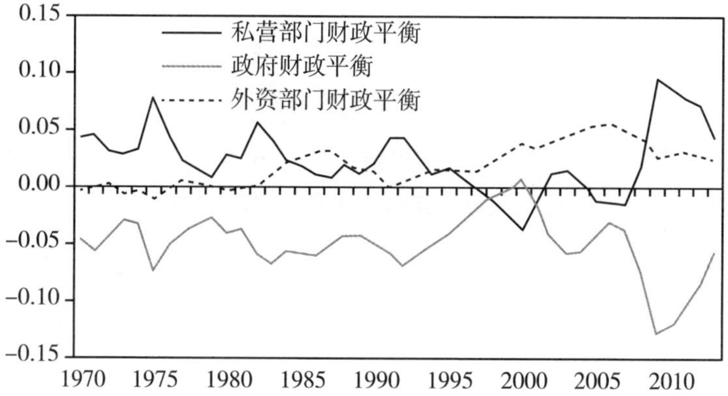

图2–2　美国部门财政平衡（1970—2013年GDP占比）

资料来源：美国商务部。

1936年，凯恩斯出版了他的经典著作《就业、利息和货币通论》（*The General Theory*）。在这部著作中，他解释说，支出乘数也会产生相反的作用。[14]也就是说，总支出减少往往会放大对GDP产生的影响，因为支出开始下降，收入降低，进而造成支出进一步下降，如此循环。当削减支出的愿望很强时，产出和就业遭到重创，房地产泡沫破裂之后便是这样。此时，如果不采取应对措施，GDP缩水可能会越来越严重，甚至达到大萧条时期的水平。可是，这种情况却没有发生，其中最重要的原因就是，现代资本主义制度有一个“大政府”，政府有强大的稳定器，私营部门获得净积累的愿望一旦出现变化，政府便自动做出相应调整。克鲁格曼（Krugman）解释道：

20世纪30年代，公共部门规模很小，结果GDP不得不尽量缩减，一直下降到私营部门盈余为零。因此,GDP下降被称为“大萧条”……这一次GDP降幅不需要那么大，因为GDP下降造成赤字上升，消耗了一部分私营部门增加的盈余。GDP降幅较小被称为“大萧条”……这次初始震荡如果说和20世纪30年代的大萧条有什么不同之处，那就是所需的私营部门盈余更大。也就是说，如果预算赤字没有发挥作用，大萧条将会重现。这次危机造成了严重影响，但也不是那么严重，恰恰是得益于赤字上升。换言之，赤字挽救了世界。[15]

这次挽救世界经济的赤字总额不小。如图2–2所示，政府赤字飙升，2009年，美国赤字额占GDP的比重高达11%左右。[16]全美上下的决策者和权威人士纷纷表达道德愤慨，指责政府赤字激增。然而，包括高盛集团和太平洋投资管理公司首席经济学家在内的一些经济分析人士是能够明白到底发生了什么的。[17]

首先，赤字没有激增，并不是因为华盛顿政府采取了应对措施。不管国会是否积极回应，自动稳定器都会发挥其应有的作用。事实上，几十万人失业之后，税收收入急剧下滑，政府用于扶持失业者的支出骤增（如失业补偿金、食品券等）。结果赤字自动（即内生的）激增，反映出金融危机的严重程度。这一点，马丁·沃尔夫（Martin Wolf）在《金融时报》专栏文章中曾经详细阐述过。[18]他说：“我是从部门财政平衡的视角来看待这个问题的。”接着，他进一步论述道：

有一种观点是毫无道理的，认为最近几年政府推出的政策扩大了赤字规模。财政政策变化无法解释2007—2009年政府为何陷入巨额赤字，因为政策并没有发生任何重大变化。赤字激增是因为私营部门从财政赤字转向了财政盈余……政府只是消极应对。

但是，政府赤字绝不仅仅消极反映出私营部门为减债所做的努力，赤字提供了私营部门急需的（金融）资产，积极助力私营部门资产负债表恢复正常。要领会这个观点，我们可以回看图2–2，比较一下私营部门的财政平衡（黑线）在金融危机刚开始时（2007年）和2007年之后有什么差别。

这次私营部门资金状况改善，是第二次世界大战后提升幅度最大的一次。与此同时，公共部门的财政状况加剧恶化，令人震惊，这个变化至关重要。大多数经济学家以及几乎所有决策者仍然不愿承认上述变化，至少在正式场合仍不承认。简而言之，政府赤字有“好的一面”。太平洋投资管理公司的保罗·麦考利（Paul McCulley）说：“财政赤字有助于私营部门实现增加积累的愿望，同时助力资产负债表去杠杆。记住，政府部门的负债恰恰是私营部门的资产！”[19]

金融危机和私有部门去杠杆化的过程造成财政赤字增加，英国的遭遇再次证明了这一点。金融风暴给英国造成的影响和美国相似：家庭债务缠身，金融机构不良资产堆积如山，房地产泡沫严重。因此，英国的部门财政平衡反映出的经济动态和美国的情况极其相似。

英国的部门财政平衡情况如图2–3所示。左图显示私营部门、公共部门和外资部门的净均衡，右图则进一步勾勒出私有部门中家庭和企业的财务平衡。和美国一样，英国的外部负平衡一直在持续，造成外资部门在过去的15年中一直处于盈余状态。显然，这种影响不得不由国内部门通过赤字来抵销。其他显著特点有：（1）2001—2005年，私营商业部门的净平衡状况产生转变（从净借贷方变成净贷款方）；（2）2002—2005年，家庭资产负债表恶化（右图）。金融风暴刚刚来袭之时，整个私营部门动荡最为剧烈。私营单位匆忙去杠杆化，这个应对之举正好与公共赤字激增相呼应。当然，正因为公共赤字激增，私营部门才能顺利实施去杠杆化（图2–3左图）。显然，政府高额赤字为私营部门提供了大量净资产，从而“挽救了世界”。

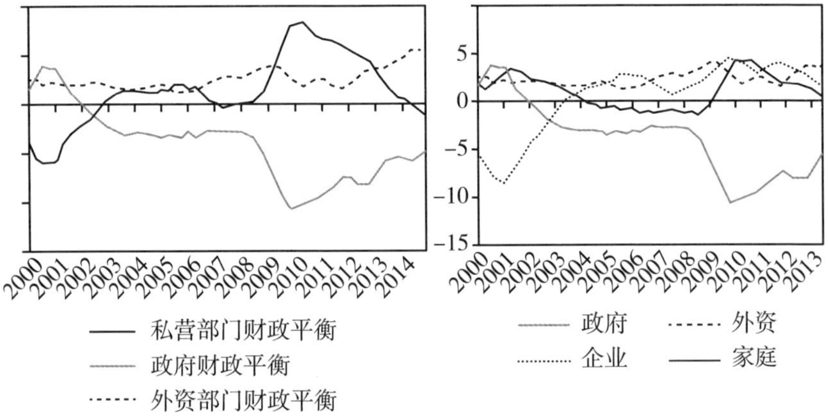

图2–3 美国部门财政平衡（2000—2014年GDP占比）

资料来源：英国预算责任办公室。

作为经济学家，我们接受的专业教育认为，政府赤字会抑制投资、政府支出和税收。这三方面主要由政府相机抉择（即本质上是外生的）。我们习惯于认为赤字需要借贷，而借贷夺走了储蓄者钱袋子里的钱，进而“挤走”了其他形式的经济活动。结果，一切都在倒退。任何一位懂得货币运行的人都知道这个道理。[20]为了弄清楚这个道理，可以查看资产负债表上的记录，追踪政府支出、征税、发行债券时产生的借方账目和贷方账目。[21]也许还有一种更直接的方式，依据复式记账的内在逻辑，直接解读部门平衡模式。不管采用哪种方式，分析人士只要认真审查，就会发现赤字促进了（而不是阻碍了）其他经济主体的财务平衡。

简言之，政府赤字产生了资金流，增加了流向非政府部门的净金融资产储备。[22]政府赤字（流动）累积成金融债（储备）。这些赤字在会计记录中视作其他经济部门的盈余，这些盈余（流动）累积成金融资产（储备）。因此，政府赤字为其他经济部门提供了美元资产（美国国债），增加了接受方的净金融财富。经济大衰退之后，政府提供美元资产使私营部门迅速[23]恢复到以往的一贯盈余状态，从而抑制了产出和就业的下滑之势。

这个过程至关重要，因此值得详细探讨。如果私营部门突然想拥有大量盈余（为了实现去杠杆化），那么相应地，必须有一个公共部门保持高额赤字才能实现私营部门的这种转变。反之，如果公共部门不愿增加足够多的赤字，那么其他变量必须做出调整，这个变量就是产出。正如克鲁格曼所说，如果没有大量公共赤字，GDP的降幅会大得多。假定储蓄在收入中发挥更大作用，那么产出暴跌就将抵消掉人们增加储蓄的意愿，同时也将抑制私营部门增加净盈余，从而维持整个经济系统的平衡，但这是收入水平非常低的平衡。

因此，赤字挽救了世界。但是那些专家、当权者和经济学家既没有称赞赤字对经济恢复立下的汗马功劳，也没有因为不需要（运转失调日益严重的）国会采取措施便成功避免了大萧条再次上演而感到庆幸。恰恰相反，他们将经济缓慢复苏怪罪于（美国及其他国家的）政府高额赤字，眼睛只知道盯着欧元区的债务危机不放，认为那里的发展态势足以说明，任何未能恢复预算平衡的政府必将遭到“市场”的惩罚。[24]这样赤字便成了头号公敌，财政政策转而支持紧缩方案，美联储随后为此推出更多配套措施。

财政退却，货币下跌

财政紧缩政策依据的是这样的逻辑：政府赤字给私营部门行为主体带来心理压力。面对政府“挥霍浪费”，它们预期未来税赋必定增加，便增加储蓄（减少支出）。这就是著名的李嘉图等价定理。该定理认为，财政政策根本无法影响总需求，因为公共赤字增加必定会造成私人支出，尤其是私人消费的相应减少。每当政府赤字上升时，人们便预计未来税赋会加重，于是提前留出一笔钱用于缴税。因此，他们减少的支出额等同于公共赤字增加额。虽然李嘉图本人不同意这种观点，[25]他认为，实际上人们并不会这样做。但是，这个理论仍然是新古典主义经济学的核心观点。麦考利认为，财政紧缩政策的支持者们持有的观点和李嘉图等价定理恰恰相反。他们说：

只要政府减少赤字，私营部门便不再担心未来税赋增加，于是就会自动减少盈余。换言之，只要政府财政状况良好，私营部门便对自己的财务状况信心十足，减少储蓄，增加借贷，从而扩大总需求。这个观点的论证过程直截了当。[26]

像罗伯特·巴罗（Robert J. Barro）[27]这样的新古典经济学家们直接论证出了和李嘉图等价定理相反的观点，而保罗·克鲁格曼[28]这样的凯恩斯主义经济学家则嘲讽这个观点。他认为，这种观点就像在说“信心童话”，希望借此恢复繁荣。可是，政治实践经常让那些好听的理论相形见绌。而且，决策者们坚持认为，现实世界的发展态势证实了他们对经济的直觉是正确的。

2009年年末，欧洲许多国家的经济一团乱麻。欧元区经济衰退，其中遭受重创而损失最大的国家，其赤字和债务占GDP的比重分别突破了3%和60%的上限。[29]这两个上限本身似乎暗示（其实是错误的），政府对预算产生的结果有最终控制权，所谓的上限其实并不是必然内生的。这种情况说明，欧元区这种旨在抑制预算赤字的财政制度设计存在严重缺陷，但是接下来的经济走势恰恰让那些财政紧缩政策的支持者的胆子更大，从而助推了美国及其他国家更加热衷于平衡预算。

于是，市场做出了反应。在经过十来年的自发成长之后，资本市场对深陷债务危机的欧洲经济与货币联盟成员国发行的债券产生了极其严重的抵触情绪。贷款方得出了一个正确的结论：它们贷出的欧元政府可能无法偿还，违约风险溢价因此上升。许多国家因为承担不起利率而无法为自己融资，万般无奈之下，它们只好向欧元区伙伴国和国际货币基金组织求助。希腊是财政不慎的典型代表，该国不得不通过谈判达成两项而不是一项财政援助方案。2010年5月达成第一项方案，希腊政府同意接受1 000亿欧元援助贷款及其附加条款；第二项方案于2012年2月达成，总额为1 300亿欧元（第三项方案于2015年8月达成。）爱尔兰政府因为一项银行救助计划失策，给自己带来数亿欧元的无担保债务，也不得不寻求援助，2011年11月获得675亿欧元救助金。没过多久，葡萄牙也前来求援，2011年5月成功获得780亿欧元救助贷款。全世界的目光都在关注这些国家，政府被推翻，技术官僚上台执政，成千上万的民众走上街头抗议，反对将严厉的紧缩政策作为提供援助的条件。一条强势谚语应运而生：要么处理好你的债务问题，否则它们就会回过头来对付你的。[30]

与此同时，在2010年，时任美国总统奥巴马希望出台一项方案。他下令成立一个由民主党和共和党共同领导的委员会：全国财政责任和改革委员会，负责拟订恢复财政秩序的方案。没有人愿意看到出现希腊那样的下场。该委员会在最终提交的报告中详细阐述了一项削减政府赤字的方案，总额约4万亿美元，结果却未能达到该方案提交美国国会批准通过所需票数。在接下来的两年里，国会议员们就削减赤字的最佳方案一直争论不休。共和党议员赞成削减支出，他们认为财政危机源于长期的“开支问题”；而民主党议员则力争提高税收以解决“收入问题”，他们认为财政困境主要还是“收入问题”。

非常明显，关于财政政策的“鹰派”和“鸽派”之争，根本没有认识到英国、美国、加拿大和澳大利亚这样的经济体和欧元区经济体之间的根本区别。前者的货币体系和财政体系“紧密结合”在一起，这些国家的政府只要将央行发行的货币存入银行账户便可以为赤字开支提供资金。换言之，这些政府是本国货币的发行者。它们不需要从金融市场或纳税人手中“获得”钱款为赤字开支提供资金，而只要发行支出所需的货币即可。在这些国家，政府收税并发行债券，多种原因使然（如稳定银行储备、避免通货膨胀、为私营部门提供资产），而不是因为政府需要用税收和债券收入为政府支出提供资金。[31]

与之相反，欧元区国家，在经济与货币同盟体系下，财政制度和货币制度是“分离”的。财政政策由各个国家制定，货币政策制定权则交到了欧洲中央银行（ECB）手中。由于欧元区国家放弃了主权货币控制权，因此政府成了非主权（无国家的）货币的使用者，而不再是发行者。简言之，这些国家的政府不能通过“印刷”货币来偿还债务，因此被迫接受私人金融市场规定的条件进行借贷。一旦市场不再愿意以可行利率贷出资金，这些债务便无法维持下去。纳斯岩和雷在本书第三章中提出，这种情况不会发生在政府控制自己的货币发行权的国家中，比如英国和美国。这些国家能够实现财政政策和货币政策的协调运行，从而避免由金融市场来决定融资条件。

由于经济与货币同盟的制度设计存在缺陷，欧元区南部国家实际上将财政决策权交给了债券市场。同时，欧洲国家的决策者们接受了误导性很强的经济理论。结果，这些国家被迫实施财政紧缩政策。至少可以说，该方案造成了灾难性后果。财政紧缩政策未能提升私人投资者的信心，却导致这些国家经济急剧衰退，公共债务不仅没有减少，反而大幅上升。[32]南欧国家债券市场金融紧张局势加剧，财政紧缩政策未能扭转这个颓势。利率从最高点持续下跌，直到2012年夏天，欧洲中央银行终于宣布愿意履行最终贷款人职责，之后，利率才回到安全水平。[33]

美国因经济恐慌引发削减赤字的政策辩论，让我们重新回到这个问题上来。辩论仍在持续，赤字却悄悄下降。2012年，国会预算办公室（CBO）的报告显示，美国预算赤字正以第二次世界大战结束后军人复员以来最快的速度下降。政府的财政姿态再一次做出重大调整，而这个调整丝毫没有刻意为之。这个政策调整是属于内生性的，无须宣传造势。围绕削减赤字的方案，国会争吵不休，根本没有注意到赤字正悄然自行下降。[34]

此时，尽管国会预算办公室警告说，财政紧缩有减缓经济复苏步伐的风险，但国会仍继续努力推进一项"重大交易"以减少赤字。对此，时任美国联邦储备委员会（以下简称为"美联储"）主席伯南克感到非常失望。在国会听证会上，伯南克捍卫美联储的量化宽松政策，有力回应了此前对该政策的强烈批评之声。当时，量化宽松政策已实施了两轮（Q1和Q2），同时还推出了"扭曲操作"政策[35]。批评者们认为，这些政策未能有效刺激经济快速回升。气氛高度紧张，伯南克倍感压力。美联储已经采取超常规措施刺激经济，然而，此时经济复苏乏力，国会似乎打算推行财政紧缩政策，从而增加美联储的负担。伯南克心里清楚，他既需要市场对美联储的应对能力充满信心，也需要让国会明白他可以借助于财政政策的帮助。在这一时刻，双方需要坦诚相待。伯南克非常恼火，他对国会议员说道，"货币政策并非灵丹妙药，甚至连理想的政策工具都算不上。我希望政府其他部门都能各司其职。"[36]

货币政策也许不是理想的政策工具，却是唯一的选择。财政逆境即将来临，美联储要做出应对，因此压力越来越大。2012年8月，执教于哥伦比亚大学的迈克尔·伍德福德（Michael Woodford）在杰克逊霍尔（Jackson Hole）召开的会议上首先向美联储发难。[37]伍德福德坚持认为，在零利率下限（ZLB）时，受欢迎的是"前瞻性指引"政策而不是新一轮量化宽松。这个激进的观点令他名声大噪。2012年9月

13日，美联储全力应对，宣布实施第三轮量化宽松政策，购买债券不设期限。同时出台“前瞻性指引”政策，消除市场参与者的疑虑，向它们发出信号，美联储可能将联邦基金利率维持在接近零的水平，并一直持续到2015年。[38]从2013年12月开始，美联储缩减债券购买，每个月减少1 000亿美元，在此之前，美联储已经将提高债券购买的方案延期了一年多。

2013年的政策调整将是未来几年争论的焦点。政府实行财政紧缩政策，同时增加税赋，消减支出超过1万亿美元。2013年1月1日，《2012美国纳税人减税法案》（The American Taxpayer Relief Act of 2012）经由美国总统奥巴马签署生效成为法律，增税正式实施。该法案保留了部分“小布什总统时期的减税”条款，但提高了年收入超过400 000美元的个人（年收入超过450 000美元的夫妻共同报税）的最高边际税率。该法案还规定削减工资税的政策到期失效，实际上，1.5亿多美国劳动人口的税赋增加了2%。除了税赋增加之外，“自动削支计划”（sequester）于2013年3月1日正式启动，所有支出开始自动减少，削减额超过1万亿美元（国防支出和非国防支出各占一半）。[39]美国也开始实行财政紧缩政策。

美国国会预算办公室这时敲响了警钟。它预测，自动削支将使GDP增幅下降0.6%。国际货币基金组织也持相同观点，它预计自动削支计划将造成经济增长放缓，从2.0%下降到1.5%。紧接着，包括美国白宫经济顾问委员会主席阿兰·克鲁格（Alan Krueger）在内的许多经济学者纷纷赞同这个观点，他们警告说，财政逆境将放缓美国劳动力市场复苏的步伐。伯南克希望这种情况不会发生。2013年2月，他在国会做证时说：[40]

国会和政府应该考虑提出一种既能在短期逐步减少联邦赤字，又能在长期从根本上降低赤字的新政策，用来替代大幅削减开支所需的提前透支剧增政策。这种新政策能够减缓近期经济所面临的财政困难。

尽管警告不断，美国国会仍然毫不妥协，自动削支计划于2013年3月生效。然而，经济增幅却提高了，从2012年的2%上升到2013年的2.6%。这是如何实现的呢？财政逆境被夸大了吗？这是不是财政紧缩政策有效的证据呢？伯南克是不是对货币政策的相对成效过于悲观了呢？2012年年末，同时实施第三轮量化宽松政策和“前瞻性指引”政策不仅遏止了经济下滑，还有效刺激了经济，实现了2013年的增幅提高。难道这些不是实行这两大政策的结果吗？

毫无疑问，学者们会就这些问题争论不休。就目前而言，他们的经济观点似乎集中在以下四个方面。第一，经验表明，只要中央银行信用度足够高、态度坚决，即使在零利率下限时，其推行的货币政策仍然可以抵消财政紧缩的影响。第二，美联储大力推行的量化宽松政策主要通过财富效应取得成效，因为投资者“追求收益”，推高了许多资产的价格，特别是股权、房产以及企业债券。第三，资产价格上升，收入最高的群体获益最大，导致贫富差距扩大。第四，中央银行的政策也存在一些风险，其政策鼓励过度冒险行为，造成资产价格过度膨胀，为下一场金融危机埋下了祸根。珍妮特·耶伦（Janet L. Yellen）在接任美联储主席之后不久便描述了这种情形：[41]

货币政策对冒险的影响很大。近几年，实行适应性的政策立场，为家庭和企业提供更多激励，鼓励它们大胆进行一些潜在收益高的投资，这是促进复苏的部分原因。然而，这种冒险行为可能失控，导致金融系统更加脆弱。

因此，美联储的政策激发了大量的冒险行为，从而抵消了2013年财政紧缩带来的负面影响。从这个意义上说，美联储积极进入未知货币领域的做法取得了成效。但是，伯南克警告说，货币政策并不是理想的政策工具。货币政策加剧了金融市场的风险，扩大了财富和收入差距，几乎没有改善长期失业者遇到的劳动力市场状况。中央银行临危受命[42]实现宏观经济目标，而财政政策原本更能有效地实现这些经济目标。[43]因此，中央银行出台货币政策，实属万般无奈之举。

值得注意的是，在这方面，英国发生的情况和美国有类似之处。金融危机期间，财政赤字增加源于政府支出“挥霍”浪费。一个更为严肃的观点认为，公共赤字实际上与私营部门去杠杆化有关。但这个观点完全不在主流辩论范围之内。英国政府也同样实施财政紧缩政策（但其紧缩程度不如欧元区南部国家），而中央银行却通过量化宽松政策大力扩张资产负债表，提升股票市场价值，抬高房价。只有当私营部门冒险倾向上升时，政府赤字的内生性才会下降。从图2–3可以看出，在经济复苏过程中，英国私营部门的资产负债表不断恶化，回到了2014年的赤字水平（即负债增加）。和美国一样，就总体增长率而言，英国经济强劲复苏，但该复苏过程呈现出四大负面特征：贫富差距扩大，实际工资水平止步不前，家庭重新负债，存在潜在的金融脆弱性。

平衡预算还是平衡经济

在其经典著作《就业、利息和货币通论》最后一章的开篇，约翰·梅纳德·凯恩斯就从他的视角指出资本主义秩序最明显的两大缺陷：“我们所处的经济社会存在两个显著弊病，这体现在它不能提供充分就业，以及它对财富和收入的分配任意且不均。”[44]

在就业、财富和收入分配方面，经过20多年逐步改善之后，到了20世纪70年代，这两大问题再次出现。在此期间，虽然有过短暂平息，但是这两大问题变得更加严重，因为新自由主义经济学主张受到追捧——供给侧减税，大规模放松管制，重新致力于平衡政府预算。

过去30年间，经济合作与发展组织几乎所有成员国一方面大力放松对金融（和其他）市场的管制，另一方面大幅减税。最高收入群体的平均边际收入税率从1981年的66%下降到2013年的43%。同一时期，企业所得税平均税率也大幅削减，从47%骤降至25%。分红收入则从75%降至42%。[45]供给侧的政策措施既未有效增加就业岗位，也未创造普惠繁荣。恰恰相反，这些措施与贫富差距扩大[46]和金融不稳定加剧[47]密切相关。换言之，这些政策尝试已告失败。资本主义已变得更不稳定，财富和收入分配更加不均，每次经济衰退都造成就业岗位流失，重新恢复这些岗位需要的时间越来越长。[48]

遇到这些问题该怎么办？针对21世纪资本主义经济面临的这些问题及其他挑战，本书各章作者提出大量具体政策措施。我的观点虽然更加宽泛，但却提供了一个非常重要的分析框架，用于思考转变资本主义秩序的各种政策建议。对旨在改善人类境况政策的评价，应立足于政策的预期社会和经济效果，而不是仅仅考虑预算。这就意味着，应该摆脱当前平衡预算的狭隘思维，充分利用财政政策转变资本主义制度，从共同牺牲转变为普惠繁荣。

为了实现这个目标，我们必须解放思想，打破常规思维，因为一些有缺陷的理论和危害经济的政策主导着当前思维。这就要求我们首先摒弃这样一个观念，即认为政府必须像家庭一样来平衡预算。这个观点尽管有其价值，却不正确。美国和英国的经历清楚地表明，预算结果大多是内生性的，实体经济形势不断变化，预算结果随之摇摆不定。以美国为例，自动稳定器调节预算和就业市场变化形成几乎完美的互动，如图2-4所示。

失业率上升就会拉低政府预算，同理，劳动力市场改善就会拉高政府预算。在极为罕见的情况下，经济环境非常紧张，赤字甚至可能出现盈余。在2000年，这种情况却真的出现了。当时，失业率降至

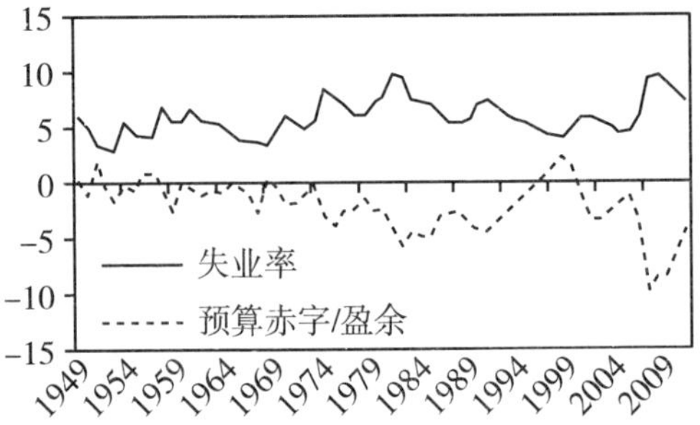

图2–4 美国失业率与联邦预算比较（GDP占比）

资料来源：美国劳工统计局。

4%，美国的空缺岗位数和求职者数量相等。[49]不幸的是，决策者们陷入思维定式，错误地认为，预算赤字扩大是造成实体经济疲弱的原因而不是结果。经济形势稳定之时，政府没有暂停使用预算工具，而是刺激经济以实现预算平衡。这种做法违背了直觉常识，1933年，凯恩斯在其著作中也表达了这个观点：

通过减少国民收入的政策措施永远无法平衡预算……正是失业造成的负担及国民收入减少二者共同作用，导致了预算失衡。如果解决了失业问题，那么预算问题便会自行解决。[50]

凯恩斯的话似乎只是说起来好听，然而，现在有充分证据支持他的观点。以欧洲国家为例，政府削减支出，增加税收（即紧缩），努力降低赤字，结果财政紧缩政策却弄巧成拙，因为增幅放缓推高了债务占GDP的比重。[51]而在美国，第二次世界大战之后64年的经济发展数据可以帮助我们评价凯恩斯的观点。如果经济形势很好，预算的确能自动实现平衡，那么经济形势良好之时，赤字应该能自我抑制。这一点已经得到历史确证。表2–1显示，在过去的64年中，预算赤字占GDP比重达到3%或3%以上的只有20次，而且当时的失业率必须达到5%或5%以上。[52]

表2-1　1949—2013年联邦预算赤字占GDP比重达到3%或3%以上时的失业率

年	失业率（占就业人口比重）	联邦预算赤字（占GDP比重）	年	失业率（占就业人口比重）	联邦预算赤字（占GDP比重）
1975	8.5%	3.2%	1992	7.5%	4.4%
1976	7.7%	3.9%	1993	6.9%	3.7%
1982	9.7%	3.8%	2003	6.0%	3.3%
1983	9.6%	5.7%	2004	5.5%	3.4%
1984	7.5%	4.6%	2008	5.8%	3.1%
1985	7.2%	4.9%	2009	9.3%	9.8%
1986	7.0%	4.8%	2010	9.6%	8.7%
1987	6.2%	3.0%	2011	8.9%	8.4%
1990	5.6%	3.7%	2012	8.1%	6.7%
1991	6.9%	4.4%	2013	7.4%	4.0%

对于那些执着于平衡预算的决策者来说，这些数据非常重要。同时，还有更重要的经验教训值得我们吸取。

减轻对偶尔出现的预算赤字的担心，是远远不够的。我们要彻底改变对“财政责任”一词的定义。不管预算是赤字、盈余还是平衡，像充分就业这类政策目标都能实现。因此，决策者们根本不该只针对一个特定预算结果，因为预算本身并不是目的。相反，预算应被用作实现社会目标的持续手段，旨在提高生活水平，促进收入分配更加均衡。如果不能更有效、更充分地利用政府预算，资本主义制度根本无法在教育、科技和基础设施方面进行公共投资，而这三方面的公共投资对于实现长期繁荣至关重要。

对有些国家来说，说起来容易做起来难。[53]而另一些国家的支出、收税和借贷都借助于本国不可兑换的法定货币。这些国家有可能严重偏离主流经济思想，它们不赞成共同牺牲，而是主张加大对国家和人民的投入，以促进经济繁荣。阿巴·勒纳（Abba Lerner）非常中肯地提出了一个偏离主流经济观点的主张。[54]他敦促决策者放弃所谓的“稳健财政”这种让人停滞不前的观念，转而采取任务导向方法，他称其为“功能财政”。尽管自动稳定器非常重要、作用巨大，但它们永远无法将预算引向紧要任务方面的投资，而这些投资能够重塑我们的未来，这一点只有我们自己才能做到。重新发掘“功能财政”的重要思想，是需要在重思资本主义的道路上迈出的第一步。

注 释

1. 一般而言，当提取的货币多于金融机构短期内所有的流动资金时，金融机构便面临流动性危机。为了偿付负债，金融机构将不得不借贷（通常利率更高）。如果金融机构找不到借贷者，便可能面临破产。流动性危机结果可能演变为偿付危机。
2. 影子银行系统由众多机构形成一个网络，如投资银行、对冲基金、结构性投资工具等。这些机构不像零售银行一样接收传统存款，因此，它们实际上不受监管。这些机构的业务活动处于监管盲区。
3. 量化宽松业务可以由中央银行实施，用新创造的货币购买政府债券。这些政府债券可以在债券拍卖时直接从财政机关购买，也可以在次级市场购买，即从银行或其他金融机构购买。
4. 参见美联储网页有关定期标售便利（TAF）的解释：http://www.federalreserve.gov/newsevents/reform_taf.htm（2016年5月4日查获）。
5. 有关流动性互换的详细介绍可以在美联储网页查看：http://www.federalreserve.gov/monetarypolicy/bst_liquidityswaps.htm（2016年5月4日查获）。
6. 参见：M. J. Flemming and N. J. Klagge，‘The Federal Reserve’s foreign exchange swap lines’，Current Issues in Economics and Finance，vol. 16，no. 4，April 2010，https://www.newyorkfed.org/research/current_issues/ci16-4.html（2016年4月28日查获）。
7. 有关“刺激方案”的详细介绍可以在美国财政部网页查看：https://www.treasury.gov/initiatives/recovery/Pages/recoveryact. aspx（2016年

5月4日查获）。

8. 参见：C. Romer and J. Bernstein，‘The job impact of the American Recovery and Reinvestment Plan’，10 January 2009，http://www.ampo.org/assets/library/184_obama.pdf（2016年5月4日查获）。

9. 自动稳定器是指政府预算中的一部分，当经济放缓时往往自动增加赤字（当经济加速时相应减少赤字）。通过这种方式，自动稳定器减少经济波动幅度。例如，经济下滑时，税收收入减少，失业救济金上升，因此赤字增加，抵消（至少部分抵消）经济下滑造成的影响；经济繁荣时，税收收入自动增加，失业救济金减少，因此政府赤字减少，经济繁荣速度放缓。

10. P. Krugman，‘Deficits saved the world’，*New York Times*，15 July 2009，http://krugman.blogs.nytimes.com/2009/07/15/deficits-saved-the-world/（2016年5月12日查获）。

11. 参见：W. *Godley*，*Money*，*Finance and National Income Determination: An Integrated Approach*，Levy Economic Institute Working Paper No. 167，June 1996。

12. 举例说明，参见：H. Minsky，*The Financial Instability Hypothesis*，Levy Economics Institute Working Paper No. 74。

13. 野村综合研究所（Nomura Research Institute）经济学家辜朝明（Richard Koo）将这个动态称为“资产负债表衰退”并推广了这个概念。参见：R. Koo，‘The world in balance sheet recession: causes，cure，and politics’，*Economic Review*，issue 58，http://www.paecon.net/PAEReview/issue58/Koo58.pdf（2016年5月4日查获）。

14. J. M. Keynes，*The General Theory of Employment*，*Interest and Money*，London，Macmillan，1965 [1936].

15. Krugman，‘Deficits saved the world’.

16. 州政府和地方政府预算也陷入严重赤字，是图2-2所示激增的原因。联邦预算历史数据可在政府网页查看：http://www.whitehouse.gov/omb/budget/historicals（2016年5月4日查获）。

17. 高盛集团经济学家简·哈祖斯（Jan Hatzius）、太平洋投资管理公司（全球最大债券基金）的保罗·麦卡利（Paul McCulley）都借用韦恩·戈德利（Wynne Godley）的部门财政平衡法框架，帮助他们看清政府在促进去杠杆化过程中的积极作用。比如可以参阅哈祖斯2012年接受《商业内参》采访时的内容：http://www.businessinsider.com/goldmans -jan-hazius-on-sectoral-balances-2012-12?IR=T（2016年5月4日查获）。
18. M. Wolf，'The balance sheet recession in the US'，*Financial Times*，19 July 2012，http://blogs.ft.com/martin-wolfexchange/ 2012/07/19/the-balance-sheet-recession-in-the-us/（2016年5月4日查获）。
19. P. McCulley，*Global Central Bank Focus: Facts on the Ground*，Policy Note 2010/2，Levy Economics Institute of Bard College，2010，p. 3，http://www.levyinstitute.org/pubs/pn_10_02.pdf（accessed 4 May 2016）.
20. L. R. Wray，*Understanding Modern Money: The Key to Full Employment and Price Stability*，London，Edward Elgar Publishing，1998.
21. S. Kelton，'Yes，deficit spending adds to private sector assets even with bond sales'，*New Economic Perspectives*，2010，http://neweconomicperspectives.org/2010/11/yes-deficit-spending-adds-to-private.html（2016年5月4日查获）。
22. 图2-2、图2-3也反映了外资部门的情况，外资部门是非政府部门的一部分。政府赤字消费也可能造成外资部门净金融资产累积。然而，这里关注的重点是私营部门资产负债表。对该问题的详细探究可以参见：W. Mitchell and L. R. Wray，'Introduction to monetary and fiscal policy operations,' Chapter 9。
23. 正如沃尔夫（Wolf）在《美国的资产负债表衰退》一文中所言，

“私营部门财政平衡转向盈余，2007年第三季度至2009年第二季度，累计盈余占GDP的11.2%，数值高得简直让人难以置信。”

24. 即使那些观点较温和的学者也强调要采取旨在平衡中期或长期预算的政策，引起后凯恩斯主义学派的反对。参见：P. Davidson，J. K. Galbraithand R. Skidelsky，‘Open Letter’，published at New Deal 2.0，19 July 2010，http://rooseveltinstitute.org/statementevanss-stimulus-letter-davidson-galbraith-skidelsky/（2016年5月4日查获）。

25. 李嘉图（Ricardo）在其1820年的《基金制度论》中写道：“纳税人从不这么看，因而也不会那样处理私事。我们很容易这么认为：战争增加我们的负担仅仅因为当前我们要为开战缴税，而没有想过这种税收要持续多久。因此，很难说服一位有20 000英镑或其他金额英镑的人，每年缴税50英镑并一直持续下去和一次性缴税1 000英镑的负担相同。”（这篇文章可以在网页查阅：http://oll.libertyfund.org/titles/ricardo-the-works-of-david-ricardo-mcculloch-ed-1846-1888。2016年5月4日查获）。

26. McCulley，*Global Central Bank Focus* .

27. R. Barro，‘How to really save the economy’，*New York Times*，10 September 2011，http://www.nytimes.com/2011/09/11/opinion/sunday/how-to-really-save-the-economy.html（2016年5月4日查获）。

28. P. Krugman，‘Myths of austerity’，*New York Times*，1 July 2010，http://www.nytimes.com/2010/07/02/opinion/02krugman.html（2016年5月4日查获）。

29. 遭受打击最为严重的是所谓的“欧猪五国”——葡萄牙、爱尔兰、意大利、希腊和西班牙——五国的赤字大多超过《马斯特里赫特条约》的规定，以及《欧洲稳定与增长公约》再次确认的上限。

30. 美国的债务歇斯底里达到狂热的程度，民主、共和两党政客纷纷撰写特写稿，争相参加有线新闻栏目声援减少赤字。美国前总统比尔·克林顿（Bill Clinton）发出危急警告，他告诉美国民众，“我们得处理长期债务问题，否则债务问题会来对付我们的。”

31. 我在S. 贝尔（S. Bell）的文章中详细探讨过这个问题：*Journal of Economic Issues*，vol. XXXIV，no. 3，September 2000，pp. 603–20。

32. 财政紧缩政策造成的社会代价更广、更大。例如，可以参见：J. Henley，‘Recessions can hurt，but austerity kills’，The Guardian，15 May 2013，http://www.theguardian.com/society/2013/may/15/recessions-hurt-but-austerity-kills（2016年5月4日查获）。

33. 举例说明，参见：*The Economist*，‘Time to celebrate?’，19 January 2013，http://www.economist.com/news/finance-and-economics/21569727-government-bond-markets-peripheralcountries- are-soaring-time-celebrate（2016年5月4日查获）。

34. 立法者们试图通过制定一个妥协法案取代匆匆出台的全面减支增税方案，避免面临“财政悬崖”困境。全面减支增税方案将于2012年12月31日午夜自动生效。

35. 将美联储实施的“展期计划”称为“扭曲操作”更好，其主要内容是，销售短期债券并使用其收益购买长期债券。这样便延长了美联储持有证券的平均到期时间，降低了长期利率。参见：https://www.federalreserve.gov/faqs/money_15070.htm（2016年5月4日查获）。

36. B. Bernanke，‘Testimony before the Joint Economic Committee，U.S. Congress’，Washington，DC，7 June 2012，http://www.federalreserve.gov/newsevents/testimony/bernanke20120607a.htm（2016年5月4日查获）。

37. 伍德福德在堪萨斯城联邦储备银行主办的年度研讨会上宣读的论文《利率下限时的政策应对方法》，2012年。

38. 第3轮量化宽松开始时承诺每月购买值为400亿美元，可是两个月后，联邦公开市场委员会却宣布购买值升至每月850亿美元。

39. 国会预算办公室估计，2013—2021年，自动削支计划将比实施该计划之前减少开支达1.1万亿美元。

40. B. Bernanke，'FRB testimony on the semiannual Monetary Policy Report to Congress'，Federal Reserve，26 February 2013，http://www.federalreserve.gov/newsevents/testimony/bernanke20130226a.htm（2016年5月4日查获）。
41. J. L. Yellen，'Monetary policy and financial stability'，presented at the 2014 Michel Camdessus Central Banking Lecture，International Monetary Fund，Washington，DC，http://www.federalreserve.gov/newsevents/speech/yellen20140702a.htm（2016年5月4日查获）。
42. 美联储承担双重职责，实现充分就业和价格稳定。相比而言，欧洲中央银行职责单一，只要保持价格稳定即可。
43. 伍德福德最近说："我担心……（我们）有点让国会太容易摆脱责任了。" http://www.stlouisfed.org/publications/Connecting-Policy-with-Frontier-Research /Michael-Woodford.cfm（2016年5月4日查获）。
44. Keynes，*The General Theory*，p. 372.
45. OECD，'Focus on top incomes and taxation in OECD countries: was the crisis a game changer?'，May 2014，http://www.oecd.org/els/soc/OECD2014-FocusOnTopIncomes.pdf（2016年5月4日查获）。
46. 参阅本书第八章，斯蒂格利茨详细论述了经济合作与发展组织国家不平等加剧及其与新自由主义政策的关系。
47. 举例说明，参见：L. R. Wray，*Financial Keynesianism and Market Instability*，Levi Economics Institute Working Paper No. 653，March 2011; J. Kregel，*The Natural Instability of Financial Markets*，2009，IDEAs Working Paper no.04/2009，2009; J. Crotty，'Structural causes of the global financial crisis: a critical assessment of the "new financial architecture"'，*Cambridge Journal of Economics* vol. 33，no. 4，2009，pp. 563–80。
48. 美国1981年经济衰退损失的工作岗位28个月后才全部被重新创造

出来，1990年经济衰退之后损失的工作岗位32个月后才全部被重新创造出来，2001年衰退之后损失的工作岗位则在47个月之后才全部被重新创造出来，2007年开始的大衰退之后失去的工作岗位竟然在75个月之后才被重新创造出来。

49. 仅仅改善劳动力市场条件无法实现预算盈余。网络经济泡沫大大增加了资本收益税，因此也发挥了重要作用。

50. 引自：W. R. Garside，*British Unemployment 1919—1939: A Study in Public Policy* Cambridge，CambridgeUniversity Press，1990，p. 347。

51. 例如，参见：P. De Grauwe and J. Yuemei，'Panic-driven austerity in the eurozone and its implications'，Vox，2013，http://www.voxeu.org/article/panic-driven-austerity-eurozone-and-its-implications（2016年5月4日查获）。

52. 在此例中定为3%没有什么特殊原因，只是因为在3%时，数据中有些自然断点。3%也接近美国1974—2013年的平均赤字水平（3.1%）。

53. 用外汇借贷的国家（包括目前使用欧元的18个国家）以及使用可兑换货币（即固定汇率）的国家受到的诸多限制完全不同，制约了政策选择空间。美国前财政部副部长法兰克·纽曼（Frank. N. Newman）在最近出版的一本书里更详细地解释了这个问题：*Six Myths That Hold America Back: And What America Can Learn From the Growth of Chinas' Economy*，Kansas City，MO，Diversion Publishing。

54. A. P. Lerner，'The economic steering wheel'，*University of Kansas Review*，*June* 1941; 'Functional finance and the federal debt'，*Social Research*，vol. 10，no. 1，1943，pp. 38–51; *The Economics of Control*，New York，Macmillan，1944; *The Economics of Employment*，New York，McGraw Hill，1951.

第三章
解读货币和宏观经济政策

L. 兰德尔 · 雷
耶娃 · 纳斯岩

导　言

宏观经济政策没有发挥应有的作用。金融危机过后十年的大部分时间里，发达经济体仍未恢复到正常状态，空前低利率、持续高赤字、大多数国家增长乏力、担心潜在通货紧缩风险。这些情况说明了一个痛苦的事实：决策者们未能推动经济重回健康运行轨道。

实际上，决策者们为此做出了很多努力。起初，政府出台了一揽子财政刺激方案，可是这些刺激方案很短命，如同昙花一现。随着经济增幅下降，初始财政刺激计划的实施、税收减少及其他自动稳定器共同作用，推高了政府赤字和债务。政府赤字和债务的增加反过来又使得支持财政紧缩的呼声更高。由于欧元区主权债务持续上升，越来

Published by John Wiley & Sons Ltd，9600 Garsington Road，Qxford OX4 2DQ，UK and 350 Main Street，Malden，MA 02148，USA

越多的人支持这样一种主张：政府必须平衡预算，否则将面临借贷成本更高、无法继续偿债等灾难性后果。希腊持续不断的危机被视作对所有国家的警告。[1]

政府的重点转向财政紧缩之后，决策者们便关注相关货币监管机构，借助货币政策阻止经济下滑以提振经济。美联储和英格兰银行着手应对，它们使用常规政策工具来降低利率。但是，经济仍持续衰退，面对这种困境，它们不得不采取非常规手段，首先是为金融机构提供流动性便利，接着又出台了大规模资产购买方案，即量化宽松（QE）。欧洲中央银行也逐步效仿这种做法，尽管担心这么做可能超越了宪法赋予的权力。这些政策措施规模惊人：2008—2014年，美联储提供给金融业的紧急救助、流动性支持及信用担保累计总额高达27.8万亿美元。[2]在实施量化宽松政策期间，美联储还购买了约4.5万亿美元的资产。英格兰银行于2009年启动了资产购买方案，到2012年秋，共购买了3 750亿英镑的资产，这些资产大多数是英国国债。[3]然而，银行系统和整体经济仍然十分脆弱，令人担忧。

出台财政紧缩政策依据的是传统货币理论。该理论认为，政府支出应该量入为出，受税收和借贷所获得的收入总额的限制。政府应该尽量平衡预算，即便不是每年如此，至少每届政府的中期也应尽力平衡预算，这样可以避免债务增长不可持续。政府财政政策应受到市场的审查和约束。为了减少市场的不确定性，缓解债权人对政府无力偿还或拖欠债务这种潜在风险的忧虑，主权债务水平应限制在政府的税收收入足以偿还的范围内。更重要的是，不应该允许政府“印刷货币”为其支出提供资金，因为这种做法会造成通货膨胀。

对大多数国家来说，这些原则属于政策范畴。然而，欧元区国家却将这些原则运用到制度设计中。各成员国政府使用超国家金融机构（欧洲中央银行）发行的欧元，它们事实上放弃了“印刷货币”的权力。它们希望任何灵活应对的措施都要获得欧洲中央银行的默许。各成员国还同意为政府赤字和债务占GDP的比重设置上限。在经济下滑时，由于自动稳定器发挥作用，这些限制有被突破的风险。因此，政府在经济周期内平衡预算便成了目标——经济形势好的时候预算出现盈余，经济衰退时便能拥有承受少量预算赤字的政策空间。总之，传统货币理论将政府和私营企业及家庭同等看待，而私营企业和家庭的消费能力受制于其收入和借贷，以及金融市场对其信誉度的评估。

尽管目前实施的宏观经济政策背后的主流观点得到广泛认可，但很少有人注意到，这个主流观点建立在一个非常特别的货币理论之上。现代经济体创造货币、监管货币其实是个非常复杂、充满争议的课题。在日常生活中，极少有人对此提出质疑。本章中，我们将阐述不同货币理论对宏观经济政策的理解为何有如此巨大的差异。

我们将专门探究"现代货币理论"的分析方法为什么比主流观点更能深刻地理解货币是如何运行的，从而进一步说明目前的宏观经济政策为什么没有成功，以及什么经济政策更好。[4]我们旨在说明，运用"现代货币理论"分析方法解读现代金融体系可以清楚地表明，在抑制经济衰退和刺激增长方面，财政政策为何比货币政策有力也有效得多。一个国家如果有自己的货币，那么政府支出便不受税收和借贷资金量大小的影响。政府预算不同于家庭预算，因此，目前一些国家或地区重点实施财政紧缩政策实属政策偏误。我们认为，低利率和量化宽松这样的非常规货币政策措施至多能微弱刺激经济中的总支出，并不能有效缓解人们对家庭和企业负债加重的忧虑。

当前经济体面临的深层问题十分复杂，涉及长期的、不断加强的金融化趋势。安德鲁·霍尔丹、威廉·拉佐尼克、玛丽安娜·马祖卡托分别在本书的第四章、第五章、第六章中探讨了这些问题。[5]本章中，我们的分析紧扣一个论点，即只有正确理解货币的本质，才能正确理解国家财政政策的作用。

主流观点：外生货币

许多经济学教科书都会简要介绍一下货币的起源及演变。[6]有些教科书通常会这样叙述货币的起源和发展：物物交换效率低下，货币的出现提高了交换效率，促进了商品和服务的交换。纸币逐步发展成为一种承诺，即承诺“付给持有人”特定数目的珍贵商品作为交换，如黄金和白银。贵金属供应量限定了可发行的纸质借据数目。这就使得拖欠的风险时刻存在——人们一旦突然纷纷用纸币挤兑黄金，便会出现无法支付的情况。这种简单介绍描述道，最终，政府发行“法定货币”，即国家货币，不再以任何商品作为支撑。

主流观点认为，法定货币的问题是，一旦法定货币脱离黄金之类的商品支撑，其供应量便不再受到天然的内在的限制。法定货币增幅可能会超过每年经济总产出的增量，这必然引发一个危险的情况：法定货币供应过度增长导致通货膨胀，因为“太多资金追逐太少商品”。这种“货币数量论”认为，如果允许政府“印刷货币”用于支出，必然推高通货膨胀率，米尔顿·弗里德曼（Milton Friedman）后来发展了这一理论。[7]

因此，主流经济学家们认为，政府支出主要受税收限制。政府也可以借贷，但借贷数量必定是有限的。首先，如果政府通过借贷用于支出，那么政府将和私营部门竞争可贷资金，并因此推高利率，进而“挤出”私人借贷和支出。其次，有前瞻意识的家庭会持这种观点：当前的赤字消费必须用未来的税收偿还。因此，这些家庭控制当前支出，更加注重积累。有一种极端的情况是，主流观点的拥护者们认为，政府支出对经济毫无积极影响，因为私人支出的减少额足以抵销政府开支的增加额，带来零乘数效应。最后，如果政府债务占GDP比重太高，金融市场拖欠的风险高，那么，政府可能被要求支付过高的利率，那么政府将无法承受，实际上便被排除在金融市场之外根本无法借贷。

从主流观点看，现有法定货币的数量似乎“外生”于实体经济。也就是说，货币供应量由中央管理机构独自决定，并且与创造产品和服务相分离。这个观点是宏观经济学“古典两分法”的核心思想，认为货币变量独立于实体变量。主流观点认为，相对于实际产量增长，由外生性决定的货币供应过度增长造成整体价格水平上升。因为这个原因，控制货币供应量对抑制通货膨胀极为重要。

内生货币与现代货币理论

然而，这种货币思想并不符合实际情况。海曼·明斯基（Hyman Minsky）指出，货币并不仅仅由中央管理机构创造。[8]一旦商业银行贷出货币，实际上便创造了货币，因为这种出借增强了借款人的购买力。因此，经济中企业和家庭的贷款需求决定了货币供应量。换句话说，货币内生于实体经济，根本不独立于产品和服务的创造过程。这个深刻的见解正是“现代货币理论”的核心观点。[9]

虽然大多数货币不是政府创造的，但是政府在货币供应方面却发挥着关键作用。现代经济体中，货币其实是财政部或中央银行发行的“法定”借据。那么，问题便出现了。为什么人人都接受法定货币呢？英国5英镑纸币上写着“我承诺根据持有人的要求，向其支付5英镑”。可是，英格兰银行只会给5英镑纸币持有人另一张政府借据，即另一张5英镑纸币（或等值硬币）。人们通常认为，接受政府借据的原因很简单：它们是一国管辖范围内的“法定货币”。实际上，这个理由既不是人们接受政府借据的充分条件，也不是必要条件。在许多国家，本国货币和美元可以自由兑换，尽管在这些国家美元不是法定货币。举例来说，事实上，英国家庭和企业接受英镑，美国家庭和企业则接受美元，因为它们得付款给本国政府，付款种类繁多，纳税是其中一个重要款项。主权国家要求公民承担纳税义务并由国家收缴，以确保本国货币得到广泛使用。虽然国家无法强迫他人使用本国货币进行个人支付，却能强制要求使用本国货币履行纳税义务。

国家能征税并有效执行纳税规定，这就给主权政府带来一个重要优势。如果一国货币没有和他国货币或贵金属挂钩，那么它便成了经济中的最终结算方式。这样，政府便可以发行自己的借据用于支出。[10]征税使政府获得了对应当缴税的实体的信用。政府能够发行债券用于支出，因此可以将资源从私营部门转移到公共部门。正是基于这个能力，政府才能实现其公共目标。

过去，国家发行金属货币和纸币直接用于支出，然后将这些货币作为付款收回。当代英语中，收入（revenue）一词可以追溯到拉丁词“revenire”，意为“返还”；后来演变为古法语词“revenue”，意为“返还的”。那么，返还了什么呢？就是国家的自身债务。我们仍然使用“税单”一词，国家收入大部分来自税单。如今，国家不再将金属货币和纸币直接用于支出，也不再接受用金属货币或纸币纳税。国家支出和税收都通过电子记账完成，电子记账是有关中央银行和私营银行资产负债表中借方和贷方情况的一套信息化系统。这种做法增加了一套操作程序，掩盖了主权开支，却没有从根本上改变其性质。

现代金融体系是一套复杂的电子记账系统。过去，“大笔一挥”便创造出了货币，如今只需在电脑键盘上敲击几下，电子化录入借方和贷方账目。理解中央银行资产负债表有助于我们看清政府支出和财政的本质。[11]商业银行在中央银行开立账户，而中央银行同时也是政府的银行（例如，美联储是美国财政部的银行）。政府支出和税收通过电子会计分录记账。当美国政府支出时，美联储借出私营银行在其开设账户的准备金。收到税款时，美联储借入私营银行准备金。

有些人也许觉得上述解释有点费解。实际上，国库和中央银行的关系并不像表面看来的那么复杂。[12]政府通过电子汇款的方式将工资发放到公务员的商业银行账户中，此时这种关系就产生了。中央银行借出接收银行的准备金，而商业银行则借出公务员的存款账户。因此，政府的任何支出都会造成中央银行的银行准备金的增加。关键在于，政府不一定要等到税收到账再给公务员支付工资，只要敲击电脑键盘即可完成。

以上论述表明，主权政府的财政受限制这个主张是完全错误的。主权政府不可能丧失本国货币的偿还能力，也显然不需要先获得税收收入再拨付支出。相反，如果纳税人需要用本国货币（即政府法定货币借据）缴税，那么政府必须在税收给付之前拨付支出。实际上，纳税正好颠倒了上述程序：商业银行借入纳税人的储蓄账户，中央银行借入商业银行准备金。如果国家是政府借据的唯一来源，那么从逻辑上说，国家必须先发行政府借据然后再回收这些借据。一旦政府借据以税收或其他付款形式“返还”，这些借据便直接冲抵了政府“债务”，那么未偿还的政府借据总数便会减少。这种“抵销”以电子结算的方式出现在中央银行的资产负债表上。

这个过程在政府债券（如美国国债）中也许表现得更明显，通常“政府债务”大部分由债券构成（其他的则是现金和银行准备金）。当债券到期时，政府通过直接给债券持有人账户所属商业银行在中央银行的准备金账户授信的方式来向债券持有人兑付。然后，商业银行再向债券持有人在私营银行的账户授信。这个程序看起来可能减少了政府债务，但实际上只是将一种债务替换成了另一种，因为未偿付的债券数额（政府负债或借据）下降了，而准备金数额（也是政府负债或借据）却上升了。相反，当向政府纳税时，准备金数额下降了，但政府的其他负债却没有上升，无法相互抵销，因此减少了未偿付的政府借据和债务总额。

这样解释看起来好像是我们建议政府有时应该“印刷货币”用于支出。通常认为，政府可以选择税收、借贷或印刷货币为支出提供资金。然而，“印刷货币”，更准确地说，目前的做法是敲击键盘进行电子转账为银行账户授信，这不是政府能够选择或避免的事情。其实，这是主权政府支出的唯一方式。通过电子借贷系统，政府支出总会造成银行准备金的增加。认为政府可以选择负债融资（被认为不可持续）或者货币融资（被认为导致通货膨胀），这种观点误解了现代政府的支出方式。其实，只有政府开支产生之后，纳税和债券销售才开始，这样才符合逻辑。

也许有人要问，如果主权政府不需要通过“借贷”增加收入，为什么还要销售债券呢？决策者通常认为，政府销售国债时便是在通过借贷操作维持支出，而中央银行销售债券则被认为货币政策措施的“公开市场操作”。从销售者各自的角度来说，这是一种合理的看待操作的方式。但是，在债券购买者看来，这两种销售方式的影响完全相同：结果是，私营银行持有的准备金少了，而债券却多了。不管是政府销售国债还是中央银行销售国债，在政府债券可以购买之前，准备金必须到位，因为只有借入银行准备金，才能完成债券购买程序。

这个观点可以用另一个简单的例子说明。私营企业购买政府债券的唯一渠道是它们的商业银行账户。因此，当政府销售债券时，购买者设立账户的银行用存入中央银行的准备金促成债券购买交易。然后，中央银行借入那家银行的准备金，并借出政府国库余额。最终结果是，中央银行减少了对商业银行的借据，却增加了对国库的借据。国库对中央银行的权证平衡了其付给债券购买者的借据。商业银行对中央银行的权证以及商业银行对债券购买者的存款借据都被消除了。债券购买者对商业银行的存款借据权证交换为对国库的债券权证。这里的一个关键点是，银行必须已有准备金，然后才能购买国债。中央银行必须设立准备金以保证购买国债顺利进行。

为了顺利推进政府债券销售，中央银行和私营银行需先将操作程序落实到位，以确保银行能获得准备金用于在债券销售时购买债券。提供用于购买债券的准备金的方法很多，可以提前提供，也可以在购买的同时提供：（1）中央银行随时准备借出准备金；（2）国库支出将借出银行系统准备金；（3）中央银行购买债券（公开市场购买），与此同时，国库销售债券；（4）中央银行也可以给其他银行更多的"流动性"，也就是说，允许它们购买债券，但推迟借入它们的准备金（这样就等同于借贷准备金）。

我们无须从专业角度做更深入的分析。我们要清楚的重要环节是，银行必须有准备金（在政府中央银行的债务）才能购买国债（在政府财政部门的债务）。必须通过中央银行或政府支出产生准备金才能保证国债购买顺利进行。国债销售带来的影响是，在私营部门的投资组合中，高收益债券取代了低收益准备金。

从现代货币理论的角度看，主权政府无须"借"本国货币用于支出。它们发行债券，银行、家庭、企业和海外买家可以购买债券获得利息。政府发行债券出于选择而非必需。政府不需要在支出前销售债券。其实，如果准备金尚未到位，政府根本不可能销售债券。通过政府支出（即财政政策）或中央银行操作（即借贷或公开市场购买）提供准备金。

总之，现代货币理论认为，拥有本国货币（和中央银行）的主权政府财政不会受限，其支出不是由税收和债券收入"出资"的。按逻辑来说，政府开支或中央银行借贷必须先于征税和债券销售。而且，所有政府支出都已由"货币出资"，只要维持金融系统中的准备金并放弃销售债券，政府支出便可以一直由货币出资。

这并不意味着政府支出不受限制，这一点我们应该清楚。虽然现代货币理论承认，有本国货币的主权政府总能承担得起支出（通过在计算机化财务系统中键入几个交易项目），但该理论并未建议政府应该这么做。虽然政府不会面临财政限制，但它们确实要应对实际资源限制。例如，支出超过产出后形成缺口，造成通货膨胀。将支出用于某些已经被私营部门充分利用的资源会导致这些资源的价格上升（虽然总体价格不一定上升）。通货膨胀源于支出过多而不是货币本身过多，尽管支出与货币二者通常融合在一起。支出如何“获得资金”并不决定其产生的通货膨胀影响。

认识到政府不受财政限制并不一定能得出这个观点：政府应该支出多少？政府应该少支出，这种观点虽然理由充分，但是政府“钱花光了”或“无力偿还债务”却不是政府少支出的理由。现在，美国和英国几乎不会以“控制通货膨胀”的名义实施财政紧缩政策。英美两国实施财政整顿基于这个观点：政府“钱花光了”或是政府支出超过了“辛勤工作的纳税人所缴纳的税款”，因此政府要“勒紧裤腰带”，紧缩开支。这样一来，政府预算好像和家庭预算一样。其实相反，正确理解货币的本质之后，只有当经济面临通货膨胀压力时才需要出台财政紧缩政策。

货币和货币政策

我们在上文中提到，主流货币观点特别强调，经济中由外生性决定的超额货币量导致了通货膨胀。20世纪70年代初，国际货币体系所采用的黄金美元本位制走向终结。马文·古德弗兰德（Marvin Goodfriend）说：“布雷顿森林体系崩溃之后，世界上所有货币都与黄金或其他商品脱钩，这在现代历史上尚属首次，由于对货币发行量缺少制度性约束和规范，从而加深了对通货膨胀的担忧。”[13]主流经济学家受货币数量论的影响，认为货币政策决策者们应该确保经济运行中的货币供应量不会造成通货膨胀。

要求中央银行抑制通货膨胀的推力，其实也可以理解为对“法定货币”的价值建立起某种锚值的一种方式。保罗·沃尔克（Paul Volker）在1979至1987年任美联储主席，他在次贷危机愈演愈烈的时候说：“我们都生活在一个由法定货币构成的世界里，美元、欧元以及其他国家或地区的货币背后都是靠信任在支撑。人们相信，说到底，中央银行和政府会抵制住通货膨胀的诱惑。这种强调信任对国家和货币至关重要的观点，过去是、现在仍然是国际金融体系的核心。”[14]因为没有任何“真实”商品的支撑，那么控制美元数量的机构必须致力于稳定价格，确保公民和企业继续接受纸币。如今，大多数中央银行在货币政策总体实施方面的自主权更大，它们明确寻求价格稳定，因为这是执行宪法性命令的一项工作。

许多评论者也许认为，中央银行没有私自直接将货币注入经济。但我们今天使用的货币几乎都是由私营银行通过向中央银行借贷而产生的。中央银行以准备金形式存在的货币只能由商业银行持有，而无法直接进入经济运行；当然，中央银行以纸币形式存在的货币确实在市场上流通，但这部分货币是为了满足公众的现金需求（银行存款在自动柜员机上以现金形式被取出的时候，其货币形式改变了，但公众手里的存款数目并未改变）。然而，长期以来主流货币理论一直认为，中央银行能够控制经济运行中的货币供应量。

主流观点认为，私营银行只不过是金融中介机构，它们从客户手中获得存款，然后再将这些钱贷给借贷者。它们预留一定比例的存款作为准备金，以满足日常取款和清算。商业银行可以自愿审慎设定自身的准备金比例，这个准备金比例有时是法定要求的（如美国）。借到钱的人会把钱花掉，而收到钱的人则会把钱存入银行，这样银行便可以继续发放贷款。随着借贷过程的持续进行，银行创造的存款总数（银行货币）就会是最初存款所形成的准备金的多倍乘数。同理，中央银行把准备金借给商业银行，然后商业银行用类似的方法通过贷款带来银行货币的成倍增长，这就是所谓的“货币或存款乘数”，学习经济学主流观点的人都被要求熟知这个理论。

既然中央银行是经济运行中准备金的最终来源，货币乘数理论认为，中央银行通过限制商业银行的准备金就能够控制其贷款数额，并且可以直接通过公开市场销售便可实现。如果中央银行把证券销售给私营部门，商业银行就必须用准备金的形式来支付，这样准备金就会减少。或者，中央银行采用间接方法限制商业银行借贷。例如，如果中央银行决定提高商业银行的借贷利率，商业银行借贷成本提高，那么此后的贷款便会减少。此外，中央银行还可以收紧其可以贷出的准备金。

然而，现代货币理论的支持者们认为，这种关于银行信贷产生过程的观点，以及认为中央银行能够控制经济中货币供应量的观点不符合事实。实际上，银行的贷款并非来自家庭和企业的存款。当一个家庭向银行借贷时，银行不会等到有人存入等值资金时才同意借款申请并发放贷款。假设银行认为家庭的信用良好，那么银行会直接将家庭所需存款借入其账户。换言之，需求创造了新货币。银行无须先有存款或准备金再发放贷款，它们发放贷款的同时也创造了存款。

主流观点认为存款创造了贷款。与之相反，现代货币理论认为，银行贷款创造了存款，因此，准备金要满足准备金需求或清算需要。如果有需要的话，商业银行会向中央银行借准备金。换言之，银行货币供应并不独立于银行货币需求，而是来源于银行货币需求，因为当信用良好的借贷者提出借款申请，银行贷款给他们时，银行便创造了存款。这就是货币由内生性决定的内涵，不管金融体系中有多少准备金，银行货币生来就是为了满足需求。虽然大多数教科书仍在讲授货币政策中主流的货币乘数论，然而实际上，货币并不是这样产生的。现在即使是中央银行的经济学家们也承认，银行并不需要等待存款，银行货币因需求而产生，借贷不受准备金限制。[15]

有人可能会说，中央银行可以限制商业银行动用准备金的数额，这样商业银行便不再积极发放贷款。但这种观点忽略了目前中央银行决策的事实。如果中央银行追求一个利率目标，那么实际上它便无法拒绝供应准备金。如果商业银行没有足够的准备金用于清算，或准备金数额低于所需数目，那么商业银行就会以隔夜拆借利率从货币市场上向其他银行借入准备金。如果整个银行系统的准备金不足，银行之间竞争有限的准备金便会推高隔夜拆借利率，这个利率可能高于中央银行的目标利率。因此，如果中央银行希望稳定目标利率，就必须供应准备金。这通常是通过公开市场购买来实现的。在公开市场中，中央银行用准备金购买证券。还有一种相反的情形：商业银行的准备金多于它们所需的金额，中央银行需要通过公开市场回购以减少准备金，阻止利率下滑至低于目标利率。从这个意义上说，公开市场操作属于防御性操作，中央银行供应或减少私营银行准备金，“捍卫”自身利率目标，消减将实际隔夜拆借利率偏离目标利率的压力。更重要的是，当商业银行需要时，中央银行必须提供准备金，否则会殃及银行间清算。这可谓是中央银行无法选择不提供准备金的最重要的原因。[16]

总之，主流观点认为，中央银行在控制准备金和控制利率二者之间做出选择。内生货币理论认为，控制利率其实是中央银行手中唯一的工具。实际上，经济中的货币数量取决于许多变量，利率只是其中之一。任何情况下，一旦人们运用货币数量理论，经济运行中的货币总量便成了一个相对不重要的变量。对经济运行来说，重要的是总需求的整体水平，而这个总体水平并不是由货币数量决定的，而在很大程度上取决于由所需求的支出产生借贷的结果。

量化宽松

自从美国和欧洲金融危机爆发以来，通货膨胀率低于中央银行目标值，人们越来越关注经济体可能出现进入通货紧缩旋涡并且不断加剧的风险，这很可能和20世纪90年代日本经济所遭遇的“失落的十年”情况极其相似（如今已经过去了三个“失落的十年”）。[17]货币政策决策者们受制于货币政策的传统工具：当关键的短期利率已接近于零时，决策者如何能使出招数在刺激私人消费的同时进一步降低利率？由于私营银行在贷款给家庭和企业时会更谨慎，信用评估更严，还要努力审慎推进国内银行改革并对标国际指引方针所要求的杠杆率和资本需求，这就令情况变得更加糟糕。

结果就是使用像量化宽松这样的非传统货币政策工具来增加信贷市场的流动性，以此来鼓励银行借贷给家庭和企业。从2008年至2014年，美联储先后实施了三轮量化宽松政策，累计金额达4.2万亿美元。从2009年3月至2012年7月，英格兰银行实施量化宽松政策，购买的资产总额高达3 750亿英镑。尽管欧洲中央银行实施量化宽松政策相对较晚，但它还是拨付了至少1万亿欧元用于量化宽松，还承诺从2015年1月至2017年3月每月拨出600亿欧元。[18]

这些中央银行对实施量化宽松政策的依据、“传导机制”的本质以及持续时间的认识也不尽相同，也就是说在这个过程中，多余的流动性将会转化为高支出和高产出。但总体而言，决策者们希望量化宽松政策能够促进必要支出，助推经济复苏。总的来说，量化宽松政策是基于这个观点：金融危机之后，银行系统陷入了“现金荒”，因此中央银行购买债券和其他证券，为那些不愿意慷慨解囊予以配合的银行提供了必需的准备金。如此一来，这些商业银行就能够向资金紧张的家庭和私营企业发放贷款，这样就再次推动了经济增长。有些量化宽松政策的反对者则从更传统的视角来看待货币，他们警告说，中央银行“印刷电子货币”购买私有证券，最终会导致通货膨胀。而现代货币理论则认为，这两种观点都会产生误导作用，因为它们都误读了现代银行体系创造货币的方式。

本章前一部分论述过，银行借贷不受准备金限制。银行不需要额外的准备金来推动它们借贷，银行也不能借贷准备金，只能相互拆借（通过量化宽松政策产生的准备金存在银行，无法进入经济用于支出）。因此，多出来的准备金并不会促使银行借出更多贷款。在银行看来，它们关注的是那些守信用的需要资金的借款者。最近几年，这类借款者越来越缺乏，因为家庭和企业都在努力偿还累积的债务，而且政府也削减了公共支出。换言之，问题在于资金需求一侧而不是供给一侧。如果真的出现了合格的借款者，那么银行自然会增加借贷，进而增加经济中的资金流量。如果经济增长疲弱，产能持续过剩，失业率居高不下，则量化宽松政策不太可能造成通货膨胀。即使没有从量化宽松中获得额外准备金，银行也可以发放贷款。中央银行通过公开市场操作增加银行系统中的准备金，量化宽松并不比这种措施更易造成通货膨胀。

当中央银行通过计算机系统操作来购买债券和其他证券时，它是通过电子方式借出银行准备金，与其所购买的证券等值。因此，量化宽松实际上就是电子财务转账，反映了证券和准备金互换。换言之，量化宽松的真正作用是用一种资产（政府长期证券）更换银行资产负债表上的另一种资产（银行准备金）。商业银行投资组合的这种变化并未增加家庭和企业收入，因此也不要期望其带来更多支出。

量化宽松的“运作方式”实际上和传统货币政策用利率影响家庭和企业贷款与消费的方式相同。量化宽松影响长期利率，中央银行购买长期债券和证券，提升其价格，降低其收益。量化宽松通过减少

“期限利差”（短期利率和长期利率之差）和“风险利差”（依据市场对信用风险的考量，造成不同债务工具的收益差）也影响经济中的其他利率。[19]降低长期利率会促进那些利率敏感型的消费。例如，一般而言，房地产行业对利率波动尤为敏感，尽管每个国家的敏感程度不同。

总之，量化宽松对总需求和实体经济的影响，主要取决于降低利率能否刺激消费。实际上，隔夜拆借利率已接近于零，长期利率也很低，可以说，在这种情况下，量化宽松已经无法大幅降低利率。如果量化宽松想要达到预期效果，它几乎只能全部借助于私营部门杠杆，而不是私营部门额外收入或净财富。[20]经济持续受债务积压之害，私营部门债务负担加重并不是向好的经济走势。

量化宽松可以通过一定的方式增加私营部门收入。如果量化宽松的规模大到足以推高中央银行购买的金融资产价格，这就意味着私营部门的资本收益在增加。如果能达到这个效果，这种方式便产生了收入。从这个意义上说，量化宽松实际上是货币政策。[21]然而，无论是在美国还是在其他国家，这都不是量化宽松想要达到的目标。正如伯南克（在整个金融危机期间担任美联储主席）所主张的，购买资产“如果附加财政要素，即便合法，也完全可以视为经济立法机构在打擦边球，因此最好只在理论领域内探讨”。[22]

不过，我们同时应该注意到，如果量化宽松的目标是增加总需求，那么其影响并不都是积极的。虽然低利率可能增加利率敏感型的消费，但同时也会减少私营部门的利息收入（特别是来自政府债券的收入），从而减少消费。[23]人们担心分配产生的影响。英格兰银行得出结论，英国的量化宽松政策让高收入人群受益。量化宽松推高了许多资产价格，资产购买增加了养老金之外的家庭金融财富的价值。这些金融财富的持有严重不均，收入最高的5%的家庭拥有40%的资产。[24]

总而言之，与常规货币政策一样，量化宽松也受同样的问题困扰：它是刺激总需求的很迟钝的手段。如果决策者们最终认识到发达经济体目前面临的问题是总需求不足，那么便有一个更好的解决方法，即财政政策。只要能正确理解货币的本质，我们便能用这个强大的工具增加收入、促进就业，而无须用量化宽松这种间接方式。

对欧元区的启示：货币政策和财政政策再融合

因运用主流货币理论进行宏观经济决策而遭受最大冲击的是欧元区国家。从很多方面来说，欧洲单一货币的设计正是基于主流理论，因而严重限制了欧元区国家应对金融危机的能力。

此时，我们应该认识到，2008年金融危机后欧元区的主权债务问题暴露了出来——不能将之简单归咎于政府不负责任地“挥霍开支”，认识到这一点非常关键。人们担心希腊的财务制度和收税方式，尽管这种担心是合理的，地处欧洲边缘的大多数经济体（希腊、意大利、西班牙、葡萄牙和爱尔兰）都是在金融危机爆发之后经济衰退时才出现债务问题的，然而，从那时起，它们应对危机的种种努力却严重受阻。

正如斯蒂芬妮·凯尔顿在本书第二章所言，私营部门、公共部门和外资部门的财政状况有着紧密联系。如果一个部门出现赤字，另外两个部门中至少有一个部门必定出现盈余，这是国家宏观经济财务的基本特征和规律。整体而言，所有部门的综合平衡必定为零。这个简单的观点对理解欧元区经济问题的本质至关重要。

从部门财务均衡的角度看，金融危机之后，欧元区经济体中的国内私营部门趋向盈余，这是因为家庭因身陷债务困境而减少开支，企业搁置投资计划，金融机构变得脆弱并减少借贷。与此同时，这些经济体中的大多数国家长期存在贸易逆差，部分折射出了德国出口强劲，用坚挺的马克来替换相竞争的欧元，结果现金账户盈余。因此，大多数国家的国内私营部门盈余（积累多于投资）反映为国内公共部门赤字（政府支出高于收入），这只是一个宏观经济核算问题。

虽然每个国家的具体情况不同（例如，爱尔兰和西班牙的房地产泡沫破裂，影响巨大），地处欧洲边缘的国家政府赤字和债务均上升，主要是因为“自动稳定器”在经济下滑时发挥作用，税收和其他收入减少，社会保障支出上升，以及随之而来的那些旨在拯救陷入困境的银行的可自由支配的支出方案。收入下降、失业率上升、去杠杆都造成了私营部门支出减少。金融危机造成家庭积累增加，企业投资减少，这些都反映为公共部门赤字上升。公共部门赤字上升并不是因为决策者超过其“承受能力”而故意乱支出。

欧盟相关机构应对金融危机不是让公共部门赤字上升，而是进一步加强财政整顿。所谓的“财政条约”（《稳定、协调与治理条约》）承诺平衡预算，欧盟加强对各国政府的监督。但是，国内公共部门平衡只有在盈余被增加的赤字抵销（少数国家贸易顺差则除外）的情况下，才会趋向盈余。如果政府都执行条约规定，同时减少支出或同时增加税收，而不管经济运行状况，这实际上造成欧元区经济形成通货紧缩的趋势。经济疲弱，私营部门不愿意或不能减少净积累，此时实施通货紧缩必定造成经济增长减速。大多数欧元区政府发现，努力减少政府赤字不仅困难而且会弄巧成拙，造成赤字不降反升。

关键在于，各个欧元区政府不能依赖欧元区其他国家或欧洲中央银行获得资金。和美国不同，欧盟没有联邦层级预算能够自动从富裕地区重新分配资金到贫困地区（没有与“山姆大叔”对应的“福利兹大叔”）。例如，美国联邦政府收入可以自动转移到经济增长缓慢、失业率高的州。欧盟没有此类财政自动转移机制，这反映在围绕希腊救援方案造成的政治紧张局势方面，当时的一幅幅景象浮现出来：德国纳税人辛勤工作来救济不负责任、肆意挥霍的雅典政府，等等。而类似的怨言（例如，纽约人将辛苦挣来的钱转给贫穷的密西西比）在美国却很少听到。欧盟预算限定在欧盟GDP的1%左右，这个数字比比利时的预算占GDP的比重还要小，并且始终必须实现预算平衡。

由于欧元区国家不发行本国货币，地处欧洲边缘的国家其政府不能无限期地发行债券为大量或持续、大量且持续预算赤字提供资金。一旦市场原则发挥作用，就迫使政府实施财政紧缩政策。当国家债务累积时，金融市场会加剧赤字上升，带来风险：主权债务累积导致大规模清偿危机，市场更加担心拖欠。1999年，马修·福斯塔德（Mathew Forstater）说，欧元区国家“经济衰退时，市场力量要求采取扩大经济周期的财政政策，衰退产生的影响更加复杂”。[25]大多数欧元区国家别无选择，不得不推行财政紧缩政策。而此时原本需要采取相反的政策措施。

产生这个问题的直接原因是欧元区国家信奉的主流货币理论。在任何一个发行本国货币的主权国家，如果其金融市场拒绝购买政府债务（尽管这种情况很少），中央银行总有一个选择，可以充当“最后的买家”。也就是说，中央银行可以通过“电子键盘”购买政府债券。但是，欧洲中央银行和其他大国的中央银行不同，它的独特之处在于没有“最后的买家”这个职能——明确规定禁止欧洲中央银行从新发行的债券市场购买主权债券。主流货币理论认为，如果中央银行能够为政府赤字提供资金，将会削弱财政纪律导致通货膨胀。由于不允许欧洲中央银行通过电子键盘转账为政府赤字提供资金，欧盟确保其成员国政府以市场利率从金融市场获得资金。如果欧盟各国政府借贷过多，偿债成本上升，则会被迫削减支出或增加税收，或者既减少支出又增加税收。通过市场约束限制财政政策，这种机制从一开始便果断地被置于欧元区的设计中。

如果欧洲中央银行从早期便开始在二级市场购买赤字严重国家的债券，则将会减少市场对主权国家拖欠风险的担心，也会降低这些国家支付债券的利率，这些国家才能刺激其经济发展。金融危机期间，大国中央银行几乎都强力干预，而欧洲中央银行干预力度很小且实施缓慢。2012年，欧洲中央银行行长马里奥·德拉吉宣布将“全力以赴”拯救欧元。建立直接货币交易计划后，欧洲中央银行可以购买无上限主权债券，但只能在二级市场购买，并且必须满足一些条件。这个决定意义重大，它向“最后的买家”迈出了实质性的一步，这个决定后来却遭到德国宪法法院审查，该法院声明，欧洲中央银行违反了其合法授权。[26]而且，和美联储、英格兰银行相比，欧洲中央银行采取量化宽松政策慢了很多（实际上，欧洲中央银行推行量化宽松政策时，美联储已开始弱化其量化宽松政策）。欧洲中央银行的基准利率达到零下限，其担心通货膨胀长期低于2%的目标，于2015年1月推行“扩大资产购买方案”。[27]

欧元区政府稳定经济推动经济增长时遇到的困难直接来自主流货币理论，而欧元区正是依据这个理论建立的。[28]欧元区旨在阻止政府出现大量赤字，阻止各国通过中央银行的最后借贷创造货币。经济疲弱的欧元区国家没有本国货币，无法用本国货币进行电子化交易，也没有来自发达地区的财政转移支付，当经济危机爆发经济出现衰退时，它们无力应对不断累积的主权债务和经济增长疲弱的困境。欧洲中央银行决定“改变规则”，如果需要的话，可以购买无上限主权债券（明确放弃了主流理论），欧元区国家得到暂时喘息的机会。然而，想实现长期增长的目标，必须更深刻地认识财政政策在提升需求中的作用。

结　论

金融危机之前，通货膨胀率很低，增长势头良好，金融稳定，决策者们为此欢欣鼓舞。美联储主席本·伯南克将宏观经济波动中的明显下降描述为“大缓和”。他认为，经济出现大缓和主要是因为成功引入了货币政策框架，专注于确保价格稳定。[29]英国前财政大臣、前首相戈登·布朗（Gordon Brown）宣布工党政府（1997—2010）的目标是避免重返之前的“繁荣与萧条交替循环”的怪圈。他的信心来自之前授予英格兰银行货币政策的操作自主权。在最初写给英格兰银行的一封信中，布朗写道：“价格稳定是增长和就业维持高水平并保持稳定的前提条件，进而是创造价格持续稳定的条件。”[30]

然而，“大缓和”主张被金融危机击破。在过去的十年中，基于主流货币理论的宏观经济政策的失灵之处暴露无遗。

决策者们认为政府和家庭一样，财政受制于收入。他们在经济已经疲软的情况下强行实施财政紧缩政策，坚信货币政策（无论是传统的还是非传统的）能够实现经济持续增长。日本、美国、英国和欧元区国家的中央银行纷纷推行量化宽松政策，希望借助低利率推动借贷。地处欧洲边缘的国家金融市场和欧元区当局给成员国施压，要求它们减少债务负担，甚至不惜以大批失业、经济困境进一步加剧为代价。即使像英国这样的没有类似市场压力的国家，也推行财政整顿方案。

虽然中央银行作为最终贷款人介入是金融危机早期的关键一步，一旦注入流动性停止，利率下跌至零下限，货币政策几乎无计可施。我们已经看到，对那些经济中的根本问题是缺少总支出的国家来说，量化宽松至少可以说是增加总需求的直接政策工具。如果量化宽松政策确实成功实现目标，那么只能进一步提高私营部门的已有高负债水平。而财政政策能直接刺激总需求，因为政府能大体控制增加支出的领域和对象。而且，这种财政扩张能提升需求且无损于私营部门的资产负债表。政府赤字消费确实带来收入和投资组合中的安全负债增加，这实际上改善了私营部门的财政状况。我们在本章已有论述，有货币主权的政府其财政不受限制。它们发行本国借据用于消费，并能动用这个职能购买真实资源，促进全民就业。

财政政策作为稳定经济调控增长的优先手段无须揭示，第二次世界大战之后的岁月充分说明了这一点，但当时的理解并不全面。虽然通常会认识到经济下滑时需要财政赤字，但是，大多数经济学家并未真正理解财政政策和货币本质二者之间的联系。所谓的“凯恩斯”财政积极主义是建立在脆弱的货币基础之上的。与此类似，私有货币的“货币或存款乘数”论造成货币政策基础薄弱。现代货币理论提供了现代金融体系中货币内生性的另一种观点，更加深刻地理解了财政和货币政策。如果运用得当，现代货币理论将在现代宏观经济有效决策方面大有作为。

注 释

1. 在利维经济研究所可以找到有关希腊经济的有洞见的论著，详见：http://www.levyinstitute.org/topics/greek-eonomic-crisis（2016年4月19日查获）。
2. J. A. Felkerson，*$29，000，000，000，000: A Detailed Look at the Fed's Bailout by Funding Facility and Recipient*，Working Paper No. 698，Levy Economics Institute，December 2011.
3. Federal Reserve，http://www.federalreserve.gov/monetarypolicy/bst_crisisresponse.htm（2016年4月19日查获）；Bank of England，http://www.bankofengland.co.uk/monetarypolicy/Pages/qe/qe_faqs.aspx（2016年4月19日查获）；and M. Joyce and M. Spaltro，*Quantitative Easing and Bank Lending: A Panel Data Approach*，Bank of England Working Paper No. 504，2014，http://www.bankofengland.co.uk/research/Documents/workingpapers/2014/wp504.pdf（2016年4月19日查获）。
4. L. R. Wray，*Modern Money Theory: A Primer on Macroeconomics for Sovereign Monetary Systems*，2nd ed.，Basingstoke，Palgrave Macmillan，2015.
5. 可以在L. R. 雷（L. R. Wray）的著作中找到有关金融化其他方面的探讨。*Financial Markets Meltdown: What Can We Learn from Minsky?*

Public Policy Brief Highlights No. 94A，Levy Economics Institute，2008，http://www.levyinstitute.org/publications/financial-markets-meltdown-what-can-we-learn-from-minsky（2016年4月19日查获）。另一些不同视角的分析可以在爱泼斯坦编著的书中找到：Alternative perspectives can be found in G. Epstein，ed.，*Financialization and the World Economy*，Cheltenham，Edward Elgar，2005。

6. 举例说明，参见：N. G. Mankiw，*Macroeconomics*，9th ed.，New York，Worth Publishers，2016，and A. Abel，B. Bernanke and D. Croushore，*Macroeconomics*，9th ed.，Oxford，OUP，2016。
7. M. Friedman，'The role of monetary policy'，*American Economic Review*，vol. LVIII，no. 1，1968，pp 1–17. 也可以参见：M. Friedman，'An interview with Milton Friedman'，Library of Economics and Liberty，September 2006，http://www.econlib.org/library/Columns/y2006/Friedmantranscript.html（2016年4月19日查获）。
8. H. P. Minsky，*Stabilizing an Unstable Economy*，New York，McGraw Hill，2008. 也可以参见：L. R. Wray，*Why Minsky Matters: An Introduction to the Work of a Maverick Economist*，Princeton，NJ，Princeton University Press，2015。
9. Wray，*Modern Money Theory* .
10. 应该注意一点：《马斯特里赫特条约》从法律上限制了欧盟成员国政府通过创造货币增加公共支出的能力，不过，保留本国货币的成员国原则上却可以这么做。
11. Wray，*Modern Money Theory* . 也可以参见：L. R. Wray，*Understanding Modern Money: The Key to Full Employment and Price Stability*，Cheltenham，Edward Elgar，1998；E. Tymoigne and L. R. Wray. *Modern Money Theory 101*，Working Paper No. 778，Levy Economics Institute，November 2013。

12. G. Rule，*CCBS Handbook No. 32 – Understanding the Central Bank Balance Sheet*，Bank of England，2012，http://www.bankofengland.co.uk/education/Pages/ccbs/handbooks/ccbshb32.aspx（2016年4月19日查获）。

13. M. Goodfriend，*How the World achieved Consensus on Monetary Policy*（No. w13580），Cambridge，MA，National Bureau of Economic Research，2007，p. 5.

14. P. A. Volcker，'Rethinking a bright new world of global finance'，*International Finance*，vol. 11，no. 1，2008，pp. 101–7.

15. M. McLeay，A. Radia and R. Thomas，'Money creation in the modern economy'，*Bank of England Quarterly Bulletin*，vol. 54，no. 1，Q1，2014，pp. 14–27.

16. S. T. Fullwiler，'Timeliness and the Fed' s daily tactics'，*Journal of Economic Issues*，vol. 37，no. 4（December 2003），851–80.

17. 'Europe' s deflation risk'，OECD Observer No 300，Q3 2014，October，http://www.oecdobserver.org/news/fullstory.php/aid/4485/Europe_92s_deflation_risk.html（2016年4月19日查获）。也可以参见：OECD Deflation Watch，http://www.oecdobserver.org/news/fullstory.php/aid/4807/Deflation_watch.html（2016年4月19日查获）。

18. Federal Reserve，http://www.federalreserve.gov/monetarypolicy/bst_crisisresponse.htm（2016年4月19日查获）；Bank of England，http://www.bankofengland.co.uk/monetarypolicy/Pages/qe/qe_faqs.aspx（2016年4月19日查获）；Joyce and Spaltro，*Quantitative Easing and Bank Lending*；ECB，https://www.ecb.europa.eu/mopo/implement/omt/html/index.en.html（2016年4月19日查获）。

19. A. Blinder，'Quantitative easing: entrance and exit strategies'，*Federal Reserve Bank of St. Louis Review*，vol. 92，no. 6，November/

December，2010，pp. 465–79.

20. S. T. Fullwiler，'An endogenous money perspective on the post–crisis monetary policy debate'，*Review of Keynesian Economics*，vol. 1，no. 2，summer 2013，pp. 171–94.

21. Ibid.

22. B. S. Bernanke，'Japanese monetary policy: a case of self–induced paralysis?'，paper presented at the ASSA meetings，Boston，MA，9 January 2000，p. 24.

23. W. B. Mosler，'The Fed is starving economy of interest income'，*CNBC*，24 January 2012，http://www.cnbc.com/id/46115110（2016年4月19日查获）。

24. Bank of England，*The Distributional Effects of Asset Purchases*，2012，http://www.bankofengland.co.uk/publications/Documents/news/2012/nr073.pdf（2016年4月19日查获）。

25. M. Forstater，'The European Economic and Monetary Union: introduction'，*Eastern Economic Journal*，vol. 25，no. 1，winter 1999，pp. 31–4.

26. P. De Grauwe，'Economic theories that influenced the judges of Karlsruhe'，Vox，13 March 2014，http://www.voxeu.org/article/economic–flaws–german–court–decision（2016年4月19日查获）。

27. ECB，*Asset Purchase Programmes*，https://www.ecb.europa.eu/mopo/implement/omt/html/index.en.html（2016年4月19日查获）。

28. D. Papadimitriou and L. Randall Wray，*Euroland 's Original Sin*，Levy Economics Institute Policy Note 2012/8，2012.

29. B. S. Bernanke，*The Great Moderation*，Federal Reserve Board，2004，http://www.federalreserve.gov/boarddocs/speeches/2004/20040220/（2016年4月19日查获）。

30. G. Brown，*The New Monetary Policy Framework*，1997，http://www.bankofengland.co.uk/monetarypolicy/Documents/pdf/chancellorletter970506.pdf（2016年4月19日查获）。

第四章
短期主义的代价[1]

安德鲁·霍尔丹

导　言

这个世界正变得短视吗？对个人而言，有时感觉确实如此：信息流量更大、速度更快，决策时间似乎已缩短，立刻取得结果的压力看似更大。对于我们生活中最重要的选择（婚姻、职业和金钱），拥有这些的时间在持续下降。[2]有些人将之称为“季度资本主义”。[3]

这些力量可能不仅改变了我们的行为方式，还改变了我们的思维方式。从神经学上讲，我们的大脑自我调整，缩短注意力持续时间以适应数量越来越多、传播速度越来越快的信息。像互联网这类技术创新可能带来神经系统的永久性变化，就像先前的印刷机、打字机这类技术革命带来的深远影响一样。[4]我们的大脑就像晶体管收音机，可能永远回到了更短的波段。

Published by John Wiley & Sons Ltd，9600 Garsington Road，Qxford OX4 2DQ，UK and 350 Main Street，Malden，MA 02148，USA

如果这些力量真实存在，它们在资本市场可能显得特别重要。随着时间的推移，这些力量是选择的重要方式。高效的资本市场将今天的积累转移到明天的投资和后天的增长中。资本市场通过这种方式增进了福祉。但是，现代资本市场也付出了代价，这一点为人们所熟知。最近的经济走势表明，最明显、最惨痛的代价在金融危机之时暴露出来。这些代价，如放弃的产出，已经得到广泛研究。[5]

现代资本市场还有第二个潜在的代价——短期主义。虽然短期主义还没有现成的定义，但通常认为，短期主义是指金融中介链中的代理人过于注重短期收益，而牺牲了长远的良机。[6]这就产生了机会成本，比如放弃的投资项目，进而影响未来的产出。

和金融危机不同，这些机会成本既不惨重也不明显，而是悄无声息、不易察觉的。也许正是由于这个原因，几乎无人尝试用定量分析的方式将短期主义的潜在代价呈现出来。然而，现有调查数据已清楚地表明，现代资本市场存在短期主义倾向。例如，2004年，市场舆论调查国际（MORI）对投资经理协会（IMA）和全国退休基金协会（NAPE）两家机构的成员进行了一项问卷调查，结果发现，分别有三分之一和三分之二的成员认为他们的投资契约鼓励短期主义行为。[7]

对《财富》世界1 000强企业的首席执行官（CEO）做的一项调查显示，未来现金流的贴现率约为12%，远远高于股东的平均收益率或债务收益率。[8]另一项对400多名企业高管的调查发现，他们当中超过75%的人愿意放弃一个净现值为正的项目以平滑收益。[9]

如果投资者对未来收益贴现过多，经理努力实现企业价值最大化，则其更注重短期而不是长期资金流。本章中我们收集的实证表明，投资者选择的高贴现率效率低下。接着，我们会说明，企业所有制才是关键所在。私营企业往往比对应的上市企业投资更多。总体而言，这些研究结果说明，短期主义造成的扭曲对企业投资率和资本库存产生了实质性影响。最后，我们将从短期主义的这些代价中得出启示和政策建议。

有关短期主义的现有研究

短期主义的争论并不是新话题。对未来结果过度贴现是被古典经济学家熟知的议题。杰文斯（Jevons）说，“未受过教育的野人就像孩子一样，只关注当下的快乐和烦恼，隐约感受到滋养，他们的视野局限几天后便会显现”。[10]马歇尔（Marshall）说，人们的做事方式“就像孩子从布丁中挑出梅子，然后一下子全部吃掉”。[11]庇古（Pigou）说，这体现了一种“有缺陷的远视能力”，“我们看到未来的快乐减少了”。[12]

这些问题没有比金融市场表现得更突出了。凯恩斯本人也是个业余投机者，他充分意识到在进行投资选择时短期主义暗藏的道德和金融危险。“认真的投资者有责任时常平静接受所持资产贬值这个事实而不自责。任何其他政策都是反社会的，摧毁信心的，而且和经济制度的运行格格不入。”[13]

第二次世界大战刚刚结束，美国人本杰明·格雷厄姆（Benjamin Graham）表达了相同的观点。他是一位具有独创思维的“价值投资者”，对当今的投资大师沃伦·巴菲特（Warren Buffett）来说，本杰明是昔日的投资教父。“认真的投资者不太可能相信股市每天或每个月的波动会让他们更富有或更贫穷。”[14]他还说过一句名言：“短期来看，市场像个投票机；而长期看来，它又成了称重机。”不管是未开化的野人，有缺陷的望远镜，还是反社会的投票机，都存在缺失。

然而，直到现在，这类证据主要还是传闻。直到20世纪60年代，短期主义假说才第一次从实证中得到检验。通过投资企业的调查数据检验该假说，结果发现，投资者通常期待投资在3~5年内实现全部收益。与此同时，工厂和设备的平均年限通常是30~50年。[15]即使企业希望着眼于长远发展，在实际运营中却仍关注短期收益。

金融危机已过去15年了，有关短期主义的规范的量化数据仍相对较少。迈尔斯（Miles）的研究是个例外。[16]他运用增强版基础资产定价模型分析英国企业层面的股价数据，结果发现了对未来现金流过度贴现的证据。使用类似的方法分析众多国家较长时间的经济形势，得出的结论也大体类似。[17]

将短期主义和投资联系在一起的实证研究也很少。阿斯克（Asker）、法尔门萨（Farre-Mensa）和永奎斯特（Ljungqvist）基于一批美国公司进行了实证研究。[18]他们发现，那些股价（言下之意，包括投资者）对收益报告非常敏感的企业，往往会放弃投资良机。私营企业比同类上市企业的投资高出许多，而且对投资机会更敏锐。

伯恩斯坦（Bernstein）在其文章中将专利视为创新产出的一个衡量标准。[19]他比较了已在纳斯达克上市的美国私营企业和那些已启动上市程序但尚未完成上市的企业。结果发现，企业上市之后并没有减少专利登记数，但创新的新颖度确实呈下降趋势（以专利引证衡量）。

有些理论文章将短期主义和投资二者直接联系起来。这类文献的重点是探讨信息问题，股利有助于解决这些问题却以牺牲投资为代价。米勒（Miller）和罗克（Rock）提出一个模型，经理知道收益现状，投资者却不知道。[20]股利是收益的信号，投资者能够观察到这个信号。这就意味着经理有动力给市场带来高额股利，即使这种做法其实减少了投资。投资者明白这一点便不会完全相信这些虚高的股利信号。

斯坦因（Stein）研究了另一种信心不对称的情况。[21]在他运用的模型中，投资者基于未来预期收益对企业进行估值。未来收益和当前收益相关。经理明白这个道理便削减投资，提升当前收益，进而提升了对未来收益的期望值，抬高了企业股价。[22]在平衡状态下，经理发出的信号对股价没有影响，但他们的做法会持续削减投资。

纳拉亚南（Narayanan）研究发现，投资者可能对经理的能力也不确定。[23]该研究使用的模型分析显示，股东无法知道经理的能力或了解经理所选的项目。利润则容易被观察到，利润高便提升了投资者对经理管理能力的评价，经理因此获得更高的薪酬。经理明白这一点便可能选择产生短期利润的项目，即使有更好的长期项目可以选择。瓦根霍费尔（Wagenhofer）和吉格莱尔（Gigler）最近分别发表了一篇文章，探讨了财务披露频繁可能引发企业短期主义行为，对投资造成负面影响。[24]

短期主义的实证

源自这些模型的一个可检验的假设是，短期主义可能挫伤企业投资支出的意愿。短期主义通过两个既相关又不同的渠道产生影响：其一，将为项目融资的新资本的边际成本提升得过高，对这个问题将在下一节探讨；其二，促使企业分配给股东的股利占收入和利润的比例过高。威廉·拉佐尼克在本书第五章中提出，这种高股利减少了返回企业用于促进未来投资增长的利润，使企业失去增长良机。我们将在接下来的章节中通过例证说明，就放弃投资而言，短期主义的潜在成本有多高。

短期主义对投资者贴现率的影响

我们首次对短期主义进行实证评估，采用1980—2009年英国富时指数和美国标准普尔指数中的624家企业的数据。[25]我们采用资产定价公式，将企业股价中反映出的不同程度的短期主义进行量化。具体而言，这个模型帮助我们通过实证来衡量投资者过度贴现的程度。短期主义的指标是参数x。如果x等于1，则投资者采纳了“正确的”贴现率（即贴现率反映了基本面）。当x小于1时，则投资者的贴现率过高，意味着市场估价被短期主义扭曲。我们对1985—2004年每年的参数x进行了估值。[26]

前10年（1985—1994），我们没怎么发现过度贴现的证据。x的平均值接近1。后10年（1995—2004），我们却发现了短期主义的证据，这些证据从统计学上看意义重大。10年中有8年的x值远远低于1。x的平均值约为0.94，意味着过度贴现率为6%。

评估短期主义无论从经济学还是统计学的角度看，意义都很大。x的估值通常在0.90~0.95，意味着每年过度贴现在5% ~10%。为了解释这种程度的短视行为造成的影响，我们举例说明，一个价值60美元的无风险投资项目在10年间，每年年底都付10美元的股利。如图4–1所示，这些收入流的当前值符合三个反事实的假设：理性贴现，短视贴现——下限（5%），短视贴现——上限（10%）。累积形成的影响较大。理性贴现（即无短期主义行为）时10年的现金流价值约等于短视贴现时6年（下限）和4年（上限）的总值。

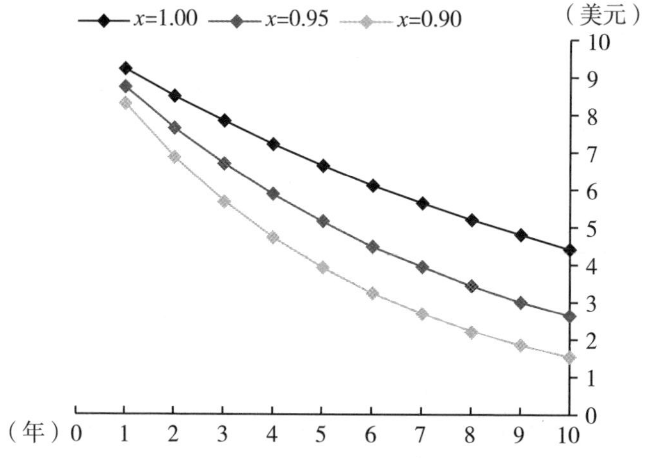

图4–1　未来现金流的当前值

注：图中假定每年年底付10美元，无风险贴现率为1.085。

如果我们考虑回收期，那么解释就会更清楚。在理性贴现的情况下，9年实现收益（见图4–2）；在上限短视贴现的情况下，投资者当天就会错误地认为永远不会有回报。这些差异可能大大改变项目选择。在理性贴现的情况下，50年期项目的净现值从56美元直线下跌；在极端短视的情况下，亏损11美元。换言之，一个净现值为正的项目会被放弃。

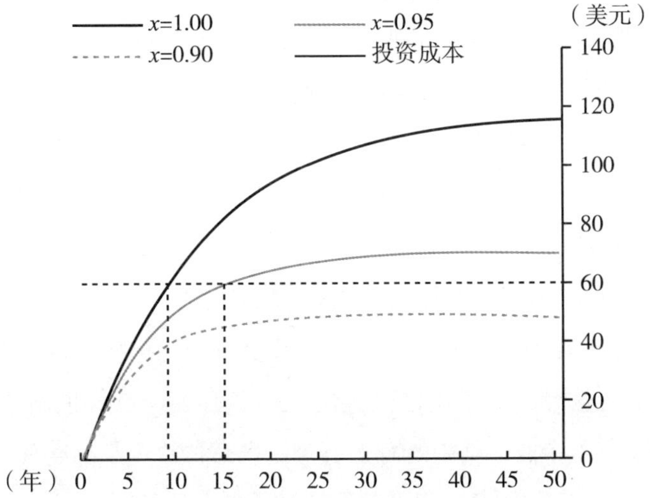

图4–2 未来现金流的累计现值

注：在理性贴现情况下，现金流为10美元的累计净现值9年后上升为61美元；在稍有短视时（x=0.95），到第15年，累计净现值刚过60美元；在短视很严重时（x=0.90），投资者预计无法获得回报。

短期主义对投资的影响

短期主义可能会促使企业将收入和利润中过多的份额以股利形式分发给股东。这样便减少了保留或返还到企业的利润，这些利润本可以用于推动企业的未来增长。有些证据表明，企业可能越来越寻求积极管控发放股利的数量和时机。霍尔丹已发现证据，企业努力保留并平滑股利。[27]其他人注意到，企业实施“股票再循环”——在派发股利的同时发行新股，尽管直接取消股利的成本更低。[28]最近几年，有些企业仍在派发股利，即使企业已在亏损运营。这种做法和整个19世纪及20世纪初的股利情况形成鲜明对比。当时，美国和英国的企业减少股利和增加股利的可能性相同。[29]

玛丽安娜·马祖卡托在第六章中通过实证说明，虽然英美两国的资本市场融资最发达，英美对研发的长期投入却落后于其他国家。日本、韩国和中国自1980年以来一直在提高研发在GDP中的占比。相比之下，美国落后，在过去30年中，美国用于研发的经费基本保持在一个稳定的水平。英国的研发投入更糟，其研发支出在GDP中的占比一直大幅下滑。这些总数在企业层面的数据中得到了证实。1993年，全球研发支出200强企业中，94家都是英美企业；到2009年，英美企业只剩77家。[30]这种情况是不是短期主义造成的呢？

回答这个问题的一种方法是，考察上市企业和私营企业的投资模式是否存在差异。为了验证差异是否真实存在，我们调研了2010年140 000家英国企业，其中既有上市企业也有私营企业，具有广泛代表性。[31]我们重点测算资本存量而不是某年的资本流动，从而得出短期主义对投资选择的长期或累积影响。

具体而言，我们梳理了企业固定资产存量，将相关变量定义为固定资产存量和企业利润或营业额的比值。利润和营业额作为某年可用于投资的资源流动的正常化量度，同时也有助于控制（上市和私营）企业的不同规模。[32]

一般而言，和上市企业相比，私营企业的固定资本存量往往比其收入来源（利润或营业额）高出很多（见图4–3）。私营企业固定资产占利润的平均值超过100，而上市企业的这个比值只有24。

同样，如果我们比较固定资产存量和营业额，私营企业的固定资产存量是其营业额的128倍，而上市企业的固定资产存量是其营业额的26倍。换言之，在我们的样本中，私营企业的投资性股票是上市企

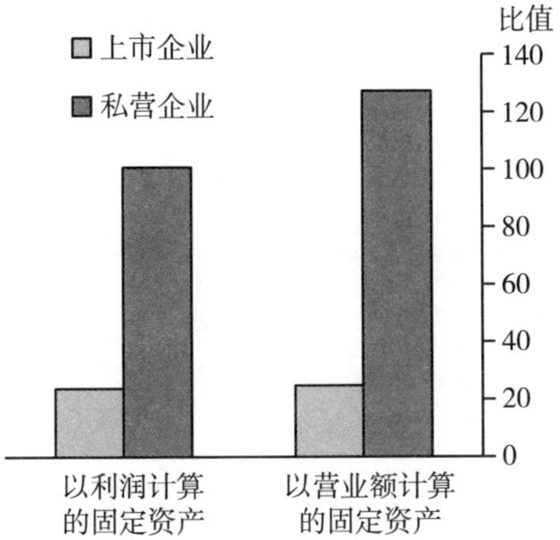

图4-3　以利润和销售额计算的私营企业和上市企业的固定资产存量比值

资料来源：毕威迪信息咨询服务有限公司，以及作者的计算。

业的5~6倍。较之上市企业，私营企业将利润或营业额的较大份额用于固定资产再投资，因此必然产生这个结果。

为了更加精确地量化私营企业和上市企业的投资差异（我们称之为"投资乘数"），我们通过实证评估数据集中企业投资行为模式。实证分析显示，私营企业投资乘数略高于4。在其他条件相同的情况下，私营企业的累积资本存量通常是上市企业的5倍。

如果我们将分析限定在五大行业（农业、制造业、批发/零售、金融中介和房地产），涵盖92 000多家企业，占样本中企业资产总额的90%以上，则结果对比更显著。五大行业的私营企业的累积固定资产存量相对于其利润的比例远远高于上市企业。私营企业的投资乘数为5.2。

如果我们的分析考虑其他因素，如企业的成立时间及所在行业，私营企业的预计投资乘数仍然十分重要，具有统计学意义。相对于中位行业，[33]制造业、运输、存储与通信、金融中介、房地产、健康与社会工作、社区服务，这些行业中的私营企业和上市企业比较而言，其投资呈现正乘数效应，具体值在4~15。这些结果表明，总体而言，英国私营企业将利润返还企业用于再投资的比例通常是上市企业的5~9倍。

政策启示

上述实证研究显示，资本市场短期主义的潜在代价是巨大的，尽管这个代价通常隐而不显。此处的有关证据来自资本市场的资产价格和企业投资决策。无论是以资本成本还是以投资意图衡量，资本市场短期主义的程度在数量上均很显著。

如果要审视对经济的这些评价有何广泛影响，只要运用一个渐变计算表。假定短期主义问题和上市与私营企业投资绩效相似。考虑到私营企业和上市企业的差异，上市企业如果不受短期主义的影响，其资本存量将增加好几倍。经济中相应的产出水平也会翻好几倍。可是到底会增加多少呢？

假定一个标准生产函数（一个经济学工具，表示各种生产要素的数量与产量之间的关系）。[34]同时还假定不存在短期主义，上市公司急需资本，希望其资本能赶上私营企业。已知资本市场中上市公司的比例，简单粗略计算之后发现，消除短期主义可以将产出提高约20%。即使这是上限，也足以证明其潜在收益巨大。

既然收益非常可观，那么何种公共政策适合并且能够纠正资本主义市场失灵呢？众多学者提出了很多建议，主要包括以下几点。

（1）透明。相对而言最不强硬的方法是，要求金融企业和非金融企业加强信息披露，例如，长期绩效战略和薪酬制度。[35]对金融企业来说，这可能包括投资组合流失指标和高管薪酬制度，比如英国议会银行业标准委员会要求银行业披露更多高管薪酬计划的前瞻性详情。[36]

（2）合同设计。过去几年尝试过许多方法让薪酬合同对长期绩效和风险更敏感，其中最重要的方案包括出台新规定，在某些情况下，延期支付也可能被没收。2014年，英格兰银行发布了一份咨询文件，建议即使已全部支付的薪酬也应能被追回。薪酬内容变化也有益处，例如，股票薪酬优于现金薪酬，用次级债务或可转债支付薪酬优于现金和股票薪酬。[37]目前欧盟规定，个人奖金至少有一半用股票或债务支付。

（3）治理。一个更有效的方法是直接激励股东。例如，凯评估（Kay Review）建议设立投资者论坛以协调长期机构投资者的认识和行为。[38]一个干预性更强的方法是针对投资者投票权。例如，可以扩大经理的诚信义务，将长期或更广泛的目标包含在内。[39]有些学者建议提高长期投资者的股东权利，投票权大小根据期限上下浮动，举例来说，法国有些公司就是这么做的。[40]

（4）税收/补贴。一些学者提出许多建议，政府可以通过税收和/或补贴激励长期持有。虽然这些措施的具体内容各不相同，但一条根本原则是将政策措施和投资者长期持有股票的时限、公司投资的时长或性质联系起来。[41]较为明显的是，调整税法给公司更多激励，保留（而不是分配）利润给投资者更多激励，持有（而不是减少）投资资产，比如通过发放“忠诚奖金”。[42]

从研究的角度看，想要更精确地评估这些收益，还要进一步做更多工作。运用其他替代方法论评判短期主义对投资选择产生的潜在影响是一条可行路径，例如，企业从私营转为上市，或从上市转为私营。各个国家经验不同，其公司法体系及资本市场融资模式也不同，比较研究可能会给我们带来一些启示。短期主义的代价似乎既高昂又在持续上升，公共政策干预反对短期主义显得十分急迫，比较研究有助于加强这个共识。

注 释

1. 本文在一篇论文的基础上修改而成。参见：Richard Davies，Andrew G. Haldane，Mette Nielsen and Silvia Pezzini on ‘Measuring the Cost

of Short–Termism’，published in the *Journal of Financial Stability*（2013）。

2. A. Haldane，‘Patience and finance’，speech given at the Oxford China Business Forum，Beijing，2010，http://www.bankofengland.co.uk/publications/speeches/2010/speech445.pdf（2010年查获）。
3. D. Barton，‘Capitalism for the long term’，*Harvard Business Review*，March 2011.
4. N. Carr，‘Is Google making us stupid? What the Internet is doing to our brains’，*Atlantic Magazine*，July–August 2008.
5. 举例说明，参见：G. Hoggarth，R. Reis and V. Saporta，‘Costs of banking system instability: some empirical evidence’，*Journal of Banking & Finance*，vol. 26，no. 5，2002，pp. 825–55。
6. 参见：A. Haldane，‘Capital discipline’，remarks based on a speech given at the American Economic Association，Denver，2011，http://www.bankofengland.co.uk/archive/Documents/historicpubs/speeches/2011/speech484.pdf（2010年查获）。
7. MORI，NAPF/IMA *Short–termism Study Report*，2004，http://www.theinvestmentassociation.org/assets/components/ima_filesecurity/secure.php? f=press/2004/20040913–01.pdf（2010年查获）。
8. J. Poterba and L. H. Summers，‘A CEO survey of U.S. companies’ time horizons and hurdle rates’，*Sloan Management Review*，vol. 37，no. 1，Fall 1995.
9. J. R. Graham，C. R. Harvey and S. Rajgopal，‘The economic implications of corporate financial reporting’，*Journal of Accounting and Economics*，vol. 40，no. 1–3，2005，pp. 3–73.
10. W. S. Jevons，*The Theory of Political Economy*，Macmillan and Company，1871.

11. A. Marshall, *Principles of Economics*, London, Macmillan and Company, 1890.

12. A. C. Pigou, *The Economics of Welfare*, London, Macmillan and Company, 1920.

13. J. M. Keynes, 'JMK letter to Francis Curzon, 18th March 1938', in R. Skidelsky, *John Maynard Keynes: Vol. 3 Fighting for Britain 1937–1946*, Macmillan, 2000.

14. B. Graham, *The Intelligent Investor*, HarperCollins, 1949.

15. P. R. 尼尔德（P. R.Neild）（'Replacement policy', *National Institute Economic Review*, 1964），以及国家经济开发局（*Investment in Machines Tools*, HMSO, 1965。样本中的大部分企业都声称采取回收期标准，在这些企业中典型的回收期为3~5年。同时期的普查数据显示，机器的平均使用寿命超过15年。G. 迪恩（G. Dean）和J. 欧文（J. Irwin）在其发表的文章"The stock of fixed capital in the UK in 1961"（*Journal of the Royal Statistical Society*, vol. 3, 1964, pp. 327–58）中表明，工厂和设备的使用寿命的中位经济周期为34年。

16. D. Miles, 'Testing for short termism in the UK stock market', *The Economic Journal*, vol. 103, no. 421, 1993, pp. 1379–96.

17. K. Cuthbertson, S. Hayes and D. Nitzsche, 'The behaviour of UK stock prices and returns: is the market efficient?', *The Economic Journal*, vol. 107, no. 443, 1997, pp. 986–1008; A. Black and P. Fraser, 'Stock market shorttermism—an international perspective', *Journal of Multinational Financial Management*, vol. 12, 2002, pp. 135–58.

18. J. Asker, J. Farre-Mensa and A. Ljungqvist, *Comparing the Investment Behavior of Public and Private Firms*, NBER Working Paper 17394, 2011; J. Asker, J. Farre-Mensa and A. Ljungqvist, *Corporate*

Investment and Stock Market Listing: A Puzzle?，Working Paper，2013，http://papers.ssrn.com/sol3/papers.cfm?abstract_id=1603484（2010年查获）。

19. S. Bernstein，*Does Going Public Affect Innovation?* Working Paper，Stanford Graduate School of Business，2012.
20. M. H. Miller and K. Rock，'Dividend policy under asymmetric information'，*The Journal of Finance*，vol. 40，no. 4，September 1985，pp. 1031–51.
21. J. C. Stein，'Efficient capital markets，inefficient firms: a model of myopic corporate behavior'，*Quarterly Journal of Economics*，vol. 104，no. 4，November 1989，pp. 655–69.
22. 使用"信号干扰"模型——企业付出高代价阻止信息外流，而不是投入资金建设信号用于传输信息。
23. M. P. Narayanan，'Managerial incentives for short-term results'，*Journal of Finance*，vol. 40，no. 5，December 1985，pp. 1469–84.
24. A. Wagenhofer，'Trading off costs and benefits of frequent financial reporting'，*Journal of Accounting Research*，vol. 52，no. 2，May 2014，pp. 389–401; F. Gigler，C. Kanodia，H. Sapra and R. Venugopalan，'How frequent financial reporting can cause managerial short-termism: an analysis of the costs and benefits of increasing reporting frequency'，*Journal of Accounting Research*，vol. 52，no. 2，May 2014，pp. 357–87.
25. 数据来源于汤姆森路透社数据流（Thomson Reuters Datastream）。
26. 我们采用非线性最小二乘回归评估我们的模型。因为评估使用的预期值达到未来5个周期，估值仅到2004年。全部结果、回归方程及其理论模型可以参见已引用的论文《衡量短期主义的代价》（Measuring the costs of shorttermism）。

27. Haldane，‘Capital discipline’.

28. 维尔德（Weld，*Recycled Equity*，Working Paper，Cornell University，2008）发现，普通股中有40%是定期积极支付股利的企业发行的。如果企业取消股利，则新增的股票中有20%不用发行。

29. 参见：A. Haldane，‘Capital discipline’，for a fuller discussion。参见：W. N. Goetzmann，R. G. Ibbotson and L. Peng，‘A new historical database for the NYSE 1815 to 1925: performance and predictability’，Journal of Financial Markets，vol. 4，no. 1，2001，pp. 1–32，and F. Braggion and L. Moore，Dividend Policies in an Unregulated Market: The London Stock Exchange 1895 – 1905，Discussion Paper 2008–83，Tilburg University，Centre for Economic Research，for the US and UK history。

30. 资料来源：英国商业、创新与技能部研发统计表。1993年调查显示，在全球200强企业中，美国企业有81家，英国企业13家；2009年则分别跌至68家和9家。

31. 数据来自毕威迪信息咨询服务有限公司。样本中，英国上市公司占总数的1.1%。

32. 其他文章将专利数量看作因变量（例如：Bernstein，*Does Going Public Affect Innovation?*）。我们将专利数量视为投资的结果，本章中我们专注于投资支出的选择。其实，不是所有的企业投资都能产生专利，因此这种研究只关注了某一部分企业。

33. 基准类别是批发零售业，其固定资产和利润的比值为样本中的中值。

34. 具体而言，我们假定柯布–道格拉斯生产函数规模回报恒定，相对于资本的产出弹性值为0.3。

35. Aspen Institute，*Overcoming Short–termism: A Call for a More Responsible Approach to Investment and Business Management*，The Aspen Institute Business and Society Program，9 September 2009;

Chartered Financial Analyst Institute，*Breaking the Short Term Cycle. Discussion and Recommendations on how Corporate Leaders，Asset Managers，Investors and Analysts can Refocus on Long-term Value*，CFA Centre for Financial Market Integrity/Business Roundtable Institute for Corporate Ethics，2006.

36. House of Lords and House of Commons，'Changing banking for good'，Report of the Parliamentary Commission on Banking Standards，http://www.parliament.uk/documents/banking-commission/Banking-final-report-volumei. pdf（2010年查获）。
37. 参见：Haldane，'Capital discipline'。
38. J. Kay，*The Kay Review of UK Equity Markets and Long-Term Decision Making*，Department for Investment，Business and Skills，July 2012.
39. E. Duruigbo，'Tackling shareholder short-termism and managerial myopia'，*Kentucky Law Journal*，vol. 100，2012，p. 531.
40. Securities and Exchange Commission，*Facilitating Shareholder Director Nominations*，15 November 2010; Aspen Institute，*Overcoming Short-termism* .
41. Aspen Institute，*Short-Termism and US Capital Markets*，*A Compelling Case for Change*，2010；也可以参见：Poterbaand Summers，'A CEO survey'。
42. P. Bolton and F. Samama，*L-Shares: Rewarding Long-term Investors*，mimeo，2010，Committee on Global Thought，Columbia University.

第五章

创新型企业以及公司理论

威廉·拉佐尼克

导言：为什么资本主义生产力高度发达

经济学家研究如何分配资源，以便生产出人们需要的商品和服务，并且这些商品和服务的价格人们愿意接受或承受得起。经济学家想知道这种资源分配过程是怎样增进社会成员的福祉的。为了让全社会的物质生活更美好，生产力需要不断提高。而生产力提高对社会经济与福利的贡献程度，取决于生产力增量在社会成员中的分布情况。

我们知道，一般被大家称为“资本主义”的生产体系，在过去很长一段时期里，成功地提升了生产力。在某些时期内，这个体系曾经降低了收入不平等。然而，作为专业领域的学者，经济学家严重缺乏能够用来理解资源分配、生产力成长以及收入分布之间关系的理论工具。原因在于：在经济学家接受过的教育中，资本主义经济被等同于

Published by John Wiley & Sons Ltd，9600 Garsington Road，Qxford OX4 2DQ，UK and 350 Main Street，Malden，MA 02148，USA

“市场经济”，一切都依仗市场去影响资源分配，从而实现更好的经济效益——比如稳定而持续的经济增长。[1]确实，我认为，传统经济学视角分析资本主义经济运行状况及经济成就，给经济学家灌输的是“训练有素的无能”［借用托斯丹·范伯伦（Thorstein Veblen）的说法[2]］，以致经济学家无法理解在现实经济中，资源分配和经济表现之间的关系。

问题在于，拘泥于市场经济理论将使得经济学家无法理解经济中生产力成长的微观经济之源——是各种组织（包括家庭、工商企业及政府机构）而非市场投入物质资本和人力资本，从而产生了生产力。市场只是让组织能够使用其中的人力、土地、资金以及中间产品。但是，正如卡尔·马克思（Karl Marx）以及约瑟夫·熊彼特认识到的那样，市场交换本身并不能提升这些投入要素的生产力。各类组织通过开发进而利用其所能控制的生产资源来提升生产力。在任何一个生产力快速增长的经济体中，工商企业的投资策略和组织结构都能够推动生产力的发展。我将这一类工商企业组织称作“创新型企业”。[3]

写作本章的主要目的在于：（1）证明新古典主义的完全竞争的公司理论是一个“生产力低下的公司”理论，因此，正如熊彼特所说的，“完全竞争不仅不可能实现，而且十分低劣，根本不能作为理想效率模型”；[4]（2）揭示马克思主义生产型企业理论的优缺点；（3）提出创新型企业理论的中心理念，以克服马克思主义理论在理解资本主义生产力时的局限；（4）将创新型企业理论作为解读资本主义发展过程中可能出现的各种情况和各类问题的分析方法，从而得出这个理论的方法论启示。[5]

新古典主义的“生产力低下的公司”理论

每年，世界各地数以百万计的大学生，通常在进入大学第一学期的时候就要学习“微观经济学导论”这门课程。几乎每个人都会学到一种叫作“完全竞争”的产业结构是整个经济领域里最高效的。教授可能告诉他们，事实上我们生活在一个“不完全竞争”的世界，而“完全竞争”是无法真正企及的。然而，这仅仅意味着，这么一个无法企及的完全竞争状态将用作理想标尺，去衡量任何真实的不完全竞争下的效率。

那么，完全竞争的“完美”之处是什么？处于完全竞争理论核心的是这样的观念：参与某个行业竞争的单个企业的最佳产出规模相对于整个行业的产出规模来说非常小，它能够售出全部产品并实现收益最大化，却不会对整个行业的产品价格造成任何显著影响。与此相似，每个这样的企业的劳动力和资本投入需求相对于提供劳动力和资本的市场来说也非常小，它能够购买到这些生产要素以满足其最佳产出所需，却不会对这些要素的价格产生任何显著影响。

新古典主义经济学家用垄断理论来证明完全竞争是一种更优越的经济形态。垄断是指行业中只有一家公司存在的不完全竞争状态。正如几乎所有微观经济学教科书所解释的那样，就整个行业而言，垄断者面对的是行业向下倾斜的需求曲线，而非在完全竞争中，每个企业面对的是具有完美弹性的需求曲线。这些教科书继而用图表证明，垄断者实现利润最大化，其产出低于在所谓的完全竞争状态下各个企业追求利润最大化所创造的总产出，同时，垄断者生产的产品的价格高于在所谓的完全竞争状态下各个企业追求利润最大化所确定的产品价格。

因此，教科书从垄断与完全竞争下的产出与价格的比较，进一步推出完全竞争实现“最佳”的经济表现，所以完全竞争这种产业结构状态应该作为衡量其他一切经济状态之表现的标尺。这些其他经济状态就是所谓的“不完全竞争”状态。有些经济学家认为，不完全竞争是一种不可避免的经济发展态势；另一些经济学家则认为，可以通过适当的政府政策去改变这种发展态势。不管他们持何种观点，无论完全竞争是否可以实现，它仍然被奉为经济效率的样板。不仅如此，自由派经济学家认为，通过市场竞争，不管这种竞争是否完美，实现成本和收益分配都会给社会带来不良影响，此时可以以“市场失灵”为由要求政府运用政策手段改善社会福利。但是，所有接受以完全竞争为特征的公司理论的经济学家都会同意，在资本主义经济中，是市场而非组织在配置资源，以实现资源最经济、最高效的利用。当任何单个企业的产出状况都无法影响市场价格时，完美市场便出现了。

然而，新古典主义经济学家对垄断产生的经济弱势的证明过程有一个根本缺陷，即限制了人们的思考空间。问题并不在于经济学家采用的约束最优化模型的内在逻辑，这个模型被经济学家用来分析在完全竞争或垄断状态下企业为实现利润最大化的产出与价格组合；问题在于在约束最优化模型框架内将竞争模型与垄断模型进行比较的逻辑。[6] 如果技术和市场情况使得完全竞争成为一种可能，那么一家公司（或者甚至是少数几家公司）又是如何垄断一个行业的呢？

人们可能不得不假设，在行业竞争中垄断企业以某种方式从众多竞争者中脱颖而出。可是，原本用于说明垄断缺陷的约束最优化比较分析却认为，垄断企业和实现完全竞争的企业的优化程度受制于相同的成本结构，而成本结构由技术与要素市场情况形成的外部条件产生。一方面，企业作为“价格接受者”可以决定其产量，从而实现利润最大化，但必须满足一个条件，即企业能够以恒定不变的价格卖出全部产品（依据完全弹性需求曲线）；另一方面，企业作为“价格制定者”规模很大，为了出售更多产品，必须降低售价（依据向下倾斜需求曲线）。其实，完全竞争企业与垄断企业在企业结构或运营方式方面没有任何区别！那么，在这种情况下，怎么会产生垄断呢？

其实，本章后面将要论述，符合逻辑的比较是在新古典主义理论中的企业与创新理论中的企业之间进行的。新古典主义理论中的企业的成本结构是已给定的（即由外生性决定的要素价格和技术选择的结合），而创新理论中的企业则进行固定成本高的投资，以期将之转化为质量高、单价成本低的产品，进而构建自己的成本结构。如果这样比较，作为行业经济效率之标准的完全竞争中的公司理论就变成了“生产力低下的公司理论”——由于市场是由大量公司组成的，因而假设所有这些公司的生产力都同样低下。为了认识到其中的原因，我们从新古典主义经济学家提出的假设入手，自20世纪30年代以来，他们已总结出企业的一些关键特点，这些特点构成了完全竞争理论的基石。

处于完全竞争中的企业实现最优化发展，其产出水平相对于行业总产出要低很多，因为如果它要增加产量，则平均可变成本就会随之增加。可变成本的增加额必然高于平均固定成本的减少额，造成最终的平均总成本增加，这就是广为人知的U形成本曲线。原则上，平均成本增加也就是效率低下的开始——任何产出水平都可能发生这种情况。但是，为了适用完全竞争理论，平均成本增加只能发生在产出水平非常低的时候，因为只有这样，单个公司的产出与全行业产出相比才能足够小，从而它的产出决策才不会对全行业的产品价格产生显著影响。完全竞争理论还进一步假设行业内所有公司在产出水平同样低时，单位成本增加。因此，所有公司的成本结构完全相同，以确保行业内的每家公司的产出水平相对于行业总产出都要小得多。也就是说，在完全竞争中，所有公司的生产力都同样低下。

现今，大多数经济学教科书在构建完全竞争中的公司理论的时候，都没有解释为什么产出水平很低时平均成本会增加。这些教科书的作者仅仅画出U形成本曲线，然后假设公司比整个行业规模小得多，因此是“价格接受者”。但是，早期的教科书［比如保罗·萨缪尔森（Paul Samuelson）的经典著作，1948年版的《经济学》］给出了处于最优化进程中的公司规模较小的两个原因，这也成了完全竞争的理论基石[7]。

第一个原因是，雇主投资于工厂（公司的固定成本），而工厂的产出能力远小于全行业的总产出。当公司雇用更多工人（其可变成本）以增加产出能力时，工厂变得过于拥挤，工人们互相影响，互相干扰对方的生产力，造成平均生产力下降。因此，平均劳动生产力下降造成平均可变成本增加。如果这种状况在大量产品中出现，那么平均可变成本的上升值可能高于平均固定成本的下降值，这就产生了我们熟知的U形成本曲线。对于行业中的所有公司来说，可变成本的增幅高于固定成本的降幅，而产出水平却非常低，结果便产生了"完美"竞争。

第二个原因在于，当雇主雇用的工人越来越多的时候，雇主将失去对工人工作努力程度的监督控制能力。于是，平均劳动生产力再次下降，导致平均可变成本增加。当平均可变成本的增幅足以超出单位产出的固定成本时，公司发展符合向上倾斜的边际成本曲线所示的规律。如果可变成本增加导致生产力受损，这种情况发生在行业中的所有公司当中，并且发生时产出水平很低，以至于没有任何一家公司的产出决定能够对行业的产品价格产生显著影响，那么新古典主义经济学家就认为"完美"竞争完胜。

总的来说，为了达到完全竞争，人们假定劳动生产力下降发生在产出水平远远低于行业总产出的时候，规模经济效应造成劳动生产力的降幅高于平均固定成本的降幅。而且，同样为了达到完全竞争，还要假设工厂拥挤以及丧失监控能力给行业中所有的公司造成同等程度的负面影响。

稍加思考便可从这些假设中发现，完全竞争产生的条件与行业内的公司彼此竞争或不相互竞争的一些奇怪观点有关。[8]即便已知这样做可以占据足够大的市场份额，仍然可以从规模经济带来的低单位成本中受益，为什么有些企业不投资建设相当于行业内常见小工厂两三倍规模的工厂来使用，以避免工厂拥挤所带来的问题？那样的话，它们还可以用超额利润去雇用监工，从而克服因为丧失监控而导致的劳动生产力降低与平均可变成本增加的问题。它们也可以将超额利润的一部分拿出来与工人分享，从而在公司扩大产能的时候激励他们继续努力工作。在这些情况下，随着公司的成长，其产出将会增长，平均成本将会下降。在所谓的完全竞争中，这却会使公司在所有可能的产业结构中成为最差而非最好的生产单位。

当工厂的固定成本投资规模增加时，雇主将承担产能过剩带来的更大的风险。可是，勇于冒险不正是资本主义经济的本质特征吗？同样，加强监控或提高工人工资带来的额外成本可能超过这些措施带来的额外劳动产生的价值。可是，对劳动力的管理不正是资本主义经济的本质特征吗？实际上，完全竞争中的公司理论假设资本主义雇主对承担风险（也就是我们常说的企业家精神）非常反感。完全竞争中的公司理论也没有意识到雇主的功能之一，是探寻如何从其所雇用的工人身上获得更多生产力，这种做法就是我们熟知的管理。

总的来说，对于完全竞争中的公司理论所描述的公司，企业家精神和企业管理都无用武之地。新古典主义经济学假设工厂拥挤导致劳动生产力受损，工人工作热情低，不愿意干活，因此，其完全竞争中的公司与血汗工厂有着惊人的相似之处。毫不夸张地说，血汗工厂正是完全竞争理论的基础。血汗工厂经济学植根于“完美”竞争的“理想”，为米尔顿·弗里德曼的美国保守主义传统中毫无管制的自由市场经济，以及为保罗·萨缪尔森的美国自由主义传统中用干涉主义政策应对市场失灵和完善市场提供了理论依据。无论是表层还是深层理解，完全竞争中的公司理论都暴露出新古典主义经济学的贫弱。

马克思的“生产力发达的企业”理论

为了构建一个生产力发达企业的经济理论，回到卡尔·马克思

1867年的著作《资本论》中对剩余价值来源的解释，这对我们很有帮助，我认为非常重要。[9]马克思认为，生产力并不是源于市场交换过程，而是源于生产过程，他开创性地批判了市场经济理论。他的批判性观点从19世纪一直到今天仍然具有现实意义。马克思的生产理论重点关注生产能力的投资与劳动力的管理，他为回答资本主义企业如何产生生产力这一问题提供了有力的理论依据。不过，他认为在英国工业革命中，资本家雇主从产业工人身上榨取无偿劳动，在此基础上提出了剩余价值理论，历史经验证明这个理论是错误的，这一点我将在下文进行解释。

马克思应该很熟悉市场经济的总平衡理论。在他的《资本论》中，马克思延续了我们现在称之为“古典”经济学家（特别是大卫·李嘉图）的传统，构建了一个基于劳动价值理论的市场交易总平衡体系。[10]马克思认为，在市场交易的总平衡体系中，资本主义表现得像是拥有所有“人类与生俱来的权利”，因为各方可以自由交易大宗商品，包括劳动力商品。马克思的《资本论》问世一个世纪之后，弗里德曼将这种市场经济的思想写进他的著作《资本主义与自由》中（当然，他并没有应用劳动价值理论），同时他还通过完全竞争中的公司理论将生产归属于市场（其实我们已经论述过，他的理论其实应该被称作生产力低下的公司理论）。[11]

马克思在《资本论》的前两卷中，从基于劳动价值的市场交易总平衡的逻辑着手分析资本主义制度。这样他就能证明资本主义其实不是按照市场交易表面上彰显的“自由、平等、财产与功利”的观念来运行的。[12]（大多数马克思主义经济学家和非马克思主义经济学家错误地认为，）马克思这样论述是为了用劳动投入的交换价值来解释相对市场价格。恰恰相反，作为市场经济理论，劳动价值理论无法解释资本利润（以及市场价格）存在于经济运行系统中。马克思试问，如果所有商品的交换是换得其中所含的劳动量的价值，那么资本利润，也就是剩余价值源自哪里呢？

在追问资本家如何在设想的市场交易总平衡体系中榨取利润的时候，马克思认为，资本主义产生生产力一定源自有组织生产的理论。只有在生产理论（也就是公司理论）中，才能够发现剩余价值的来源。马克思说："我们进入生产领域，而不去理睬'非公勿入'的警告，不仅能看到资本如何生产，而且还能观察到资本如何被生产。我们最终能够找到资本创造利润的秘密。"[13]

马克思剩余价值理论的基础是一般劳动和实际劳动的区别。工人出卖一般劳动给资本家雇主以换取工资，而实际劳动则代表工人生产中付出的实际劳动量。对于一定量的工资而言，生产中的实际劳动取决于每天的劳动时间和单位时间实际劳动所需的开支。马克思认为，资本主义的发展趋势是产生一个失业劳动者"后备军"——这样可以人为地将薪资水平压到最低，这就是市场力量的阴暗面；同时，资本家还能够在生产过程中，从他们的雇工身上获得大量的实际劳动，进而获得剩余价值。[14]

马克思的公司理论最关键的优点在于，它是基于对资本主义经济中的生产过程的分析，并着重分析了技术与组织的动态互动，或者是马克思所说的生产力和生产关系，它们决定了生产效率。[15]马克思推导出这个理论是基于他对英国工业革命的历史经验的理解，特别是来自纺织业工厂体系的历史经验。在整个19世纪，纺织业一直是英国领先的工业领域。因此，我们也能从现在所知的那段历史经验来重新检验马克思的理论。[16]马克思主义理论关注生产能力投资以及劳动力管理，这对公司理论依然非常重要，马克思正确解读的历史事实和误解的历史事实都给我们带来同样多的启示。

对马克思来说，创造产业劳动者后备军的重要因素是节省劳动力的技术变革。技术变革不仅能够减少劳动者数量，增加后备军人数，同时还替代劳动者的技能，削弱工会的影响力，而雇主在生产过程中从工人身上（现在工人更容易被取代）榨取无偿劳动的能力增强。马克思认为，即便通过立法来限制每个工作日的时长，资本家仍然能够用技术来增强自己榨取劳动价值的能力，这部分劳动价值超出了他们每天支付给工人的工资。依照马克思的理论，工人为了生存需要依赖于工资，与此同时，技能替代型机器被投入使用，二者相结合构成了剥削劳动的基础，也就是"剩余价值"的来源，也就是资本主义利润的源头。

马克思描述的剥削曾经是并依然是血汗工厂利润的来源，然而这种剥削主要存在于没有采用先进技术的工厂里。马克思在《资本论》中提到的涉及最先进技术的例子，是19世纪英国棉纺工厂里最核心、最复杂的技术，即引进"自动纺纱机"对技术熟练的成年男纺纱工的就业及其工会组织产生毁灭打击。马克思说，截至1840年，由于自动纺纱机的使用，资本家可以雇用工资更低、更缺乏工会力量的女性工人甚至童工来替代男性工人。

自动纺纱机的案例恰好证明了在英国工业革命期间，资本主义生产倾向于用马克思所说的方式剥削工人，甚至包括技术最熟练的那些人。问题是，与马克思所说的恰恰相反，引进并广泛采用自动化程度更高的技术，并没有削弱成年男纺纱工在生产过程中的地位。[17]直到进入20世纪之后很多年，成年男纺织工（即所谓的"机器看守工"）仍然是操作自动机器的主要力量。其实，他们在19世纪的最后几十年里成了英国组织程度最高、财力最强的工会之一。[18]甚至在20世纪下半叶，虽然工厂已实现自动化，车间熟练工依然是英国制造业的中坚力量。[19]

理解马克思的错误解读，对我们理解当时及当今资本主义经济的生产力发展之源意义重大。纺纱机的某些运转程序实现机械化，成为“自动”机器，但仍有很多运转程序需要有经验的工人时刻关注。除此之外，整个19世纪以及20世纪初的许多年里，英国纺织工厂里的看守工直接负责聘用、训练、监管初级工，即所谓的接头工，还负责给他们发工资。这些接头工中的一些人将来有一天也可能晋升到看守工的岗位。看守工的收入则严格按照工会谈判达成的工资列表计算，上面非常详尽地规定了工人生产力和工资之间的关系。

雇主与工人之间的有效合作提高了棉纺工厂的生产率，同时也让双方分享生产率提高带来的收益。只要棉纺织品的需求依然旺盛，工人的工资便随着生产率的提高而得到相应提高。因此，看守工成为“劳工贵族”中的一员，这个发展过程促成英国在19世纪下半叶成为“世界工厂”。20世纪，棉纺织业以及其他制造业的竞争优势从英国转移到美国、日本、德国和其他国家。但在所有这些案例中，资本主义经济发展的原则依然不变：资本主义企业通过与工人中的优秀群体分享收益，生产出质量高、成本低的产品——因为这些优秀工人辛勤劳动、推动技术进步，对推动生产力发展发挥了巨大作用。[20]

从理论上说，马克思以生产过程为研究对象去解释价值的创造和分配，这是一个正确的方法。他不像新古典主义经济学家那样运用理论却忽视历史，马克思让历史为理论研究服务。然而，他想用自己预想的劳动剥削理论来自圆其说，用简单化的回答去解释较为复杂的过程。我们需要用理论去探索历史，正如马克思在探讨自动纺纱机时采取的做法，更加缜密地分析在创造生产力和产生分配结果的过程中，组织、技术及市场之间的相互作用。

过去两代新古典主义经济学家的经历充分说明，如果不整合理论与历史，理论可能成为理解现实的障碍。如果我们想运用马克思对资本主义发展过程中技术和组织的动态互动的深刻见解（生产力与生产关系的互动），我们需要学习自动纺纱机案例的基本知识：作为生产率的产生机制，资本主义需要劳动协作。随着资本主义企业的产品“创新性”越来越强，资本主义变得越来越“先进”，需要激励工人提高生产率，与工人分享生产率提高带来的收益，这一点至关重要，已成为经济发展的一条根本原则。重思资本主义，需要创新型企业理论。

创新型企业理论

创新是一个综合性的、累积性的、不确定的过程。之所以说是综合性的，是因为它需要不同层级、不同分工的众多劳动者，运用技能付出努力，有组织地学习合作，才能产生有竞争力的产品。之所以说是累积的，是因为在有竞争力的产品能够被生产出来之前，必须长期不间断地发展和利用创造价值的能力。之所以说是不确定的，是因为力求创新的企业可能无法实现技术转化，无法进入市场，因而无法使其产品比其他竞争者的产品质量更高和 / 或价格更低。

创新过程的综合性、累积性以及不确定性这三个特点对理解价值创造与价值获取之间的关系意义重大。如果创新存在的话，是组织而非市场投资于综合性、累积性的研发过程，从而使得企业能够应对，甚至能够克服伴随创新而来的不确定性。劳动力市场、资本市场以及产品市场让企业能够接触到投入所需物料的供应商和产品的买家。然而，是组织而非市场决定了这些物料的生产力，因而也决定了产品的质量和成本。

新古典主义市场经济理论是理解公司成长及其对经济表现的影响的一大障碍。繁荣的证券市场是创新型企业崛起和成长的果而不是因。流动性很强的专业型、技术型及管理型劳动力市场的产生也是创新型企业崛起和成长的果而不是因。[21]是创新型企业生产的质量高、成本低的商品和服务，在产品市场上为拥有工资收入的家庭提供了丰富的消费选择。发达的劳动力市场、资本市场以及产品市场，是创新型企业发展的果而不是因，因此，如果我们想理解现代经济的运行态势和表现，我们需要一个创新型企业理论。

商业企业的目的是生产竞争力强的产品和服务，也就是说，生产出来的产品和服务是购买者想要或者需要的东西，并且其价格是购买者愿意支付或承担得起的。考虑到劳动力和资本的市场价格，产品市场上竞争力强的商品或服务比不成功的商品或服务的质量更高和/或成本更低。一个能够长期持续生产出质量高、成本低的产品的企业就是“创新型企业”。当竞争力强的产品的销售收入超过了其生产和流通成本的时候，企业就创造了利润。然而，成本并不像新古典主义经济学教科书描述的那样，仅仅是由外在的技术和生产要素市场强加给企业的。这些成本其实是商业企业实施创新战略的结果。

创新型企业通过综合性和累积性的研发过程来开发生产资源。在这个过程中甚至这个过程本身，会给公司带来很高的固定成本，并可能使公司蒙受的损失高于那些不在综合性、累积性研发上投资的竞争对手。[22]然而，如果通过有组织的研发，这些较高的固定成本能够使得企业生产的产品质量高于竞争对手，那么因为规模效应，企业就有可能获得更大的市场份额，于是，高固定成本便转化为低单位成本。生产的产品或服务的质量比竞争对手的产品或服务的质量更高、成本更低，这样，潜在的亏损便可能变成真实的利润。通过开发和利用生产资源，创新型企业把竞争劣势转变为竞争优势。

创新过程的本质是综合性、累积性的研发——也就是有组织的研发。对于这一点，上文已经强调过。考虑到各种不确定因素与创新过程相伴，投资有组织的研发不能保证任何回报。创新型企业面临三类不确定因素：技术的不确定、市场的不确定以及竞争的不确定。技术存在不确定性是因为，公司可能无法开发出创新投资战略设想的工艺和产品。市场存在不确定性是因为，尽管可能在研发阶段非常成功，公司必须占据足够大的产品市场才能将开发新技术的固定成本转化为低单位成本。竞争存在不确定性是因为，即使企业能够克服技术和市场的不确定因素，仍然要面对竞争的不确定性——也就是说，竞争对手的投资战略可能开发出质量更高、成本更低的产品。尽管如此，在不确定性面前，如果企业想要有机会通过创新来赢利和成长，它就必须通过有组织的研发和配套的物质资本投入来积累人力资本。

企业利用的许多关键性的生产投入是与基础设施和知识积累密切相关的，而这些基础设施的建设以及基础研究的开展通常是通过政府开支来实现的，这些建设和研究以公共产品的形式出现，其资金源于税收和公共债务。即便是规模最大、实力最强的企业，也要依靠政府投资的基础设施以及人力资源才能生产竞争力强的产品。除此之外，玛丽安娜·马祖卡托在本书第六章指出，商业企业通常接受政府补贴或者采购合同，获得政府资助从而生产出竞争力强的产品。[23]

开发和利用企业本身对生产能力的投资成果使企业成为社会组织。[24]为了应对创新过程的不确定性、综合性以及累积性的特点，创新型企业生产出竞争力强的产品需要三个社会条件："战略控制"、"组织整合"和"资金投入"，三者是都基于社会关系的。[25]

- 战略控制授权给有动力也有能力的高管，由他们分配公司资源，投入到充满不确定性的创新过程中。
- 组织整合将以层级和职能分工的劳动者的技能和劳动整合到综合性、累积性的研发过程中，而这个过程是创新的本质。
- 资金投入保证了金融资源能够持续支持综合性、累积性的创新。从开始投资于生产能力，直到生产能力被开发利用并能够生产出竞争力强的产品而获得经济回报。整个过程都需要资金支持。

一个战略管理者做出的最关键的投资决定，是对公司整体技术基础的投资。技术基础能够开展组织性研发，从而生产出高品质的产品，这是竞争优势的本质。对于有利可图的企业，企业保留的盈利额代表公司的经济投入实力，这个经济实力始终保障生产能力的投资，直到公司能生产出竞争力强的产品。[26]对于创新型企业来说，以现金红利或者股权回购的方式对股东分配收益必须受到资金投入的限制，这种投入要针对包括整体技术在内的生产性资源，从而生产出竞争力强的产品。[27]

生产出竞争力强的产品，企业便获得利润，股价也会上升，因为此时公众股东从企业的盈利报告中得知企业研发取得成功。公众股东可能会期待企业的股价进一步攀升，即使公司未来的盈利状况并不明朗。而企业反过来也可能设法利用自己的高价股票来推动创新能力，企业可以用股票替代现金和其他企业合作，用股票支付高管及其他骨干员工的工资，或者筹集现金来资助生产能力的投资。[28]

然而，存在这样一种风险：那些靠股票收入为激励，或者想利用股市投机推动合作并获得报酬及现金的高管，有可能为了一己私利利用手中的战略控制权操纵盈利和股价，在这个过程中，他们失去了进行创新的动力和能力。企业高管不投资于创新，而可能更喜欢将公司现金盈利分配给股东从而抬高股价。他们可能以“股东价值最大化”为理由将这种资源分配的方式合法化。这种管理层激励方式的转变，恰恰是20世纪80年代之后发生在美国的事情，因为股东价值最大化已经成为企业资源分配的主要管理理念。[29]在本书第四章中，安德鲁·霍尔丹探究了“短期主义”（用来描述过度攫取价值的委婉说法）的证据和带来的一些后果。

考虑到管理革命发生的政治、文化环境差异很大，不同国家的企业战略控制、组织整合以及资金投入的制度特点也不相同。举例来说，比较一下第二次世界大战后数十年来美国和日本两国企业的发展特征。[30]

美国有一种比日本强大得多的观念，那就是公众股东是公司的“拥有者”，而不仅仅是公司的持股人。在美国，大多数工厂工人被排除在有组织的研发过程之外；而在日本，他们会参与有组织的研发，即便日本公司和美国公司一样，工人和管理者是完全不同的两类雇员，教育背景和职业路径也不同。美国公司利用保留的收益发行长期债券，资助生产能力的投资。而日本企业则通过向几家“大银行”贷款来筹集所需资金，这些银行容许的债务资产比例比美国银行高得多。

在20世纪的最后几十年里，日本企业在汽车、消费电子、机床、钢铁和微电子等领域对美国企业发起了挑战——美国在这些行业中领先全球。日本比美国更有竞争优势的关键原因是“组织整合”——通过将工厂工人的分层整合以及技术工种的功能整合加入研发过程，日本企业自我完善并战胜了美国企业。第二次世界大战后的几十年里，尽管加入工会的美国蓝领工人的工作保障程度高，但他们以往就一直被排除在企业有组织的研发过程之外，这反映出美国独特的“管理层”和“劳工层”的阶层分隔。

在这一点上日本和美国对比鲜明，工厂工人分层整合到有组织研发过程中去，生产出质量高、成本低的产品，这正是日本企业竞争优势的主要来源。与分层整合相补充的是，日本企业各专业技术工种之间合作解决生产过程中的问题，鼓励了技术和劳动的功能整合——这不同于美国企业中技术工种之间相对较高的功能性分隔。倾向于投资创新的战略决策以及能维持创新过程的资金投入，给日本企业提供了强大的支持，更强大的组织研发体系帮助日本企业战胜了美国的对手。

在不同行业中，日本企业竞争对美国同行带来的具体影响千差万别。日本企业基本上横扫了美国境内的消费电子业。20世纪80年代，美国汽车制造商试图向日本同行学习，但是30年过去了，美国公司生产的汽车仍然质量低、成本高，由此失去巨大的市场份额便不足为奇了。在机床领域，日本企业在和美国大企业的竞争中取得压倒性胜利，到了20世纪90年代，日本涌现了一批出口导向型的为专门的小众市场供应产品的中小型企业。在钢铁行业，美国企业的创新是出现了利用电弧锅炉以及废金属材料的小钢厂，这些工厂不同于传统上纵向整合的钢厂——过去的钢厂先将铁矿石生产成粗钢，然后才能制造最终产品。

面对日本企业的竞争，美国的半导体工业最终成功应对，尽管过程十分艰辛。20世纪80年代中期，日本企业利用它们整合的技术基础来降低次品率，并提高记忆芯片的产量。这一情况迫使美国几大半导体公司从该市场中撤出，英特尔公司可能面临破产。[31]然而，英特尔为IBM个人电脑及其兼容机制造微处理器，进而成为行业先锋，引领美国公司成为芯片设计的领导者。IBM个人电脑以其开放的系统架构，奠定了“新经济商业模式”兴起的基础。这一商业模式大大改变了创新企业的生存环境。

我在很多研究中详细阐述过，战略控制、组织整合以及资金投入的原则对那些开创或采取新经济商业模式的公司取得成功至关重要。[32]然而与此同时，创新型的新经济公司可能规避投资综合技术基础，这些综合技术基础与采取旧经济商业模式时具有同样的深度和广度，因为它们可以以旧经济企业研发实验室积累的知识为基础，继续研发。英特尔的创始人高登·摩尔（Gordon Moore）试图解读20世纪90年代初企业研发实验室急剧减少的现象。他说：

那些认为大公司只能慢慢发展的想法肯定了创新型企业和初创企业角色。然而，值得注意的是，区分利用和创造十分重要。通常认为，初创企业更善于创造新事物。其实并非如此。初创企业更善于利用新事物。成功的初创企业几乎总是从大公司的研发机构里已经成熟了的创意开始的。如果失去了大公司或者大公司的研发机构，那么初创企业也将随之消失。[33]

在摩尔此番言论发表之后大约20年，技术型初创企业并没有消失，毫无疑问，比起开发新技术，新经济商业模式更善于将现有的技术实现商业化。美国企业高管越来越依赖政府向他们提供所需要的新技术，[34]尽管与此同时，这些高管热衷于抬高公司股价，从而提升了他们的以股票为基础的工资，实现了“自肥”。[35]

我在别处已经具体分析过美国工业企业的转变，从“保有—再投资”的资源分配机制向“减员—分配”机制转变。在“保有—再投资”型的企业中，企业会保有其收入和人力，并将之用于创新能力的再投资。而在“减员—分配”型企业中，公司会裁减有经验的技术工人，然后以“股权价值最大化”的名义将企业现金分给股东。在2004至2013年这10年间，标准普尔500指数中的454家公司总共公开进行了3 400亿美元的股票回购，相当于51%的公司净收入，另有35%的公司净收入变成了股息。[36]在这10年里，大约有9 000家美国公司花费了6 900亿美元进行股票回购，相当于这些公司净收入总额的43%，另外有47%的净收入变成了股息。[37]

创新型公司利润为理解资源分配机制中的这一巨变提供了重要框架。美国企业高管薪酬的主导模式以股票为基础，这诱使高管用企业资金去抬高公司的股价，哪怕只是暂时性的。我还可以假设，这些愿意花企业几亿甚至几十亿美元的资金抬高公司股票价格的高管，也不会考虑如何将这些金融资源通过综合性的、累积性的和不确定的创新过程，投资到生产能力中去。这些高管接受了企业的目标是实现“股权价值最大化”这种理念，他们不再向对企业研发至关重要的综合技术基础进行投资，企业也就没有了创新。由于企业保有资金可以提供研发所需的资金投入，企业将收入分配给股东将导致它们不能也不愿投资在综合性的、累积性的和不确定的生产力研发方面。

理论与历史结合

创新型企业理论展示了理论与历史相结合的分析方法的重要性，创新型企业理论以这种方式挑战传统经济学理论。理论与历史相结合的分析方法使得理论不仅提炼了我们的知识，还指导我们去求知。正如开篇描述的那样，我认为，阻止创新型公司理论成为经济学研究和教授经济学的核心内容的最大障碍，来自现有教育体系培养出来的专业经济学家无法整合理论和历史。

创新型企业理论认为，在某些情况下、在某些时候、在某些行业中，商业企业能够通过分配劳动力和资金转化其所遇到的技术和市场状况，从而生产出质量高、成本低的产品。由此推断，“处于最优化过程中的公司”如果认为在资源配置中技术和市场是给定的，便无法产生创新。一家不断创新的公司和一家逐步实现最优化的公司之间的关系可以通过回答以下问题来说明：少数创新型企业如何能够通过转变技术和／或市场条件来区分自己和行业内的其他企业，从而获得持续性的竞争优势？

创新型企业通过转变行业成本结构，生产出比行业内最优化运营的企业更多的产品且能以更低价出售这些产品，从而成为行业主导者。通过正视并转变技术与市场条件，而不是被动地接受这些条件来约束自己的行为，创新型企业的业绩比最优化运营的企业更好。通过扩大产出、降低成本，创新型企业不断成长，其规模比优化运营型企业大。然而，在逻辑陈述之外，要想具体阐述创新型企业理论，需要对整个过程中的组织和机构的决定因素进行系统的比较历史研究，这些决定因素改变了技术与市场条件，生产出比现有产品和服务质量更高、成本更低的产品和服务。

熊彼特在他的职业生涯末期曾经建议：“一个没有掌握足够历史

真相，没有足够历史感或者没有所谓历史经验的人，毫无可能理解任何历史时期（包括现今）的经济现象。”[38]熊彼特比其他任何经济学家都更支持创新在理解资本主义经济中的中心地位。他所说的历史经验，是指经济学家整合理论和历史的能力。一个理论要能够在真实世界的现象面前成立，它必须是从对历史情况的严密研究中推导出来的。而推导理论需要一个迭代的方法。首先，要有人从研究历史记录中推导出理论命题，然后运用产生的理论去分析历史这样一个正在进行不断展开的过程，如果把现在也视为历史的话。因此，理论既是现在我们已经知道的事物的抽象解释，同时又是识别和学习我们需要认识的事物的分析框架。

约束最优化方法论曾经是经济学教育的中心内容，它的确是一个很有用的分析工具。对特定时期、行业、组织以及机构性的条件如何限制经济活动的理解，使我们能够系统地分析某些限制如何、为何以及在何种条件下发生或未发生转变。[39]然而，作为主导方法，约束最优化常常成为忽视历史的借口，而我们需要一个既能用理论去研究历史，又能用历史来塑造理论的方法论。

《公司成长的理论》[40]一书的作者艾迪斯·潘罗斯（Edith Penrose）在她职业生涯后期的一篇文章中写道：

理论按定义来讲是“现实”的简化，可简化是为了理解现实。如果每个事件、每个机构，每个事实都是真正全方位独一无二的，那我们如何理解或者声称理解过去或者现在的任何事物。从另一方面来说，如果有共同的特点，而且如果这些特点对事件进展影响很大，那么就有必要去研究这些特点及其重要性，并且，理论上为了这个研究目的，完全可以将特点与重要性孤立开来。

如果我们需要理论来解释历史，那么我们也需要历史来解释理论。正如潘罗斯总结的：脱离时间和空间的所谓普适真理不太可能解释经济形势的特征。[41]

显然，如果一个经济学理论是为了具有描述价值，那么严谨的历史分析非常重要。但是，与弗里德曼在20世纪50年代提出的实证经济学方法论相比，严谨的历史分析对于一个有预测价值的经济学理论也至关重要。弗里德曼认为，因为所有理论都包括对现实的提炼，所以对理论假设的选择并不重要，只要它的预测被证明是正确的。[42]

这一方法论的观点有两个基本的问题。首先，如果一个理论的预测不能被证明是对的（新古典主义经济学家经常如此），那么就需要一个方法论来开启严格的经验分析，从而发现什么样的假设可以产生正确的预测。可是，新古典主义经济学家走非历史的约束最优化的途径，他们将缺乏这样的方法论。其次，即便一个理论的预测在某个时候被证明是正确的，也可能在其他时候被证明是错误的，因为它背后的理论模型要求一个或多个变量已知，然而这些变量其实是在一段时间内的所发生变化的积累量。换句话说，两个完全不同的理论在某一时间内可能产生完全相同的预测，可是，其中只有一个模型可能考虑到模型输出伴随时间的变化。[43]如果一个理论是为了具有预测价值（以及规定价值），那么严格的历史分析（呈递至当下）就将是严格的逻辑分析的必要前提。

对动态历史过程的严谨分析能力是克服传统经济学教育中思想局限的基础。然而，做历史分析（再次将历史呈递至当下，以影响当下的政策争论）并不意味着忽略理论。相反，这意味着要把理论作为理解现实的辅助工具，而不是忽略现实的借口。

与熊彼特的“历史经验”概念原理相同，历史分析给我们带来知识，这些知识是做出正确的理论提炼所必需的，也是对之前产生但是无法用于理解现实变化的理论提炼做出修改所必需的。同时，理论给我们带来一个框架，指导我们的历史研究去提出有关问题，去探索有关事实以求得答案。我们为回答这些问题做了严格分析，因为它是基于对现实的系统研究。

在经济变革的世界中，缺乏历史的理论永远不可能严谨，只可能是错误的。经济学家需要一个方法论将历史和理论放在动态互动中，这样我们的理论推导将和我们对历史事实的理解挂钩。当那个历史事实是一个创新型经济的时候，基于定义，它也将是不断变革过程中一个现实。

注 释

1. 参见：W. Lazonick，'The theory of the market economy and the social foundations of innovative enterprise'，*Economic and Industrial Democracy*，vol. 24，no. 1，2003，pp. 9–44。
2. E. Wais，'Trained incapacity: Thorstein Veblen and Kenneth Burke'，*The Journal of the Kenneth Burke Society*，vol. 2，no. 1，2005，http://kbjournal.org/wais（2016年3月28日查获）。
3. 关于马克思和熊彼特的方法论，参见：W. Lazonick，*Competitive Advantage on the Shop Floor*，Cambridge MA，Harvard University Press，1990，chs. 1 and 2; 'The integration of theory and history: methodology and ideology in Schumpeter' s economics'，in L. Magnusson，ed.，*Evolutionary Economics: The Neo-Schumpeterian Challenge*，Boston，MA，Kluwer，1994，pp. 245–63; 'Innovative enterprise and historical transformation'，Enterprise & Society，vol. 3，no. 1，2002，pp. 35–54。
4. J. A. Schumpeter，*Capitalism，Socialism，and Democracy*，3rd edn，New York，Harper，p. 106.
5. 这超出了本章的范围——探索创新型企业理论和其他企业理论之间的关系，比如交易成本理论、资源基础理论、代理理论、动态能力理论以及演化理论。如需思考这些替代理论，参见：W.

Lazonick，Business *Organisation and the Myth of the Market Economy*，Cambridge，Cambridge University Press，1991; ‘Integration of theory and history’；‘Innovative enterprise and historical transformation’；‘The Chandlerian corporation and the theory of innovative enterprise’，*Industrial and Corporate Change*，vol. 19，no. 2，2010，pp. 317–49; ‘The theory of innovative enterprise: methodology，ideology，and institutions’，in J. K. Moudud，C. Bina and P. L. Mason，eds.，*Alternative Theories of Competition: Challenges to the Orthodoxy*，New York，Routledge，2012，pp. 127–59; ‘Innovative enterprise and shareholder value’，*Law and Financial Markets Review*，vol. 8，no. 1，2014，pp. 52–64; ‘Innovative enterprise or sweatshop economics? In search of foundations of economic analysis’，*Challenge*，vol. 59，no. 2，2016，pp. 1–50。

6. 在经济历史中，阿尔弗雷德·马歇尔（Alfred Marshall）认识到，一家公司要成为垄断者，就需要发展出超强的生产资源，使得它能生产出比竞争者数量多得多、成本低得多的产品。他的追随者创造了完全竞争中的公司理论：A. Marshall，*Principles of Economics*，9th（variorum）edn，New York，Macmillan，1961，pp. 484–5。正如马歇尔总结的：这一论点的确假设单个公司是由能力和企业精神来管理，并有着无限的资本。这一假设并不总能成立。但是，当它成立的时候，我们可以认为，如果不存在垄断的情况，大宗商品的供应会比有垄断时的供应价格更高；因此，在自由竞争下，生产的平衡产量就将比需求价格与垄断供应价格相等时的产量更低。
7. 在《经济学》第1版中，萨缪尔森写道："当前期投入已经被大量产出摊薄以后，固定成本将不再对平均成本有很大影响。可变成本变得重要。当平均成本因为厂房空间限制以及管理困境而开始增长的时候，平均成本最终开始增加。" P. A. Samuelson，*Economics*，New

York，McGraw-Hill，1948，p. 497。萨缪尔森没有解释为什么当所有公司的可变成本增加抵销固定成本降低的时候，经济会受益，而此时每一家公司都如此小，以至于它们都能够卖出它们所有想生产的产品以最大化其利润，却不会对产品价格产生显著影响——这就是所谓的“完全竞争”。

8. 已知完全竞争中的公司理论以及它与垄断模型的比较已经在经济学的入门教材里被教授了超过60年，其影响就是撰写这些教材的经济学家们没有花太多的时间去推敲这些假设的正确性。他们为什么要推敲呢？自从20世纪50年代以来，新古典主义经济学家们就已经接受了弗里德曼的积极的经济概念——只要理论预测被证明正确，理论模型的假设就不再重要。参见：Milton Friedman，*Essays in Positive Economics*，Chicago，University of Chicago Press，1953。在本章结论中，我接受了这一方法论观点的严重智力局限。
9. 卡尔·马克思的《资本论：政治经济学批判》作为多卷著作的第1卷，于1867年以德语发表。第1版英译版，《资本论：政治经济学批判》，第1卷，1887年发表于马克思逝世后四年。当我在本文中提及马克思的《资本论》的时候，我指的是英译版，第1卷。
10. D. Ricardo，*On the Principles of Political Economy and Taxation*，London，John Murray，1817.
11. M. Friedman，*Capitalism and Freedom*，Chicago，University of Chicago Press，1962.
12. K. Marx，*Capital: A Critique of Political Economy*，vol. 1，p. 121，https://www.marxists.org/archive/marx/works/download/pdf/Capital-Volume-I.pdf（2016年3月28日查获）。
13. Ibid.
14. Ibid.，ch. 25.
15. Lazonick，*Competitive Advantage*，chs. 1 and 2.

16. 参见：W. Lazonick，'Marxian theory and the development of the labour force in England'，PhD thesis，Harvard University Department of Economics，November 1975; 'Industrial relations and technical change: the case of the self–acting mule'，*Cambridge Journal of Economics*，vol. 3，no. 3，1979，pp. 231–62; 'Theory and history in Marxian economics'，in A. J. Field，ed.，*The Future of Economic History*，Boston，Kluwer–Nijhoff，1987，pp. 255–312; *Competitive Advantage*，chs. 1 and 2。
17. Lazonick，'Industrial relations and technical change' .
18. Lazonick，*Competitive Advantage*，chs. 3–5.
19. B. Elbaum and W. Lazonick，eds.，*The Decline of the British Economy*，Oxford，Oxford University Press，1986.
20. Ibid.; W. Lazonick，*Organisation and Technology in Capitalist Development*，Aldershot，Edward Elgar，1992; 'Varieties of capitalism and innovative enterprise'，*Comparative Social Research*，vol. 24，2007，pp. 21–69.
21. W. Lazonick，*Sustainable Prosperity in the New Economy: Business Organisation and High–Tech Employment in the United States*，Kalamazoo，Upjohn Institute for Employment Research，2009.
22. W. Lazonick，*The Theory of Innovative Enterprise: A Foundation of Economic Analysis*，AIR Working Paper #13–0201，August 2015，http://www.theairnet.org/v3/backbone/uploads/2015/08/Lazonick.TIE–Foundations_AIRWP13.0201. pdf（2016年3月28日查获）。也可以参见：Lazonick，'The Chandlerian corporation'。
23. W. Lazonick，*Entrepreneurial Ventures and the Developmental State: Lessons from the Advanced Economies*，World Institute of Development Economics Research，dp2008/01，January 2008，https://www.wider.unu.edu/publication/entrepreneurialventures–and–developmental–state

（2016年3月28日查获）；F. Block and M. R. Keller，eds.，*The State of Innovation: The U.S. Government's Role in Technology Development*，Boulder，Paradigm Publishers，2011; M. Mazzucato，The Entrepreneurial State，London，Anthem Press，2013; M. Hopkins and W. Lazonick，*Who Invests in the High-Tech Knowledge Base?* Institute for New Economic Thinking Working Group on the Political Economy of Distribution Working Paper No. 6，October 2014，http://ineteconomics.org/ideas-papers/research-papers/who-invests-in-the-high-tech-knowledge-base（2016年3月28日查获）。

24. W. Lazonick，'Organisational learning and international competition'，in J. Michie and J. Grieve Smith，eds.，*Globalisation，Growth，and Governance*，Oxford，Oxford University Press，1998，pp. 204–38; M. O' Sullivan，'The innovative enterprise and corporate governance'，*Cambridge Journal of Economics*，vol. 24，no. 4，2000，pp. 393–416.
25. Lazonick，*The Theory of Innovative Enterprise* .
26. J. Corbett and T. Jenkinson，'The financing of industry，1970–1989: an international comparison'，*Journal of the Japanese and International Economies*，vol. 10，no. 1，1996，pp. 71–96.
27. W. Lazonick，'Profits without prosperity: stock buybacks manipulate the market and leave most Americans worse off'，*Harvard Business Review*，September 2014，pp. 46–55; 'Labor in the twenty-first century: the top 0.1 percent and the disappearing middle class'，in C. E. Weller，ed.，*Financial Market Development and Labor Relations Inequality，Uncertainty，and Opportunity: The Varied and Growing Role of Finance in Labor Relations*，Cornell，Cornell University Press，2015，pp. 143–92.
28. W. Lazonick，'The new economy business model and the crisis of US

capitalism', *Capitalism and Society*, vol. 4, no. 2, 2009, article 4.

29. W. Lazonick and M. O' Sullivan, 'Maximising shareholder value: a new ideology for corporate governance', *Economy and Society*, vol. 29, no. 1, 2000, pp. 13–35; W. Lazonick, 'The financialisation of the US corporation: what has been lost, and how it can be regained', *Seattle University Law Review*, vol. 36, no. 2, 2013, pp. 857–909; 'Profits without prosperity' ; 'Labor in the twenty–first century' .
30. W. Lazonick, 'Innovative business models and varieties of capitalism: financialisation of the US corporation', *Business History Review*, vol. 84, no. 4, 2010, pp. 675–702.
31. R. A. Burgelman, 'Fading memories: a process theory of strategic exit in dynamic environments', *Administrative Science Quarterly*, vol. 39, no. 1, 1994, pp. 24–56; D. L. Okimoto and Y. Nishi, 'R&D organisation in Japanese and American semiconductor firms', in M. Aoki and R. Dore, eds., *The Japanese Firm: The Sources of Competitive Strength*, Oxford, Oxford University Press, 1994, pp. 178–208.
32. Lazonick, *Sustainable Prosperity* ; 'The new economy business model' ; 'Financialisation' ; 'Profits withoutprosperity' ; *Stock Buybacks: From Retain–and–Reinvest to Downsize–and–Distribute*, Brookings Institution Center for Effective Public Management, April 2015, http://www.brookings.edu/research/papers/2015/04/17–stock–buybacks–lazonick（2016年3月28日查获）。
33. G. E. Moore, 'Some personal perspectives on research in the semiconductor industry', in R. Rosenbloom and W.Spencer, eds., *Engines of Innovation: U.S. Industrial Research at the End of an Era*, Boston, Harvard Business School Press, 1996, p. 171.

34. Hopkins and Lazonick，*Who Invests* .

35. W. Lazonick，*Taking Stock: Why Executive Pay Results in an Unstable and Inequitable Economy*，Roosevelt Institute White Paper，5 June 2014，http://www.rooseveltinstitute.net/taking-stock-executive-pay（2016年3月28日查获）。

36. Lazonick，'Financialisation'；'Profits without prosperity'．

37. Standard & Poor's Compustat database. The figure of 9，000 companies is an annual average over the decade 2004–2013.

38. J. A. Schumpeter，*History of Economic Analysis*，Oxford，Oxford University Press，1954，pp. 12–13.

39. 举例说明，参见：W. Lazonick，'Factor costs and the diffusion of ring spinning in Britain prior to World War I'，*Quarterly Journal of Economics*，vol. 96，no. 1，1981，pp. 89–109; 'Production relations，labor productivity，and choice of technique: British and U.S. cotton spinning'，*Journal of Economic History*，vol. 41，no. 3，1981，pp. 491–516。

40. E. T. Penrose，*The Theory of the Growth of the Firm*，Oxford，Blackwell，1959.

41. E. T. Penrose，'History，the social sciences and economic "theory，" with special reference to multinational enterprise'，in A. Teichova，M. Lévy-Leboyer and H. Nussbaum，eds.，*Historical Studies in International Corporate Business*，Cambridge，Cambridge University Press，1989，p. 11.

42. Friedman，*Essays in Positive Economics* .

43. Lazonick，*Organisation and Technology*，ch. 4.

第六章
创新、政府与耐心资本

玛丽安娜·马祖卡托

导　言

全世界所有发达国家的政府都说它们想要创新导向的、精明的增长。[1]可是，能实现这种增长的政府却很少。恰恰相反，自从金融危机以来，大多数发达经济体呈现出以下特征：低增速，投资率处于历史最低水平，生产力表现欠佳。在过去的10年里，旨在提高生产力的创新步伐似乎明显减缓，[2]这一趋势在将来很可能会扩大，因为公共与私有部门对研发的投资率也在下降。这一因素引起人们的担心：发达国家进入了“长期经济停滞”的时期，而非可持续增长时期。[3]一些经济学家认为，这种长期停滞的风险是高收入国家人口结构变化及储蓄行为产生的不可避免的结果。本章则突出经济长期停滞的内生性特点：企业和政府的选择带来一些问题，产生了这种结果。本章将重点关注

Published by John Wiley & Sons Ltd，9600 Garsington Road，Qxford OX4 2DQ，UK and 350 Main Street，Malden，MA 02148，USA

对创新之源的不同解读（特别是公共投资在财富创造过程中的作用），如何给寻求“智慧”增长的国家提出一系列不同的政策要求。

围绕创新的公开争论（创新来自何处，如何激励和支持创新），常常陷入过时的经济观念。传统经济学分析倾向于将创新看作由“外生性”技术机会驱动的私有部门的发展过程。它从传统的市场理论和市场失灵理论出发，认为政府除了资助基础科学研究之外，在创新过程中几乎没有什么作用。而作为“公共产品”的基础科学研究的特点是私人投资极少。[4]如果政策能够刺激创新，人们认为主要原因是政策能修补市场失灵，“鼓励”私人投资，确保公司间的充分竞争。

但是，传统的观念与客观事实不符。其实，本章将要证明，政府已经广泛参与创新过程。政府不仅支持科学研究，应对其他类型的正外部效应和负外部效应，而且还更积极主动，并着眼于战略布局。投资覆盖整个创新链：从基础研究到应用研究，以及对新公司的前期融资。政府不仅在决定创新的速度，而且在决定创新的方向上发挥着重要作用。20世纪60至80年代，美国将计算机、信息及通信技术确定为创新的方向，就像德国、丹麦和中国这些国家今天选择了将“绿色”技术作为发展重点。经济的金融化程度越来越高，私人企业利润中只有一小部分用于生产性投资，对来自公共财政的坚定而长期的资本（也就是“耐心的”资本）的需求也与日俱增。

因此，想要理解创新中公共投资的作用，需要更深入地解读创新的产生过程。本章通过分析传统的市场与市场失灵的模型中存在的不足，借鉴熊彼特经济学以及演化经济学的见解，从而提出一个不同的框架。加快创新步伐对实现长期增长，应对当今社会面临的一些重大挑战来说至关重要，如气候变化、自然资源不足、医疗改善。这就意味着需要重新思考公共政策在经济运行中的作用，以及公共部门与私营部门之间的关系。国家的作用不能仅仅像传统经济学模型所描述的那样去修补市场失灵。它还必须积极塑造并创造市场，推动更强劲、可持续性更强、包容性更大的经济增长方式。

向错误的方向前进

经济学家们少有的共识之一就是技术创新能够带来长期经济增长。[5]他们普遍认为，那些对研发人力资本形成以及随之而来的技术与组织变革的公共和私人投资，为生产力与产出带来了长期增长。然而，围绕"这个过程是怎样发生的"这一话题，其争论非常激烈。传统的新古典主义模型认为，创新的作用是将生产函数从一种均衡状态转向另一种均衡状态。与此不同的是，熊彼特的演化模型关注创新导致的失衡，这就削弱了生产函数的意义。演化理论强调转型和结构变革带来了"创新系统"的概念。这一概念设定公司处于一个由各类机构组成的全国性网络中——包含私营部门和公共部门中的机构，"这些机构的运作和互动催生、吸收、提升并推广了新技术"。[6]这些系统包含"各种要素和关系，在生产、传播和运用具有经济价值的新知识的过程中，这些要素和关系相互作用"。[7]这种系统观点认为，驱动一个国家创新的并不仅仅是这个国家的研发投入水平，而是知识在整个经济体中的传播与推广。创新过程不是线性的，而是在市场与技术、应用与科学、政策与投资之间形成的反馈环。

正是这种对国家创新体系如何有效运行的理解，研发投入最近呈现的特征令人忧虑。例如，尽管美国的研发投资总额占GDP的比重仍然相对较高（约为2.8%），其组成要素已经发生了巨变。首先，公共研发投资减少了。1964年，公共研发投资占GDP的比重最高，达到67%，而到2000年则降低到25%；由于经济危机后美国政府采取了临时刺激政策，这个比例上升到30%。（斯蒂芬妮·凯尔顿在本书第二章中对此进行了详细讨论）[8]一些欧洲国家也出现了相同的情况。

例如，在英国，研发投资中的政府占比持续下滑，1985年为43.5%，2000年下降到30.2%，2014年降至28.8%；在意大利，2005年这个占比为50.7%，2013年降到41.4%；就欧元区总体而言，2003—2013年，这个占比下降了3.4%（从36.7%降到33.3%）。[9]

其次，尽管从某种程度上说，私营部门的研发投入填补了空缺，但这些投入日益向应用领域集中，涉及范围较窄。[10]美国工业界进行的基础研究从20世纪50年代的33%~35%下降到21世纪的15%~20%。[11]可以说，企业做的开发很多，研究却很少。结果，研发的组成结构从根本上偏离了基础研究。[12]这似乎很可能会降低未来创新的机会，因为这些机会一直是由政企的基础研究和应用研究之间的良好互动创造的。

确实，阿罗拉、邦伦和帕塔科尼三人的研究证实，自20世纪80年代以来，大企业已经远离科学研究。他们的研究显示，公司科研投入的不同指标都指向这个趋势。更重要的是，这个趋势并不是因为科学对创新的推动作用降低而造成的。他们还得出结论，认为公司仍然与从前一样，从科学研究的成果中获利，但是其科研投入的热情却不如从前。[13]

为什么会这样呢？企业不再往研发中难度较大的研究部分投入，其中一个原因是企业的短期主义心态越来越严重。公司治理的“股东—价值”模型兴起（威廉·拉佐尼克在本书第五章中对此进行了详细探讨）对降低企业投资长期项目的热情发挥了重要作用。来自股东的压力增加可能限制了企业向长期创新领域的投资能力，因此企业不太愿意承受创新带来的风险。跨国研究（如日本和美国）以及不同经济部门的研究都发现，当代股东资本主义中短期主义更加严重，产生了不利影响。[14]安德鲁·霍尔丹在本书第四章中进一步提出了公司层面的证据，证明了最近数十年里，资本市场变得过度关注短期利润，对上市公司的投资率产生了负面影响。

拉佐尼克和奥沙利文认为，“股东价值最大化”这种管理理念在许多国家（特别是美国）事实上使得高管非常富有。[15]金融化程度高的公司将大部分收益用于回购自己的股票，并且这个比例越来越高，从而操纵股票价格，抬高股票期权价值，这些都跟高管的收入密切相关。最近，拉佐尼克的研究还证明，2003至2012年，标准普尔500指数中的上市公司将收益中的54%（总计约2.4万亿美元）用于回购股票。[16]回购股票的支出牺牲了投资和创新的投入，《财富》世界500强公司用于回购（股票回购）的花费与研发投入二者的比值上升也证明了这一点。[17]

这种企业行为中的短期主义，有时被描述为像是由不可避免的“市场”力量强加在公司上的。可是，短期主义不是资本主义或者市场本身的特点，而是特定的公司治理结构、所有制模式及金融文化产生的结果，认识到这一点非常重要。[18]确实，正如雅各布斯和马祖卡托在本书导言部分所论述的那样，市场最好被理解为不同经济体之间相互作用的结果。短期主义反映了过去20年特别是美国和英国发生的巨大转变，可是，这些变化中并没有什么是不可避免或是普遍的。确实，有关“资本主义的多样性”的论著表明，传统的商业和金融结构差异巨大，比如日本和德国的差别就很大；然而在所有经济中都存在具有长期投资眼光的公司。[19]只有通过理解公司的管理方式以及为何不同的管理方式会产生不同的市场行为，我们才能解释管理方式和市场行为如何能够促进或是阻碍长期增长。[20]

这个问题不仅和私有经济本身有关，而且还涉及私营部门和国家的关系，即所谓的政府与商界之间达成的“交易”。最近几年，这种关系表现出可以被描述为“寄生”的特点，而且这种特点日益明显。私营企业界一方面游说政府放松管制、削减资本利得税，但与此同时却降低对基础研究的投资比例，因此，在这一领域它们更加依赖公共支出。[21]我们在下文中将证明，未来的增长需要一种公共部门与私营部门之间迥然不同的合作方式，其特点在于健康的、长期可持续的互利共生。

传统经济学理论与“市场失灵”路径

为了应对这些挑战，实现创新引导的智慧增长，我们需要提出一个新的概念框架。因此，我们必须跳出主流经济学的狭隘假设，主流经济学很少关注创新带来的失衡过程。主流经济学模型这样假设创新：（1）主要是由单个企业家的天才般的智慧推动的，最多也只是得到公共部门的“协助”；（2）唯一的特征是可预测的风险（像彩票一样能够在事前用准确定义的概率分布来精确量化），而不是真正意义上的不确定性；（3）在任何时刻发生的概率都相同。

事实上，现实世界中所见的创新有着完全不同的性质。受经验观察的限制，演化经济学理解经济变革时强调创新的特点如下：（1）它是综合性的，其特征是不同的公营和私营主体以不同方式相互作用形成一个系统；（2）按照奈特的说法，它是不确定的，[22]其潜在的结果不可预测，无法事先知道其概率；（3）它是基于常规的，因此即便专利失效也很难效仿，因为常规通常是缄默的（因而很难模仿），是嵌入在组织行为和记忆中的；（4）它是路径依赖以及积累性的，呈现出“长尾分布”的特征。[23]这就意味着，创新是成波成簇地发生，而不是任何时候都有相同的发生概率。熊彼特的研究强调了这个特点。掌握创新的综合性、不确定性、缄默性以及持续性的特点，对于提出有关实现创新引导“智慧”增长的正确的政策问题至关重要。这还意味着经济学模型必须能够解释异质性及路径依赖，而假设“正态分布”变量的传统统计工具无法做到这一点。[24]

传统经济学观点认为，国家在创新过程中的作用非常有限。总的来说，传统经济学认为，只有当市场无法有效配置资源的时候，政府介入仅仅是为了矫正，此时国家干预才是合理的。[25]这种市场失灵理论暗示，政府的作用是通过投资公共产品（如科学研究和防务），通过设计市场机制内化外部成本（如污染）或外部收益（如牲畜免疫）来

“纠正”或者“补救”市场。

市场失灵理论提供了有价值的见解，同时，它在制定旨在调整市场的现存轨迹的政策时作用最大。这个分析视角以新古典主义总平衡的思维实验作为参考点，假设由外生性决定的“平衡”存在且稳定。这个观点承认经济的实际运行情况可能会偏离这种理论参考标准，并指出理论中的不完善之处造成市场的实际运作无法达到这一确定性的最佳点。但是，这个观点忽略了熊彼特的重要见解：在新古典主义竞争性平衡中（市场完备、信息完美），将不会有任何创新和经济发展的空间。实际上，创新意味着打破平衡的结构变化。在发展和转型过程中，当需要用政策动态地创造和塑造新市场时，如果一种理论框架认为，政策只是补救市场的不完善之处，以达到由外生性决定的平衡状态。那么，这种理论框架几乎没什么用处。

在传统的框架内，市场存在一些失灵是国家干预的必要条件，但不是充分条件。[26]这种观点主张，如果政府要介入，那么介入的收益必须超过因为“政府失灵”[27]产生的相关成本，比如被私人利益俘获（裙带主义、腐败、寻租），[28]资源分配错误（如“挑选失败者”）[29]，或是与私营经济不正当竞争（“排挤效应”）。[30]这样就需要在低效的两个结果间进行权衡，一个结果是由自由市场导致的（市场失灵），另一个则是由公共干预导致的（政府失灵）。新凯恩斯主义经济学家倾向于强调市场失灵，特别是与不完美信息相关的市场失灵，[31]并因此推崇更广泛的政府干预；而公共选择理论者[32]倾向于认为市场通常能够“自我纠正”，他们更担心政府失灵。

对“排挤效应”的批评是指公共投资取代了私人倡议。这类批评的声音认为，管控长期利率排挤了原本由自由市场中的私营主体提供（利率更高）的信贷，因而抑制了私人资本市场。例如，2010年，德国复兴信贷银行被指控排挤了发行短期债券的私人金融机构。[33]从理论上说，这种对排挤效应的批评与主流经济模型（新凯恩斯主义或新古典主义）相关，在主流经济模型中，公共投资取代了私人投资，特别是当政府发行债券来弥补赤字的时候。[34]然而，关于排挤效应的假说基于非常特别的假设。它假设：（1）经济处于持续充分利用资源的状态，（正如史蒂芬妮·格里菲斯-琼斯和乔瓦尼·科齐在本书第七章指出的）这在当下环境中其实并不是事实；（2）忽略了国家通常做的正好是私营部门不做的事情，比如资助长期基础设施项目和创新。我们在下文中会发现，这个作用更多的是创造和塑造市场，而不是“补救”市场。

基于排挤概念的第二类批评通常指向公共机构，比如英国广播公司（BBC）。这些机构过去的投资活动更大胆、战略性更强，超出了市场失灵理论的解释力。[35]当它们进行这类投资时，经常被批评过于活跃，占用了原本应该留给私营企业的市场份额。BBC该不该在其节目中保留轻娱乐内容呢？政府研发部门该不该投资于应用研究和商业风险项目呢？这些问题的回答通常是“否定的”，因为它们并不在传统认为的公共投资领域之内。但这个观点存在问题，它忽略了一个事实：那些实现了创新引领增长的国家需要的往往正是这种超出了“公共产品”经典定义的战略性、定向性投资。确实，它们指向的是需要一个有关公共价值的更广泛的概念。

第三类常见的批评是针对特定技术和部门的公共投资，因为这类投资试图“挑选赢家”。批评者认为国家并不擅长这类投资，因为从政者和官员缺乏市场激发的能力、信息及激励，而这些都是成功所必需的。[36]然而，值得注意的是，国家不能挑选优胜者，这种观点往往是先验假设；很少有研究尝试系统评价这类产业政策。[37]认为国家从结构上无法针对技术和部门——这种成见非常普遍，其中的另一个原因是，当事情搞砸的时候，所有的批评往往都指向政府（超音速飞机

“协和号”亏损，太阳能制造商索林德拉倒闭，对于这两个案例，我们将在下文中进一步探讨）。而在国家的支持下大获成功的案例（比如互联网和各种生物技术，我们也将在下文进行探讨）则常常被完全归功于最终因此获得利润的私营主体。

国家作为创新系统的关键参与者

实际上，与传统的“市场失灵”理论的主张不同，国家在最近的很多最重要的创新中都发挥着至关重要的作用。在硅谷和其他活跃的创新中心背后，真实情况并不是像传统经济学观点讲述的那样：国家让道，以便让乐于冒险的风险资本家及“车库”发明家充分施展才华。从互联网到纳米技术，在过去半个世纪中，绝大多数基础性的技术进步（包括基础研究及下游商业化推广）都是政府部门资助的，而私营企业直到看到投资获得回报之后才加入进来。[38]例如，在生物技术和纳米技术领域，私营企业在公共部门投资之后才进入其中。像比尔·盖茨和史蒂夫·乔布斯这样的企业家之所以能够创造好产品，是因为他们都吸纳了政府资助开发的技术。其实，助力iPhone手机成为智能手机的所有技术都是国家资助研发的，包括互联网、全球定位系统、触摸屏幕显示及语音激活的Siri个人助理。[39]

这里所说的事实上是“创新型政府”的故事。[40]这不只是关于政府资助上游“基础”研究，即市场失灵理论中典型的“公共产品”。美国政府部门既资助基础研究也资助应用研究，在某些情况下，政府资助甚至深入到下游环节，为一些公司提供早期风险融资，而私营金融部门认为给这些公司提供资金，风险太大。苹果公司在刚成立的几年里从美国政府的融资机构——小企业投资公司（SBIC）获得了50万美元。与此类似，康柏公司和英特尔公司也从公共的小企业创新研究计划（SBIR）而不是风险资本那里获得了早期资助（以建立公司），小企业创新研究计划大力支持勇于冒险的公司并为其提供早期资助。[41]

我们有时会认为，这种投资只是典型的“军工复合体”，由国防部牵头。而事实上，美国政府还会通过卫生部、能源部进行类似的战略性投资。当今市场上大约75%的最具创新性的药物（即所谓的优先级的“新分子”实体），都从由公共资金资助的美国国家健康研究院（NIH）那里获得了大量资金支持。[42]自2000年以来，美国国家健康研究院已向生物技术—制药知识库累计投入了超过4 000亿美元（2013年的美元市值），仅2013年就投入了290亿美元。在能源领域，可再生能源领域的许多重大进展以及最近的页岩气革命背后都有美国政府的身影，美国政府通过推动美国能源部先进能源研究计划署（ARPA–E）不断进行创新，取得突破。ARPA–E是美国国防部高级研究计划局（DARPA）的姊妹组织。[43]

时机非常重要。尽管风险资本在20世纪80年代末、90年代初便进入了生物技术领域，但这一领域的所有重大投资都发生在20世纪50至70年代——大多数是由国家投资的，[44]而国家只资助风险最高、资本需求最大的发展阶段，20年之后，风险资本家才进入这个领域。可再生能源领域的情况也相同。在许多在这个领域技术领先的国家，包括美国、中国、德国、丹麦，国家都对部门内技术风险最高、资本密集度也最高的领域进行资助。[45]企业通常会等到未来收益更加确定之后才会进入。的确，有证据显示，创新链早期风险大、资本密集度高，公共机构投入过多，私营部门投资太少，公私比例失衡。正是这些早期的公共直接投资奠定了基础，为企业之后的发展创造了全新的环境。这还说明，那些通过各类税收激励过度关注于对商业提供间接支持的政策，忽略了企业需要直接政策扶持。而直接政策扶持创造了企业发扬“野兽精神”所需的技术和市场机遇。[46]这也意味着，如果企业承认它们在等国家帮忙克服前期的种种困难，那么它们就应该分享下游成果，这样国家才能在未来继续扮演这种角色。我们将在下节探讨这个问题。

这些例子说明，国家的作用远比仅仅弥补市场失灵更大、更关键。这并不仅仅是对新古典主义理论的批评，意识到这一点很重要。在凯恩斯模型中，国家投资有很强的反周期功能：经济下滑时，国家需要投资以支撑总需求，防止出现螺旋式衰退。这种角色也可以被看作对市场失灵的一种反应，特别是协调失灵，经济衰退时私有资本同时撤出资金。但是，许多成功的公共投资，比如那些取得重大技术突破背后的公共投资，都是在经济增长时期投入的。这就给我们带来启发，国家并不仅仅只在经济衰退时发挥重要作用，加大公共投资。

这些促进创新的公共投资有一个更重要的特点，它不只是为私营企业提供资金去实施它们的构想，而是创造、塑造全新的市场和领域。也就是说，公共投资的作用并不局限于为私营企业排除风险，推动它们去做早已计划好要做的事，它还使那些原本不会发生的事情成为可能。例如，公共机构支持太空探索，启动互联网开发，推进生物技术和纳米技术产业发展，积极展望变革的新方向，聚焦新“任务”。[47]这种公共政策的“任务导向”并不一定是由集权化的部委自上而下实现的，而通常是由不同的机构和部门分头选择特定部门、技术和宽泛的领域进行开发。布洛克与凯勒将这种分散的方向性资助称为“发展的网络状态”。[48]这需要国家承担风险，接受不确定性带来的影响：有些选择会成功（如互联网），而另一些则会失败。有时失败不可避免，但要从失败中进行政策评估。确实，像美国国防高级研究计划局（DARPA）这样的国家研发组织取得成功，得益于它们关注实验过程，推进组织学习。[49]阿尔伯特·赫希曼（Albert Hirschman）称之为用“政策作为过程”促进公共部门内学习。[50]

我们要问的问题不是国家应不应该挑选优胜者，而是如何就“着眼于什么方向”推动辩论，增加透明度。任务确定要应对大的挑战，这些挑战足够具体，这样参与者能知道何时任务就要完成。任务需要不同部门通力合作（登月就涉及十几个部门），以及不同形式的公私合作。这些任务不是基于选择单一技术，而是选择不同的技术组合。德国的能源转型计划，旨在淘汰国内一切非可再生能源，涵盖对不同类型的可再生能源进行组合投资以及强劲的需求拉动政策。在美国，能源政策也包括裂解页岩气，这得益于数十年来能源部一直在推动探索性创新。尽管后来环保主义者对裂解多有批评，但是当正在做这类选择的时候，放开关于方向性的辩论能够将这些批评更多地集中在任务导向的投资过程的开始阶段。

经济历史学者、社会学家卡尔·波兰尼预见到了政府在创造和塑造市场中的作用，他认为，市场深度嵌入社会制度，而政策并不只是作壁上观，而是参与到市场创造过程中去。在他的大作《大转型》（*The Great Transformation*）中，波拉尼描述了资本主义市场深度“嵌入”社会和政治组织的方式，这样一来，那种通常将国家与市场静态并置的比较就毫无意义了。“通往自由市场的路是畅通的，干预主义不断持续、更加集中、控制加强，因此自由市场之路一直保持通畅”。[51]波兰尼的描述在某种程度上补充了约翰·梅纳德·凯恩斯认为政府应谋大局的观点。凯恩斯说：“对政府来说，重要的事情是不要去做个人已经在做的事情，然后做得更好或者更糟，而是要去做当前没人做的事情”。[52]现在还没人做的事情不仅包括那些以正外部性和负外部性为特征的领域，还包括创造新的市场环境所需要的视野。这种认为政策创造新市场环境的观点对政府政策的转型效果具有启示作用，而在对凯恩斯著作的微观经济学解释中找不到这种启示。

公共部门承担风险带来公共回报

传统经济学理论忽略了国家作为首席投资者和风险承担者促进创

业的作用，而是仅仅关注公共部门设定背景（水平）条件的职能，它还忽略了风险的社会化应伴随回报的社会化。确实，公共投资越是往下游投向特定的技术和公司，某项技术或某家公司失败的风险也就越高。但出现这种情况的确很正常，每个风险资本家都会承认：每一次成功都会与很多次失败相伴。最近，美国政府就有这样的经历，在特斯拉S型汽车大获成功的时候（这款车获得了4.65亿美元纳税人担保贷款），贷给太阳能设备制造商索林德拉的5.35亿美元担保贷款就是一大败笔，索林德拉后来宣告破产。实际上，在大多数成功的资本主义经济体中，国家都积极参与有风险的投资，其中有些投资推动了技术革命。芬兰公共投资机构芬兰国家研发基金（SITRA）既有过一些巨大的成功，也有过一些失败。以色列的公共风险基金（Yozma）也同样如此。在盎格鲁-萨克逊经济体内，公开辩论总是在公共投资失败的时候急于批评，而在投资获得成功的时候却迟迟才肯定国家在其中的积极作用。

但是，这又提出了一个更为基本的问题：如何才能保证国家像私人风险资本基金那样从成功的投资中获得收益（“好的一面”），从而弥补投资失败造成的不可避免的损失（“坏的一面”）然后进行下一轮投资。这一点尤其重要，因为创新的特点是路径依赖和积累性。收益产生的过程较慢，刚开始是负的，然后逐步提升，在投资几十年之后可能会产生巨大的收益。实际上，涉及信息技术、生物技术和纳米技术等领域的公司不得不接受这个现实：在获得收益之前，多年没有任何利润。如果没有充分认识到创新的过程是集体努力的成果，那么，国家帮助启动和资助的项目产生的所有回报，将被少数几个私营企业和投资人收入囊中。

所以，谁获得了创新的回报呢？有些经济学家认为，公共部门能够从知识溢出（新知识惠及不同经济领域）以及税收中（因为创造出新的工作岗位，所以投资获利的公司缴纳更多税款）获得回报。可是，专利制度不断演进，这使得在上游申请专利更容易，这就意味着新知识的传播事实上可能被阻断，而假设的知识溢出无法实现。与此同时，资本的全球流动也意味着，无法保证对创新进行初始投资的某个国家和地区能够获得更广泛的经济效益，比如就业和税收方面的收益。在全球范围内，企业纳税都在下降，而避税和偷税却在上升。很多高科技公司，比如苹果和谷歌，它们都从公共投资中获利丰厚，但同时也被指控利用它们的国际业务来逃税。[53]或许最重要的是，如果溢出来自上游的"基础"投资，比如教育和科研，那就不应认为要给国家带来直接回报，而针对特定公司和技术的下游投资则有本质区别。正是因为对公司和技术的一些投资可能会失败，国家可以把这些下游投资当作一种组合，一些成功的投资能够弥补失败的风险。

有一种有力的观点值得注意，这种观点认为，如果国家针对性介入产生的技术突破使得某些公司获益，那么国家应通过保有一小部分其参与创造的知识产权来获得一些长期经济回报。这并不是说国家应该拥有独家授权，也不是说国家应该持有大部分创新产生的价值，阻止它的扩散（这几乎从未发生过）。政府的角色不是经营商业企业，而是促进其他领域的创新。但是，国家通过拥有一部分它创造的价值——这些价值可能会带来大增长，可以获得资金并投入到新的潜在创新中。国家将"投资组合"方式运用到促进创新的公共投资中去，少数成功案例带来的收益有助于弥补其他项目产生的损失。[54]这样，风险和收益都被社会化了。

国家有多种方式从创新投资中获得直接回报。一是确保国家给企业提供的贷款和担保有附加条件，就像发放给学生的"按收入比例还款型贷款"。如果一家公司获得了国家贷款或拨款，可以要求该公司在利润达到某个指标后偿还部分款项。国家也可以持有其扶持的公司股权和特许税费。一些有公共风险资本基金的国家已经采取了这种做法，包括以色列（公共风险基金Yozma）和芬兰（通过SITRA中的公共创新基金和芬兰产业投资基金）。在德国、巴西和中国，国有投资银行也持有公司股权，我们将在下文对此进行讨论。这里的关键在于允许重新调整风险和回报。在促进经济增长的过程中，国家的角色不只是管理和激励，国家还主动承担风险、积极参与投资，只有肯定这一点，才能重新调整风险和回报。其实，凯恩斯相信，通过这种参与，“投资社会化”能够成为一种稳定投资和增长的方法。[55]

耐心资本：政府如何发挥作用，更好地调控风险、回报投资机构

上文描述的所有发展动态——西方经济体投资放缓、短期主义抬头以及国家的历史“创业”角色，给资本主义提出了一个根本问题：怎样用“长期的耐心资本”来推进创新。熊彼特把创新作为理解资本主义的核心要素，他称银行家为交换经济的“监督官”（ephor，拉丁语词，指监督斯巴达国王的长老），因为他认识到创新必须要有资金支持。[56]他认为，银行要把这类资金放到现有资本的“环流”中。然而，他没有预见到，现实中的银行体系（其实是整个私营金融体系）仅仅从投机中就能赚钱，而不需要通过资助生产性经济获利。也就是说，金融是在资助其自身，而不是如海曼·明斯基所说的经济的“资本开发”，例如，银行为房贷抵押证券融资，而证券又使用了信用违约互换。[57]金融系统的投机性和短期特点意味着，现在的银行系统更多的是问题而不是熊彼特认为的解决问题的办法。[58]

即便在金融系统关注实体经济时，二者的关系也并非总是互利的。因为金融不是中立的：公司获得何种金融支持可能会影响它们的未来投资方式。[59]例如，设立风险资本原本是为了让创新型公司在早期高风险阶段获得资金支持。但是证据显示，在高度依赖风险资本融资的行业，比如生物技术行业，许多公司却被风险投资模型拖累。大

多数风险资本基金是“退出推动”的，通常在初次投资之后的3~5年内，公司被其他大企业收购或者首次公开募股，风险资本便退出投资。拉佐尼克和图卢姆认为，这种做法导致在生物技术领域盛行很多“没有产品”的上市公司（他们称其为PLIPOS），表明风险资本模式通常无法培育并支持这些复杂、充满不确定性的知识产业。[60]这个问题在新兴的清洁技术领域尤其突出，在这一领域，风险资本（如果是风险资本投资的话）的快速涌入或撤出导致了诸如2012年索林德拉倒闭这类破产败局。其实，索林德拉的关键商业支撑来自风险资本家，和所有风险投资家一样，他们渴望公司上市、兼并或并购来给投资一个“出口”。可是，在不确定的市场里，这些公司并不总能成功“退出”。索林德拉的核心投资者放弃11亿美元的投资，造成1 000个就业岗位流失，浪费了5.35亿美元政府担保借贷。换句话说，索林德拉的投资者没有选择坚持下去，而是跳船逃生。具有讽刺意味的是，政府的支持常常使像索林德拉这样的公司对投资者更具吸引力，因为这些投资者追随国家的“耐心资本”并积极响应它释放出的信号。这是共生的生态系统吗？很难说是。加里·皮萨诺（Gary Pisano）认为“科学不是企业”，他说，风险投资模式给以科学为基础的领域带来严重问题，因为这些领域以复杂的跨学科知识库为特点。[61]

正是因为私有金融资本的短期性特点，公共金融培育创新链中需要长期引领和不确定性高的部分便显得尤为重要。在一些国家中，这种培育是通过像美国国防高级研究计划局和美国国立卫生研究院这样的公共机构来完成的（上文讨论过）；而在另一些国家，耐心资本是由公有的开发银行（又被称为国家投资银行）提供的。

国家投资银行（SIB）的历史可以追溯到布雷顿森林货币协议以及第二次世界大战之后的欧洲重建计划。当时的想法是，建立一个机构以促进金融稳定，为重建计划提供持久稳定的金融支持，并释放农业的生产潜力，避免在第二次世界大战后经济复苏过程中因私人资本投机而造成有害影响。从这一思路出发，国际复兴开发银行（IBRD）被创建，并在1947年为法国提供了第一笔贷款。[62]其他国家开发银行也在1947年前后建立起来，比如德国复兴信贷银行（1948年），旨在引导国际国内资金推动经济长期增长、基础设施建设以及现代工业发展。[63]工业化国家的这类机构专注于细分领域（如扶持特定领域），发展中国家的国家投资银行——比如巴西的巴西国家开发银行（BNDES），最初推动的是赶超计划，所以其重点投资基础设施建设。[64]

在接下来的数十年里，国家投资银行的运作方式和关注重点实现了多样化发展。20世纪50年代，德国复兴信贷银行（KfW）开始承担起责任，为环境保护以及中小企业提供金融支持，这个作用在20世纪70年代得到加强，当时它开始关注能源效率以及创新。[65]其他开发银行纷纷效仿——例如，巴西国家开发银行在20世纪80年代为中小型企业推出新的信贷产品，随后的十年里，尝试针对高科技公司和创新发展计划的融资方案。[66]到21世纪前10年，中国国家开发银行（CDB）成为最活跃的国家投资银行之一，它向区域经济发展以及工业追赶计划投资，支持并培育新的创业和创新发展；后几年将资金投入到旨在实现“绿色增长”的项目里。[67]2007年全球金融危机爆发之后，世界各国的国家投资银行推出了反周期的信贷产品，2007至2009年，它们的贷款组合平均增长了36%，甚至有的国家投资银行放贷额增长率超过100%。[68]

国家投资银行的传统职能是基础设施投资，以及在经济衰退、私有银行惜贷时提供反周期信贷（因此扮演典型的凯恩斯主义角色），经过一段时期之后，国家投资银行在创新系统中发挥了更大作用。它们为创新公司提供了耐心资本，同时致力于通过科技“创新项目”解决当代社会问题。例如，从金融危机爆发以后，国家投资银行显著填补了私营商业银行留下的空缺，2007至2012年，对清洁能源项目的投资增加了两倍多，如图6–1所示。[69]

《彭博新能源财经》最新的一份报告说，2013年，在可再生能源的应用和推广阶段，国家投资银行的投资额最高，超过了私营部门。[70]四个最活跃的银行（依次）包括中国国家开发银行、德国复兴信贷银行、欧洲投资银行（EIB）和巴西国家开发银行。“任务导向”型投资的范例有：EIB承诺向欧洲可持续城市项目投资147亿欧元；[71]德国复兴信贷银行资助德国工业和基础设施的绿色改造与现代化升级，支持德国能源转型政策；[72]中国国家开发银行投资可再生能源；[73]巴西国家开发银行设立技术基金，为选定的技术领域提供资源（FUNTEC）。[74]例如，图6–2展示了德国复兴信贷银行不仅扮演经典的凯恩斯主义反周期角色，而且还将资金导向“气候融资”。

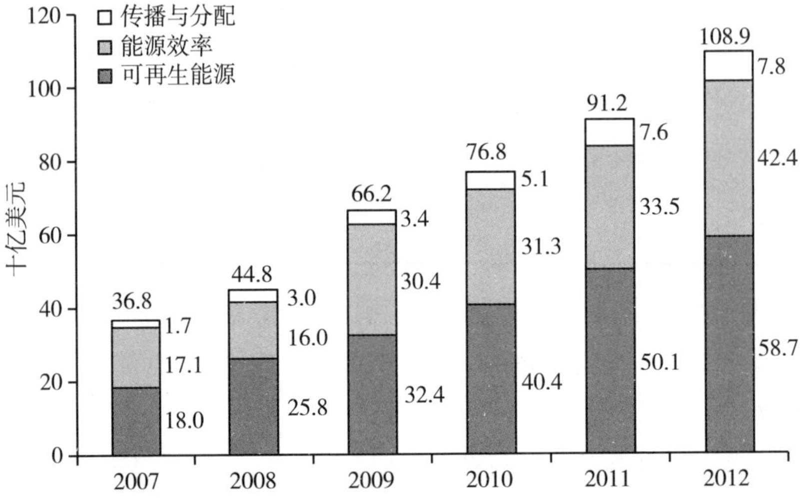

图6–1 按领域，由国家投资银行资助的可再生能源投资项目

资料来源：Mazzucato and Penna（2014），‘Beyond market failures: The market creating and shaping roles of state investment banks’，SPRU Working Paper Series，2014–21，2014，http://www.sussex.ac.uk/spru/documents/2014–21–swps–mazzucato–and–penna.pdf（2016年4月22日查获）；FS–UNEP/BNEF，Global Trends in Renewable Energy Investment 2013，BNEF，2013。

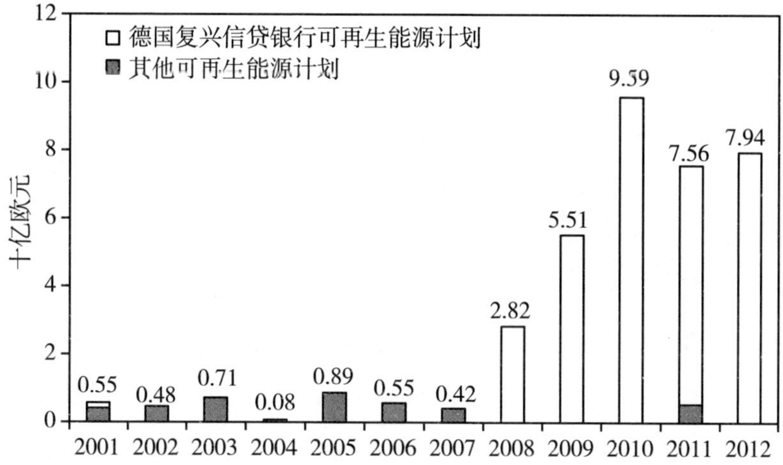

图6-2 德国复兴信贷银行对“绿色”项目的资金支持

资料来源：Mazzucato and Penna (2014), based on data from KfW's annual reports。

但是，当国家投资银行积极资助创新推动转型目标的时候，它们只是在纠正市场失灵吗？来自国有投资银行最近的“任务导向”计划的启示是，事实上它们在积极创造和塑造市场，而不仅仅是弥补市场缺陷。[75]如果成功了，它们便能够让原本不会发生的事情发生，凯恩斯便呼吁国家这样做。[76]但更重要的是，它们为波兰尼所谓的“大转型”铺平道路。波兰尼在论述基于市场的机制无法为社会和环境问题提供解决方案时，提到了这个“大转型”。[77]

在这个时代，国家不仅需要推动经济增长，还要应对增长带来的重大挑战，国家投资银行似乎恰好能够有效推动经济发展急需的资本，朝着智慧、包容和可持续的方向发展。然而，这需要对公共投资推动市场前沿的力度和方向进行监控和评估。对正在做的事情进行分析、形成理论、有建设性地批评，将塑造市场的政策框架与修正市场的政策框架相结合，为经济学领域的公共政策提出一个新议程。

结 论

长期增长曾严重依赖对于创新的公共和私人投资。像硅谷这样的现代创新中心区，不仅需要公共机构去修补市场失灵，还要去积极寻求创造和塑造市场。它们需要的是一种“创业型国家”组织，愿意在整个创新链上承担风险并且由任务推动，从人类登月［美国国家航空航天局（NASA）的投资产生溢出效应，其中许多技术都被应用到智能手机中］到今天发展绿色经济的使命。它们也需要引入私营部门积极参与，这些私营部门愿意将利润再投入到生产中促进下游创新。然而，由于私营部门的短期主义抬头，公共部门的日趋紧缩，今天西方资本主义经济体正在经历长期投资的危机。各个经济体没有获得创新繁荣所需的长期耐心资本的资助。

因为私营金融系统已经变得更加关注自身，而不注重促进生产性经济的增长，我们已经见证了“任务导向”型国家投资银行的崛起，这些银行积极参与战略投资。其中有些银行在德国和中国这样的国家实现“绿色转型”中发挥了关键作用，尽管这些国家在发展中面临一些完全不同的挑战。

但仅仅有这样的公共机构积极推动还远远不够，还需要有一个正确的政策框架来指导它们的投资并进行评估。与其将这种评估限定在一个静态框架里并产生这种论调——任何不仅仅只是弥补市场失灵的公共机构都是在“排挤”私人投资，为政策分析建立新框架至关重要。

一个塑造市场／创造市场的框架的起点，可以是认识到市场是公共机构和私营机构选择的结果。这种观点并不新奇——公共政策一直提供方向引导。美国信息技术革命取得成功是被国家“钦定”的，就像当今一些国家选择促进绿色革命一样。实现这些转型，需要耐心融资。耐心融资如何组织、如何与广义的任务互动以确定方向，这些都是重大挑战。卡洛塔·佩雷斯在本书第十一章讨论道，“绿色”的方向并不仅仅是可再生能源，它还包含了所有领域里的新的生产、分配和消费体系。[78]这并不是要推荐一些特定的技术，而是为变革指引方向，这样自下而上的解决方案就可以得到试验。正如安迪·斯特林最近写道：“贫困、疾病与环境破坏这类问题对创新带来的挑战越大，有效的政策就越重要。这并不是“选定赢家”的问题，而是对许多不同领域进行投资（投资组合的方式）并以完成社会使命为目标的问题，更是构建最富有成果的条件，甚至决定“获胜”意味着什么。”[79]

这种议程需要强调多样性，正如演化经济学框架强调的那样，还需要对公共部门发挥的积极作用充满信心。这样，当新技术机会出现时，公共机构内部对其理解和互动的能力也会得到加强。总的来说，本章论述了为了迎接未来的创新挑战，我们必须开启讨论，摒弃对挑选赢家和排挤私人资本的担忧，并且提出以下四大问题。[80]

1. 方向。公共政策如何设定方向和变革路径？从过去设定方向的经验中我们可以学到什么，以及怎样才能促进围绕方向进行的民主辩论？

2. 评估。公共部门在经济中的角色的概念化构想（提出一个与市场失灵理论不同的理论）如何才能转化为新的指标和评估工具，突破静态的成本 / 收益分析方法，去评估公共政策？

3. 组织转变。如何构建公共组织，才能增强它们承担风险和探究的能力，提升预见和应对当代挑战所需的能力？

4. 风险与回报。我们如何才能以这样的方式构建投资工具——不仅将风险社会化，而且回报也实现社会化，使经济增长的包容性更大？

注　释

1. 参见：Innovation Union Flagship Initiative in the Europe 2020 strategy，http://ec.europa.eu/research/innovationunion/index_en.cfm（2015年9月

7日查获）。

2. R. J. Gordon，‘Is US economic growth over? Faltering innovation confronts the six headwinds’，Centre for Economic Policy Research，Policy Insight No 63，September 2012. 可在此查获：http://www.cepr.org/sites/default/files/policy_insights/PolicyInsight63.pdf（2015年6月13日查获）。
3. 举例说明，参见：C. Teulings and R. Baldwin，eds，*Secular Stagnation: Facts，Causes and Cures*，London，CEPR Press，2014. Available at http://www.voxeu.org/content/secular-stagnation-facts-causes-and-cures（2015年5月20日查获）。
4. 公共产品是非排他性且非竞争性的产品，因此，一个个体使用它不会排除它被其他个体使用。这就意味着很难从公共产品上获取私利，因此，它基本不能吸引太多私人投资。公共产品可以包括清洁空气、国防与基础研究。这些都为广阔的社会而非只是投资其中的部门创造福利和正外部效应。
5. R. Nelson and S. Winter，‘An Evolutionary Theory of Economic Change’，1984，Cambridge，MA，Harvard University Press; P. M. Romer，‘The Origins of Endogenous Growth’，*The Journal of Economic Perspectives*，vol. 8，no. 1，1994，pp. 3–22.
6. C. Freeman，*Technology Policy and Economic Performance: Lessons from Japan*，London，Pinter，1987.
7. B.-A. Lundvall，‘Introduction’，in B.-A. Lundvall，ed. *National Systems of Innovation: Towards a Theory of Innovation and Interactive Learning*，London，Pinter，1992，pp. 1–20.
8. SSTI，‘The Changing Nature of U.S. Basic Research: Trends in Funding Sources’ http://ssti.org/blog/changingnature-us-basic-research-trends-funding-sources（2015年8月8日查获）。

9. Eurostat，‘Science，Technology and Innovation Database’，R&D Expenditure at National and Regional Level，Key Indicators—GERD by Source of Funds（%）[rd_e_fundgerd]（2015年12月23日查获）。

10. A. Arora，S. Belenzon and A. Patacconi，‘Killing the Golden Goose? The Decline of Science in Corporate R&D’，*NBER*，January 2015.

11. SSTI，‘The Changing Nature of U.S. Basic Research’.

12. 参见：M. Muro and S. Andes，‘U.S. R&D: A Troubled Enterprise’，Metropolitan Policy Program，Brookings Institute，May 2015。

13. Arora et al.，‘Killing the Golden Goose?’.

14. W. Lazonick and M. O’Sullivan，‘Maximizing Shareholder Value: A New Ideology for Corporate Governance’，*Economy and Society*，vol. 29，no. 10，2000，pp. 13–35.

15. Ibid.

16. W. Lazonick，‘Profits without Prosperity’，*Harvard Business Review*，vol. 92，no. 9，2014，pp. 46–55.

17. M. Mazzucato，‘Financing innovation: creative destruction vs. destructive creation’，in special issue of *Industrial and Corporate Change*，M. Mazzucato，ed.，vol. 22，no. 4，851–67，参见：repurchases / R&D in Figure 1，p. 857。

18. J. Kay，‘The Kay review of UK Equity Markets and Long-term Decision Making’，Final Report（July 2012）.

19. P. A. Hall and D. Soskice，*Varieties of Capitalism and Institutional Complementarities*（pp. 43–76），New York，Springer US，2001.

20. Lazonick and O’Sullivan，‘Maximizing Shareholder Value’.

21. 基础研究中私营经济资助的部分下降，导致公共经济越来越注重基础研究，而同时减少应用研究的预算（Arora et al.，‘Killing the Golden Goose?’）。

22. 弗兰克·奈特（以及后来的约翰·梅纳德·凯恩斯）强调了风险和不确定性之间的区别。参见：F. H. Knight，*Risk*，*Uncertainty and Profit* New York，Hart，Schaffner and Marx，1921。
23. Nelson and Winter *An Evolutionary Theory of Economic Change* .
24. 这就是为什么演化经济学理论运用了复杂科学的一些进展，例如，基于主体建模，以及统计学中的能够探索长尾分布的非参数技术。
25. 一条经典的参考文献是：K. Arrow，'An Extension of the Basic Theorems of Classical Welfare Economics'。论文发表于第二次伯克利数学统计学和概率论座谈会，伯克利，1951年。
26. C. Wolf，*Markets or Governments: Choosing between Imperfect Alternatives*，Cambridge，MA，MIT Press，1988.
27. G. Tullock，A. Seldon and G. L. Brady，*Government Failure: A Primer in Public Choice*，Washington，DC，Cato Institute，2002.
28. A. Krueger，'The Political Economy of the Rent-seeking Society'，*The American Economic Review*，vol. 64，no. 3，1974，pp. 291–303.
29. O. Falck，C. Gollier and L. Woessmann，'Arguments for and against Policies to Promote National Champions'，in O. Falck，C. Gollier and L. Woessmann，eds，*Industrial Policy for National Champions*，Cambridge，MA，MIT Press，2001，pp. 3–9.
30. M. Friedman，'Crowding Out or Crowding In? The Economic Consequences of Financing Government Deficits'，*Brookings Papers on Economic Activity*，no. 3，1979，pp. 593–654.
31. J. Stiglitz and A. Weiss，'Credit Rationing in Markets with Imperfect Information'，*American Economic Review*，vol. 3，no. 71，1981，pp. 393–410.
32. 举例说明，参见：J. M. Buchanan，'Public Choice: The Origins and Development of a Research Program'，*Champions of Freedom*，vol.

31，2003，pp. 13–32。

33. 参见：EuroWeek，‘KfW Domination of ECP Ends Fears of SSA Crowding-out’，*EuroWeek*，March 2011。

34. 参见：Friedman，‘Crowding Out or Crowding In?’。

35. 2016年，作为BBC重定宪章的辩论的一部分，马祖卡托在博客中有所阐述：http://blog.britac.ac.uk/the-future-of-the-bbc-the-bbc-as-market-shaper-and-creator/（2016年5月9日查获）。

36. J. A. Hanson，‘Public Sector Banks and Their Transformation’，in *6th Annual Financial Markets and Development Conference: The Role of State-Owned Financial Institutions — Policy and Practice* Washington，DC，Brookings Institute Press，2004.

37. M. Mazzucato，‘From market-fixing to market-creating: a new framework for economic policy’，forthcoming in a special issue of Industry and Innovation: ‘Innovation policy – can it make a difference?’ DOI 10.1080/13662716.1146124.

38. F. L. Block and R. M. Keller，*State of Innovation: The U.S. Government 's Role in Technology Development Boulder*，CO，Paradigm Publishers，2011.

39. Mazzucato，‘Financing innovation’.

40. M. Mazzucato，*The Entrepreneurial State*，London，Anthem Press，2013.

41. M. R. Keller and F. Block，‘Explaining the transformation in the US innovation system: the impact of a small government program’，*Socio-Economic Review*，mws021，2012.

42. M. Angell，*The Truth about the Drug Companies* New York，Random House，2004.

43. A. Trembath，T. Nordhaus，M. Shellenberger and J. Jenkins，‘US

government role in shale gas fracking history: an overview’. Breakthrough Institute Report，http://thebreakthrough.org/archive/shale_gas_fracking_history_and（2016年4月13日查获）。

44. M. Mazzucato and G. Dosi，eds，*Knowledge Accumulation and Industry Evolution: The Case of Pharma-biotech* Cambridge，UK，Cambridge University Press，2006; S. P. Vallas，D. L. Kleinman and D. Biscotti，‘Political Structures and the Making of US Biotechnology’，in Block and Keller，State of Innovation: pp. 57–76.

45. M. Mazzucato and G. Semieniuk，‘Financing renewable energy: who is financing what and why it matters’，paper presented at Bloomberg New Energy Finance conference，11 February 2016. http://missionorientedfinance.com/wp-content/uploads/2016/02/SemMaz_ESRC-SPRU_feb11.pdf（2016年5月9日查获）。

46. 确实，像美国、芬兰和以色列这样“直接”（相对于间接）公共投资占商业研发比例很高的国家，倾向于完成更多商业研发投资（BERD）。这暗示公共直接投资挤进了私人投资领域。参见：OECD figures，http://www.oecd.org/site/innovationstrategy/ 45188105.pdf（2015年12月12日查获）。

47. D. Foray，D. Mowery and R. R. Nelson，‘Public R&D and social challenges: What lessons from mission R&D programs?’ *Research Policy*，vol. 41，no. 10，2012，pp. 1697–902.

48. Block and Keller，State of Innovation.

49. J. Abbate，*Inventing the Internet* Cambridge，MA，MIT Press，1999.

50. A. O. Hirschman，*Development Projects Observed* Washington，DC，Brookings Institute Press，1967; D. Rodrik，‘From Welfare State to Innovation State’，2014，https://www.project-syndicate.org/commentary/labor-savingtechnology- by-dani-rodrik-2015-

01?barrier=true（2015年10月11日查获）。

51. K. Polanyi，*The Great Transformation: The Political and Economic Origins of Our Time*（2nd ed.），Boston，MA，Beacon Press，2001 [1944]，p. 144.

52. J. M. Keynes，*The End of Laissez–faire* London，England，Prometheus Books，1926，p. 46.

53. 举例说明，参见：D. C. Johnston，'How Google and Apple make their taxes disappear'，*Newsweek*，14 December 2014，http://www. newsweek. com/2014/12/26/how–google–and–apple–make–their–taxes–disappear–291571.html（2016年4月22日查获）。

54. 对公共投资组合方式如何解决风险和收益问题的观点，参见：Mazzucato 'The Innovative State'，*Foreign Affairs*，January/February 2015，pp. 61–8 and Rodrik，'From Welfare State to Innovation State'。

55. J. M. Keynes，*The Collected Writings of John Maynard Keynes*，vol. 7，Cambridge，UK，Cambridge University Press，1973，pp. 164，378.

56. J. A. Schumpeter，*The Theory of Economic Development: An Inquiry into Pro fi ts，Capital，Credit，Interest，and the Business Cycle*，Cambridge，MA，Harvard University Press，1934 [1912]，p. 74.

57. H. P. Minsky，'The Capitalist Development of the Economy and the Structure of Financial Institutions'，*The Jerome Levy Economics Institute Working Paper*，no. 72，1992，p. 2.

58. A. Turner，*Between Debt and the Devil: Money，Credit，and Fixing Global Finance*，Princeton，NJ，Princeton University Press，2015.

59. Mazzucato，'Financing innovation'.

60. W. Lazonick and Ö. Tulum，'US biopharmaceutical finance and the sustainability of the biotech business model'，*Research Policy*，vol. 40，2011，pp. 1170–87.

61. G. P. Pisano，'Can Science Be a Business? Lessons from Biotech'，*Harvard Business Review*，October 2006，pp. 114–25.

62. 世界银行历史。相关网页链接：http://go.worldbank.org/65Y36GNQB0（2015年12月15日查获）。

63. M. Schröder，P. Ekins，A. Power，M. Zulauf and R. Lowe，'The Kfw experience in the reduction of energy use in Co2 emissions from buildings: Operation，impacts and lessons for the UK'，London，UCL Energy Institute，University College London and LSE Housing and Communities，London School of Economics，2011.

64. E. T. Torres Filho and F. N. D. Costa，'BNDES E O Financiamento Do Desenvolvimento'，*Economia e Sociedade*，vol. 21，2012，pp. 975–1009.

65. KfW，*Annual Report 2008*，Frankfurt am Main，KfW Group，2009.

66. C. E. Branco，'Apoio às Pequenas e Médias Empresas de Base Tecnológica: A Experiência do Contec'，*Revista do BNDES*，vol. 1，1994，pp. 129–142; F. L. D. Sousa，ed.，'Bndes 60 Anos: Perspectivas Setoriais'，Rio de Janeiro，BNDES，2012.

67. H. Sanderson and M. Forsythe，'China' s superbank: Debt，oil and influence – how China Development Bank is rewriting the rules of finance'，Singapore，John Wiley & Sons，2013.

68. D. Luna–Martinez and L. Vicente，'Global Survey of Development Banks'，World Bank Policy Research Working Paper，2012.

69. L. S. Fried，S. Shukla and S. Sawyer，eds，*Global Wind Report: Annual Market Update 2011*，Brussels，Global Wind Energy Council，March 2012.

70. A. Louw，'Development banks: less for green in 2013?' Renewables Research note，Bloomberg New Energy Finance，2012.

71. S. Griffith–Jones and J. Tyson，'The European Investment Bank and Its Role in Regional Development and Integration'，in M. A. Cintra and K. D. R. Gomes，eds，*The Transformations of the International Financial System*，Brasília，IPEA，2012.

72. T. Duve，'Financing Environmental Protection & Energy Efficiency'，KfW Institutional Presentation，2007; Schröer et al.，'The Kfw Experience in the Reduction of Energy Use'.

73. Sanderson and Forsythe，'China's Superbank'.

74. BNDES 2012. *Apoio À Inova ã*，Rio de Janeiro，BNDES，2012.

75. M. Mazzucato and C. Penna，'State investment banks and mission–oriented finance for innovation'，in L. Burlamaqui，R. Sobreira and M. Vianna，eds，*The Present and the Future of Development Financial Institutions: Theory and History*，Minds，Rio de Janeiro，2015.

76. Keynes，*The End of Laissez–faire* .

77. Polanyi，*The Great Transformation* .

78. M. Mazzucato and C. Perez，'Innovation as Growth Policy'，in J. Fagerberg，S. Laestadius and B. Martin，eds，*The Triple Challenge: Europe in a New Age*，Oxford，Oxford University Press，2015.

79. A. Stirling，'Making Choices in the Face of Uncertainty'，Themed Annual Report of the Government Chief Scientific Adviser，Chapter 2，June 2014，draft mimeo.

80. 参见：M. Mazzucato，'Innovation Systems: From Fixing Market Failures to Creating Markets'，*Intereconomics*，vol. 50，no. 3，2015，pp. 120–25。

第七章
投资导向性增长：欧洲危机的解决方案

史蒂芬妮·格里菲斯－琼斯
乔瓦尼·科齐

导　语

欧洲正在遭受极低经济增长和极高失业率的双重煎熬。这种现象遍布欧洲，尤其在南欧国家为甚。尽管欧盟机构，尤其是欧洲央行在2015年年末好不容易将金融风暴驯服（希腊的状况很可能再次成为不确定的源头），但它们在解决经济停滞问题上却乏善可陈。没有任何迹象表明，欧洲在未来10年能够恢复经济有活力的增长以及实现充分就业。

在本章，我们认为低投资乃是欧洲经济停滞的根源，维持（可持续的）经济恢复只能通过投资驱动来实现。投资不仅可以在短期内治愈需求不足和失业问题，而且能够带来中长期的技术创新以及提高潜在产出。更重要的是，只有保持较高的投资，才能扭转整个欧洲所面

Published by John Wiley & Sons Ltd，9600 Garsington Road，Qxford OX4 2DQ，UK and 350 Main Street，Malden，MA 02148，USA

临的令人不安的去工业化趋势。

而然，迄今为止，欧盟机构为了激活投资所采取的实际行动，包括法国总统奥朗德提出的“增长契约”，以及欧盟主席容克提出的“欧洲投资计划”，都被证明是杯水车薪，力度远远不够。本章认为，要实现投资显著增长的目的，欧盟国家必须采取双管齐下的措施。一方面，要通过EIB和各国的开发银行撬动民间投资；另一方面，要放缓财政整顿的步伐，确保政府投资不再滑坡。正如我们将通过模拟实战所演示的，只有把公私两方面的投资整合起来，形成合力，欧洲才能实现充裕的投资。如果没有政府投资和强力需求的推动，私人投资是不可能被拉动的，尤其是在经济低迷的时候更是如此。有足够的证据表明，在这种大背景下，政府投资把私人投资的空间挤占了。

在本章中，我们特别对欧洲投资银行这个欧洲最重要的区域性发展银行提出建议，即如何扩大贷款以推动增长、投资和创新，尤其是针对那些正在饱受主权债务危机折磨的国家。这将有助于解决自金融危机以来就出现的、使企业受到严苛信用评级的金融和银行市场的碎片化问题，这在欧洲大陆的边缘地带尤为突出。

欧洲投资银行和各国的投资银行对我们提出的这个建议方案来说具有特别重要的意义，具体原因已由马祖卡托在她所承担的篇章中详细阐述了。[1]首先，国家投资银行能够运用公共资金作为杠杆，在公共资源相对匮乏的领域动员大量的私人投资。其次，它们能够发挥稳定器的作用，因为私人投资者往往选择在经济繁荣的时候扩大投资，在经济低迷的时候收缩资本，这就会加剧经济的周期性波动，而国家投资银行可以通过“逆风而行”来扮演逆周期调节的角色。这在当前经济发展停滞和宏观经济普遍具有不确定性的大背景下愈发重要。再次，也是最重要的，运行良好的、有着明晰指令的国家投资银行能够为那些急需资金的基础设施建设和新技术产业提供稳定的、长期的、任务导向的资金。大量长周期的、资本密集型的、有风险的项目由于要应对包括气候变化、能源安全等在内的各种巨大挑战，很难获得那些冲着短期回报而来的私人资本的投资。[2]

本章从勾画欧洲，尤其是欧元区的疲弱宏观经济形势展开，随后，对这些年来欧洲用于应对生产性固定资产投资下降的主要政策举措进行了探讨。在指出它们的局限性之后，我们提出了欧洲投资新方案，包括扩大EIB贷款，放慢财政整顿步伐。我们运用剑桥阿尔法度量模型（CAM）对欧洲经济投资计划的影响进行了评估，并且将之与可替代的“一切如常”的情景进行对比，从而展现出更强劲投资对刺激经济复苏和减少失业的潜力所在。

投资不足与欧洲经济停滞

谁也不能否认，欧洲，尤其是欧元区正在遭受极低经济增长和极高失业的双重煎熬。这种现象在南欧地区极为显见，也尤为急迫。例如，在意大利和西班牙，2008—2014年，其GDP都下滑了超过5个百分点；同期，葡萄牙下滑了6个百分点；希腊下滑了超过25个百分点。这样的下滑是在自20世纪30年代大萧条以来的和平时期所仅见的。即便是德国，其同期的产出增长平均下来每年也仅仅增长了1个百分点。正如图7–1所示，欧洲国家从全球和欧洲危机中的复苏是短暂的，并且没有任何迹象显示在接下来的10年会恢复有活力的增长。

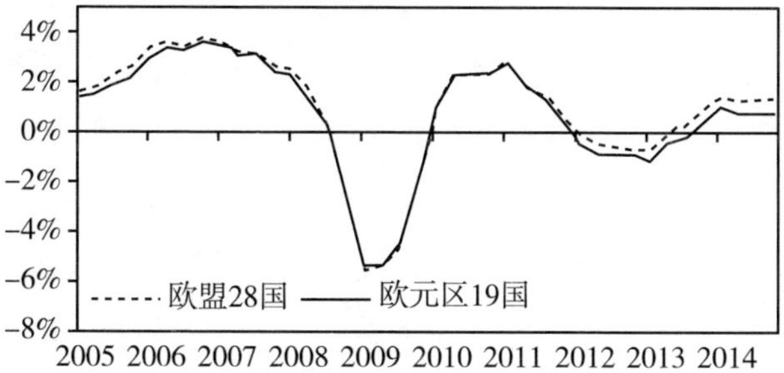

图7–1 GDP增速（百分比，与上年同期相比）

资料来源：欧盟统计机构。

另一个显著而又令人不安的趋势是去工业化，自从危机发生以来已经日益加速。仅2013年，欧洲工业占GDP的份额就下滑了整整1个百分点，从15%下降到14%。德国，这个欧洲主要工业的冠军，其2014年的工业占比是25.1%，如果加上基建，则是30.7%；而根据1991年（即两德统一后的第一年）的普查结果，这两个数据分别是30.2%和36.8%，平均下来每年下降0.2个百分点。按照目前这个趋势持续下去，到2020年，欧洲的工业占比将是12%，这对于一个经济发达地区来说显然太少了。这是一幅十分令人不安的图景：生产率增长已经极低，从2011年到2014年，欧洲平均每年只有0.8个百分点，如图7–2所示。

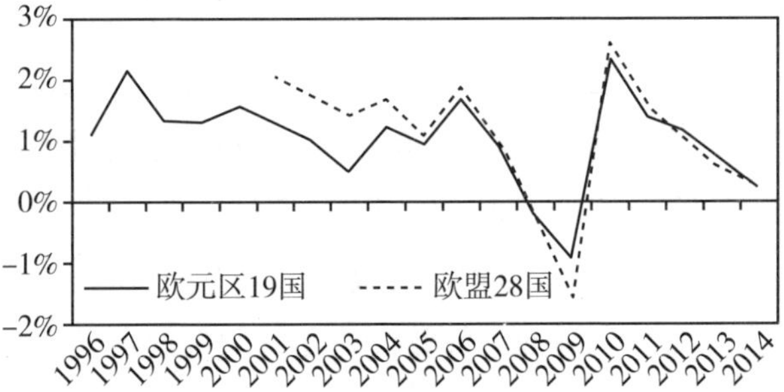

图7–2 每小时劳动产出（百分比，变化）

资料来源：经济合作与发展组织（OECD）。

要想扭转颓势，必须实施强力行动。欧洲要实现经济恢复和积极的结构转型，关键在于投资能否显著增长，特别是跟创新相关的投资。高投资能够通过扩大总需求来加速短期经济恢复，更重要的是，它能够增加未来产出，促进结构转型。持续性的投资对于创新技术的整合和再次激发生产率增长都是不可或缺的。总之，随着全球化的成长和竞争的加剧，唯有靠高投入才能扭转去工业化。[3]

的确，欧洲，特别是欧元区原本就相对较低的私人投资，在金融危机之后跌得更低了，如图7–3所示。在南欧地区，投资占GDP的比重已经从2007年的21.7%大幅度跌到2014年的14%。英国的跌幅同样惊人，从2007年的15.9%跌到2012年的11%，尽管后来这个数字在2014年上升到13%。一般来说，对于一个拥有一定工业实力的成熟国家，投资占GDP的比重达到19% ~21%是正常的。[4]即便是做得不错的欧洲国家，同这个标准相比，其投资比例也还是太低了。例如，德国2014年的投资占比也才刚过17.5%。

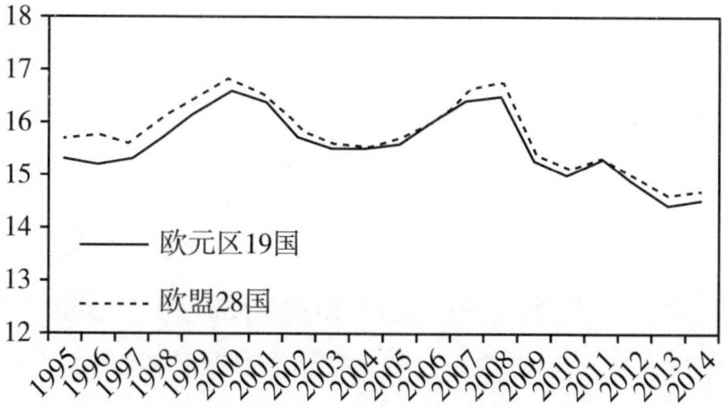

图7–3　非居住性总固定资产投资占GDP比重

资料来源：欧盟统计机构。

金融危机之后，各国都努力想维持经济增长的态势，那些人均GDP低于欧盟平均水平75%的收缩型国家理应做出更高的投资，否则它们就将无法赶上。事实上，在危机之前，诸如西班牙、希腊、爱尔兰和葡萄牙，这些国家的投资占比是超过20%的。很显然，在经济繁荣时期（也是制造资产泡沫的时期），投资结构的错配和某些领域的过度投资都是存在的，但这一量级的投资是正确的。在危机之后，这几个国家的投资占GDP的比重到2014年已经跌至不到15%。[5]一旦低于15%这个临界点，去工业化就会急剧加快，这时股价会下跌，并且不会再有替代资本或者新资本产生。

低投资已经拖累了欧洲的经济增长和工业发展，增加投资成为实实在在可持续经济恢复不可或缺的前提条件。从观察英国的情形来看，无论是试图绕过这个核心问题而采取增加消费债务来扩大需求的策略，还是通过“一刀切”来压减劳动报酬，显然都是难以奏效、难以为继的。

大力促进投资，关键是要牢牢抓住规模和时机这两大核心要素。尽管希腊的状况还很危险，不确定性很大，危机甚至有可能“死灰复燃”，但欧元区的由主权债务危机造成的金融板块的急性期已经有望很快结束。当此之际，迫切需要实施相对宽松的、更具扩张性的财政政策，尤其是要提升政府投资水平，并且为私人投资提供便利条件。

那种正统的紧缩财政政策的一个重要理论支撑就是认为，政府投资从根本上来说不可能拉动需求，它只会“挤占”私人投资空间，因为政府债务会导致更高的利率和税收。正如罗伯特·巴罗在他的著作中所揭示的，[6]这一主题似乎已经在20世纪80年代后期的爱尔兰和丹麦得到了实践证明。吉瓦茨和帕加诺的国家财政整顿政策认为，减少政府支出可以对投资者信心起到正面、积极的影响，而且削减政府投资能够扩大私人投资。[7]阿尔塞纳和阿德加则走得更远，他们争辩说，削减开支以及相应的适度减税是扩张性的政策，因而是金融危机期间应采取的恰当政策。[8]

但是，20世纪80年代的经济环境与今天不可同日而语，当时正是经济扩张的极其重要的时期。正如接下来所分析的，丹麦和爱尔兰是为数不多的特殊情况。当时，财政整顿发生在经济很顺利的大背景下，货币贬值发生在与欧洲汇率机制联系之前，统一的欧洲市场和新欧洲财政收入（具体到爱尔兰的案例）正在形成发展。[9]实际上，这些案例并不能用来支持“扩张性紧缩”。

现在，即便是在低利率情况下，私人投资依然毫无起色，那种所谓政府投资“挤占”私人投资的论调显然更没有说服力了。由于欧洲经济中有大量资源未被充分利用，根本谈不上对有可能挤压私人投资的物质资本或者人力资本的可用性进行限制，而且利率仍将继续保持在历史低位水平。相反，正如斯蒂格利茨分析指出，政府投资，特别是在基础设施领域的投资，是很容易"挤占"私人投资的。[10]大量的基础设施，比如能源、交通和电子信息等，从短期来看可以创造包括建筑安装整条供应链的大量商品和服务需求，从中期看可以通过扩张物质资本储备和提高效率来刺激增长。通过公私联合投资项目，政府部门能够承担风险，从而为私人投资提高风险回报率。通过公私合作，政府投资可以刺激和补足私人投资，而不是与私人资本竞争。

的确，当利率很低的时候，通过投资来提升GDP增长就能抵销政府债务的增加，从而降低债务占GDP的比重。反过来，低债务率的高增长会形成低利率、低税收的良好预期，并且，高消费可以促使更多的私人投资。在目前的经济形势下，采取这样的政府投资可以放大财政杠杆的效率。[11]

国际货币基金组织最近的一份报告为我们的主张提供了经验性证据。[12]通过梳理经合组织的17个国家自1985年以来的政府投资成效，不论是从短期看，还是从长期看，扩大政府投资都有力地促进了产出，撬动了私人投资，降低了失业率。以下几个要素共同形塑了政府投资的宏观经济成效：当经济宽松和货币政策适度的时候，有效需求就会很强，政府债务占GDP的比重就会随之下降。

因而，一个设计精良的泛欧政府投资战略能够促进私人投资并且扩大总需求，从而对增长和就业产生长期的积极影响。在以更为绿色化经济为追求的创新和结构转型的视角下，这一战略的指向应该是通过有效地投资那些可持续的项目和活动来提升生产力，促进当下和长远的可持续发展。这一战略应该同时支持现有的和新的具有竞争力的企业发展，尤其是在创新领域。为了让成功成为现实可能，这样的一种战略应该是可以迅速被执行的；其体量大到足够产生重大经济影响；它是成本效率型的，相应地尽可能少地占用有限的额外公共资源；它能够确保发挥重要杠杆作用；并且对能够帮助欧洲经济更加充满活力和公平合理的那些投资发挥驱动作用。对于能够通过欧洲央行扩大借贷能力和利用欧盟赤字更好筹集基金而产生的额外融资，不仅应该为当前能够创造更多就业的流动资本提供资源，而且首先应该为创新领域的投资和增加生产力提供资源，包括在新部门为未来实现新的增长并且产生新的就业的战略。

欧盟当前的政策框架

2012年6月，欧洲议会通过了一项所谓的“增长契约”，即一揽子旨在促进欧洲增长的政策举措。[13]从国家财政政策的角度来看，这套方案延续了紧缩性（尽管它被描述为“增长友好型财政统一”[14]）。然而，站在欧洲的维度看，这个战略的影响是双重的：首先，增长契约侧重于深化单一市场的深化改革需求；其次，它需要成员国向EIB提供额外的100亿欧元资本。根据增长契约的条款，通过杠杆这将解锁高达1 800亿欧元的额外私人投资。此外，增长契约还提出了欧盟债务的再分配方案，即将资金转移到那些旨在应对滞胀和失业的项目上。

到2015年年底，一份事后评估显然是可以拿出来了，结果显示了不充分举措的敷衍了事。主要的问题是，欧盟债务的重组没有充分转移到那些应对通货膨胀的项目上，而且欧盟债务在接下来的可执行的年份会有更为全面的限制。伴随产出而来的是，增长契约没有能够带来它所承诺的投资复苏和失业率减少。增加欧洲开发银行的资本金是个好主意，并且，随着2013年以来的扩大借贷的确产生了一些积极的成果。但是，这些积极的举措并没有能够在充足的规模上得以执行，并且，随之而来的是国家层面的更为苛刻的举措，这就大大抵消了之前那些举措对经济增长所产生的积极效应。

这份欧盟增长契约的核心要点是想通过更深层次的统一市场来释放市场潜力。经验表明，这些改革要见到成效需要时间，对合同影响的预测往往过于乐观，况且这种影响在收入分配方面并不中立。弥补收入影响的“附带损害”的附加手段将改善政策。

2014年11月，显然，“增长契约”并未为欧洲经济带来希望的增长，欧盟委员会主席容克则在接下来的3年中提出调动高达3 150亿欧元的公共和私人投资。[15]容克认为，在基础设施方面需要额外的投资，特别是在宽带、可再生能源、配电、能源效率和工业中心的运输，以及教育、研究和创新方面。容克呼吁，大量投入可以解决与青年失业问题相关的项目。[16]容克计划提出，EIB和各国的开发银行应在融资和促进这一额外投资方面发挥核心作用。

具体而言，该计划将从现有的欧盟预算和EIB资源转移到210亿欧元的新基金中，希望实现足够大的杠杆，以筹集总额为315亿欧元的总投资。即使杠杆比率达到了15（许多观察家担心不会实现，因为贡献的大部分资金不是财政资源的补充），3年期的315亿欧元的每年投资增长约为欧盟国内生产总值的0.75%——远远低于启动充足增长所需要的。相比之下，2009至2010年，美国政府的刺激计划在两年内达到了每年GDP的2.8%左右。[17]今天在欧洲需要更接近这个数量级，而容克计划的规模不足以为欧洲经济提供显著和可持续的刺激。

一个投资带动欧洲复苏的方案

我们提出三大举措推进欧洲经济投资，尤其关注这次金融危机中受创最重的国家。这些举措应被视为已提出的《欧洲投资计划》的补充建议。公共投资对引入私人投资至关重要，基于这一认识，我们提出政策建议。

第一，基于欧盟成员国投入资本的增加额，扩大EIB借贷规模。EIB能够通过调整自身融资杠杆吸引私人共同投资，利用相对有限的公共资源实现巨大的经济效益。EIB的现有运营模式可以保证方案快速、有效地实施。

自2013年以来，欧盟向EIB投入的资本额增加了一倍，进而大大增加了EIB的借贷量。如果我们假定杠杆率是8，这样评级机构就可以将银行信用评级维持在AAA级。如果增加100亿欧元，EIB可以扩大借贷，增加额高达800亿欧元。因为EIB资助的项目通常由私营部门共同出资，双方各出一半资金，有些情况下，则由各国的开发银行出一半资金。这样可以增加约1 600亿欧元的投资。即使假定杠杆率更保守，设为6，如果投入资本增加100亿欧元，则未来借贷总额将增加1 200亿欧元。

这些增加的借贷应集中在与创新和结构转型相关的投资上，尤其是基础设施方面的投资。卡洛塔·佩雷斯在本书第十一章中讲到，在可再生能源和环境技术领域有很多机遇，电子化为这些领域大力提高资源利用率提供了潜能。已有许多创新提议可以实施，例如，用电网传输线将欧洲能源市场连接起来，实现欧洲大陆南部太阳能和北部风能利用率的最大化。[18]创造就业机会，特别是为年轻人创造就业岗位，也应该是首要考虑之事。投资的直接与间接劳动强度可以成为选择项目的标准。

第二，我们提议欧洲预算资金用于降低私营部门的投资风险。目前，许多机构投资者（如养老基金和保险公司）认为大型投资项目，特别是基础设施风险太高，因此不会参与投资。金融危机前，这些风险被大型单一险种保险商吸纳（如美国国际集团），这些保险商用获得AAA评级的债券参与这些大型项目融资。金融危机发生之后，这类保险业务终止。因此，我们提议，每年向降低风险基金拨款约50亿欧元（占欧盟预算的比例很小）。这些款项可以出自欧盟现有预算，当然需要稍微调整一下诸如欧盟结构基金这类开支领域的结构。欧盟结构基金包括欧洲区域发展基金，已专注于相关领域的投资。每年50亿欧元的拨款将提升EIB的借贷能力，每年借贷额增加100亿欧元，用于为基础设施项目融资（通过项目债券）、投资创新型企业以及新技术研究与开发。这样可以实现每年约400亿欧元的项目融资，5年约2 000亿欧元的融资。虽然已经做了一些通过这种方式降低风险的尝试，但急需增加比例，扩大规模。[19]

第三，我们建议设立新的欧洲投资基金，波兰财政部部长马特乌什·施楚莱克（Mateusz Szczurek）曾经提过这个建议。[20]作为受EIB保护的特殊目的载体，欧洲投资基金专注于规模大、周期长的基础设施项目的股权投资，特别是在能源、运输、信息与通信技术领域，尤其关注泛欧区域。这类项目通常风险太大，私营部门无法单独为其融资。然而，如果私营部门和信用评级为AAA级、政府资助的基金共同投资，则可以利用大量目前正在寻求长期收益的私人投资。这些投资创造的资产最终可以私有化，为欧洲投资基金带来源源不断的收入。

欧洲投资基金的资金来自欧盟成员国的投入资本，与EIB的投入资本形成互补。这些资金将被排除在预算赤字之外，欧洲投资基金在金融市场借贷也被记为欧洲投资基金的债务，不会变相转给欧盟成员国。这种运作模式和当前《稳定与增长公约》框架下的欧洲稳定机制原理相同。欧洲投资基金的投入资本为200亿~300亿欧元，运作5年之后到2020年，该基金可利用的总投资额约为1 700亿欧元。

这三项举措将在2015至2020年为欧盟经济增加5 300亿欧元的投

资，每年投资增长值占欧盟GDP的0.75%。加上容克投资计划前三年投资额为3 150亿欧元，欧盟投资得到提振，在2015至2020年的连续5年中，平均投资增长额占当年GDP的1.2%。此外，我们提议欧洲实行扩张性财政方案，以阻止公共投资下滑。这一点我们将在下文中进行讨论。

接下来，我们将评估投资激增对欧盟增长、就业、投资、债务的GDP占比以及财政赤字的GDP占比分别产生什么影响。评估结果分别以三种方式呈现：欧盟整体，欧元区北部国家（包括德国、荷兰、芬兰、奥地利和比利时），欧元区南部国家（包括西班牙、葡萄牙、意大利和希腊）。

方案的预期影响

我们运用剑桥阿尔法度量模型检验2015至2020年欧洲出现的两种发展方案（有关剑桥阿尔法度量模型的详细信息参见本章附录）。第一种方案，“一切照旧”方案——我们试图通过建模分析容克投资计划3 150亿欧元投资给欧洲带来什么影响。我们假设容克投资计划促进欧盟私人投资，2015年私人投资占GDP的15.7%，2020年这一比例提高到17%。这种假设比较乐观，2015年之后5年，容克投资计划分配的全部资源推动所有欧盟国家投资率上升。此外，“一切照旧”方案假设欧洲国家为了将债务的GDP占比降到60%左右，持续实施财政紧缩政策。换言之，政府将继续削减支出，减少政府债务。这种做法给公共投资带来负面影响，造成公共投资持续下滑。

我们将这个方案和投资带动欧洲复苏的方案两者进行对比。在投资带动复苏的方案中，投资（政府和私人）被视为增加就业、促进经济增长的关键战略。基于上文提出的方案，较之“一切照旧”方案，我们假定到2020年，投资增加额约为5 300亿欧元。这样，欧盟的私人投资大幅增加，到2020年上升到占GDP的19%，与此同时，公共投资停止下滑。

表7-1汇总了在“一切照旧”方案和“投资带动”方案下，欧盟国家整体、欧元区北部国家、欧元区南部国家私人投资的估值。关于投资基金分配，我们假设欧元区南部国家比欧元区北部国家获得更多基金。

表7-1 私人投资GDP占比

	方案	实际		预计		
		2007年	2014年	2015年	2018年	2020年
欧盟	一切照旧	19.0	15.3	15.7	16.8	17.2
	投资带动			16.0	18.0	19.1
欧元区北部国家	一切照旧	17.5	15.9	16.2	17.0	17.3
	投资带动			16.5	18.2	19.4
欧元区南部国家	一切照旧	22.1	14.2	14.5	15.8	16.2
	投资带动			14.8	17.6	18.8

我们提出的“投资带动”方案的第二个重要方面是，在欧盟实行扩张性更强（在某些情况下紧缩性更弱）的财政政策姿态。我们假设欧盟各国政府要么保持，要么增加公共支出在GDP中的占比，从而形成一股推动力，大力促进投资、就业和经济增长。欧元区南部国家的政府支出增幅更大，2014年政府支出占GDP的22.8%，2020年上升至23.8%。相比之下，欧元区北部国家的政府支出则稍微增长了一些，2014年政府支出占GDP的23%，2020年略有增长，占GDP的23.5%。关键在于维持公共投资水平，特别是基础设施和创新方面的投资，因为这些投资既是实现经济长期增长、结构转型的重要基础，也是引入私人投资并对其形成补充的重要条件。通过剑桥阿尔法度量模型分析，政府支出增加主要源自税收收入上升，而税收收入提升得益于投资带动复苏这一战略促进产出增长。与此同时，直接征税与大力打击逃税

也增加了不少税收收入。

我们提出的“投资带动”方案对财政赤字带来的影响特别大。目前的投资政策建议的替代方案通常因为经济上的可行性问题而招致批评，批评者认为这些方案会导致政府负债更多、财政赤字更严重。然而，剑桥阿尔法度量模型模拟分析显示，如果泛欧洲投资战略更强，同时实施扩张性财政政策，不仅会对欧洲GDP及就业产生积极影响，而且会对欧洲经济体的财政赤字及债务状况产生积极作用。

表7–2汇总了在“一切照旧”方案和“投资带动”方案中，GDP预计平均增幅。假设容克投资计划中85%的资源将用于投资，如果采纳“一切照旧”方案，则预计在2015至2020年，欧盟整体GDP平均增幅仅为1.5%，远远低于2000至2008年2.3%的平均增幅。如果采纳“投资带动”方案，则预计在2015至2020年的平均增幅达3%。

表7–2 预计GDP平均增幅（%）

	方案	实际		预计
		2000—2008年	2009—2014年	2015—2020年
欧盟	一切照旧	2.3	0.1	1.5
	投资带动			3.0
欧元区北部国家	一切照旧	1.8	0.6	1.5
	投资带动			2.9
欧元区南部国家	一切照旧	2.3	–1.3	1.2
	投资带动			3.3

如果采用“投资带动”方案，则欧元区南部国家GDP平均增幅从2000至2008年的2.3%上升到2015至2020年的3.3%。相比之下，如果采用“一切照旧”方案，GDP平均增幅则从2.3%下降至1.2%。在“投资带动”方案中，欧元区北部国家2015至2020年GDP平均增幅为2.9%，而在“一切照旧”方案中，GDP平均增幅为1.5%。

我们通过模拟分析还发现，失业情况得到一些改善，不过仍存在不足，如表7–3所示。在“一切照旧”和“投资带动”这两种发展方案中，欧盟失业率均下降。在“投资带动”方案中，失业率降幅最大，2014至2020年失业人口减少520万。如果采纳“一切照旧”和“投资带动”这两种方案，则2014至2020年欧元区北部国家的失业率没有显著变化。不过，在“一切照旧”方案中，失业人口小幅上升，从340万增加到380万。“投资带动”方案则带来更积极的影响，欧元区南部国家失业人口减少了350万。

表7–3　失业（百万人）

	方案	实际			预计	
		2000年	2008年	2014年	2015年	2020年
欧盟	一切照旧	21.7	17.9	27.3	26.7	24.3
	投资带动				26.3	22.1
欧元区北部国家	一切照旧	3.9	4.0	3.4	3.5	3.8
	投资带动				3.4	3.4
欧元区南部国家	一切照旧	5.9	5.3	12.0	11.6	9.5
	投资带动				11.4	8.5

尽管失业人口显著下降，欧盟及欧元区的失业率并未降至金融危机前的水平。要想进一步降低欧洲国家的失业率，投资带动经济增长的战略必须辅以其他政策，如推出更好的教育、培训及研究方案。

与“一切照旧”方案相比，“投资带动”方案还对债务的GDP占比产生积极影响。虽然两种方案的债务水平均高于《稳定与增长公约》规定的占GDP的60%这个比例，但“投资带动”方案中GDP增幅较大降低了债务的GDP占比。表7–4呈现了欧盟整体、欧元区北部国家和欧元区南部国家的债务GDP占比。总体而言，在“投资带动”方案中，2014年债务的GDP占比为92%，2020年下降至90%。而在“一切照旧”方案中，债务的GDP占比持续上升，2020年高达103%。欧元区南部国家的债务水平最高，这两种方案均造成政府债务的GDP占比均持续上升。不过，相比于“一切照旧”方案，“投资带动”方案中的债务GDP占比增幅要小得多。

表7–4 债务GDP占比，欧元区南部国

	方案	实际			预计	
		2000年	2008年	2014年	2015年	2020年
欧盟	一切照旧	61.9	62.4	91.9	92.8	102.7
	投资带动				90.5	89.6
欧元区北部国家	一切照旧	63.3	66.8	82.6	81.5	82.3
	投资带动				79.2	71.4
欧元区南部国家	一切照旧	86.6	78.5	133.4	138.1	172.7
	投资带动				133.5	144.1

如果采用“一切照旧”方案，欧元区南部国家政府债务占GDP的比例预计会上升，2014年债务占GDP的133%，到2020年这个比例将上升到173%。如果采用“投资带动”方案，政府债务占GDP的比例增幅则小一些，预计到2020年这个比例将增至144%。如果采用“一切照旧”方案，欧元区北部国家政府债务占GDP的比例几乎没有变化。如果实施“投资带动”方案，债务的GDP占比则从2014年的83%下降到2020年的71%。

相对于“一切照旧”方案，“投资带动”方案在减少财政赤字方面取得更加积极的效果。表7–5展示了欧盟、欧元区北部国家、欧元区南部国家的政府净借贷情况。如果采用“投资带动”方案，欧盟整体财政赤字大幅下滑，2014年赤字占GDP的比例为–3.5%，到2020年则降至–2%。欧元区北部国家政府净借贷减少，到2020年下降到GDP的–1.1%。欧元区南部国家的财政赤字状况也大为改善。平均财政赤字下降，2014年占GDP的比例为–6.5%，到2020年降到GDP的–4%。如果采用“一切照旧”方案，2020年财政赤字占GDP的比例仍高于5%。

表7–5 政府净借贷的GDP占比

	方案	实际			预计	
		2000年	2008年	2014年	2015年	2020年
欧盟	一切照旧	0.4	－2.4	－3.5	－3.1	－2.6
	投资带动				－2.7	－2.0
欧元区北部国家	一切照旧	0.9	－1.6	－1.8	－1.5	－1.5
	投资带动				－1.2	－1.1
欧元区南部国家	一切照旧	－1.0	－4.0	－6.5	－5.9	－5.1
	投资带动				－4.9	－4.0

结　论

欧洲经济存在的核心问题是投资不足。按照目前的投资水平，欧洲经济体短期内无法创造足够的需求，无法为实现未来增长和结构转型奠定基础。如果没有公共投资作为补充，没有降低风险的措施，私人投资将依然不足。对于目前欧盟推出的政策措施，容克投资计划是朝正确的方向迈出了一步。但是，这个计划的规模太小，而且其积极作用被成员国持续实施紧缩政策抵消了。因此其需要一个规模更大的投资计划，这个投资计划基于扩大从EIB借贷，同时，欧盟各国需要放缓财政巩固节奏。

运用模型分析经济复苏方案，模拟分析结果得出一个重要结论。2015至2020年，这种投资带动战略不仅推动欧盟平均增长率达到3%左右，失业人口减少520万。和“一切照旧”方案相比，“投资带动”方案还降低了债务的GDP占比，减少了财政赤字。也就是说，刺激投资不仅对增长和就业有利，而且比实行持续紧缩政策更能有效地减少赤字和债务。

附录：剑桥阿尔法度量模型

世界经济剑桥阿尔法度量模型（CAM）是一个非常规的宏观经济模型，主要用于预测全球经济、国家集团以及大国的中长期历史发展趋势。这个宏观模型没有任何单一、定义明确的均衡路径，虽然经济往往会回归到这个路径上。作为一个开放的不均衡系统，它可以模拟不同增长率与结束点产生的各种结果。[21]剑桥阿尔法度量模型预测基于从1970年直到有历史数据可查的最近年份（这次分析截至2014年）。

剑桥阿尔法度量模型将世界经济视为一个完整体系。在这个体系中，不同国家和国家集团的地理特征、发展程度、财政状况等具体情况不同，因而它们的行为彼此存在差异，而且不断变化。这个宏观模型将一套共同的特征和行为方程用于所有国家集团，从而反映出它们处于同一个世界经济体中。这样便可以采用面板估计方法。

在这个模型中，总需求和技术进步是增长的主要推动力。因此，长期增长率最好被理解为反映全球总投资及政府支出增长的态势；而这些变量又反映了信心、期望和政策。[22]

致　谢

我们感谢玛丽安娜·马祖卡托和迈克尔·雅各布斯为初稿提出了许多宝贵建议，感谢欧洲进步研究基金会秘书长恩斯特·斯梯特（Ernst Stetter）的大力支持。马蒂亚斯·克拉兹（Matthias Kollatz）和西格纳·汉森（Signe Hansen）提出许多中肯的意见，我们曾经就此专题和两位通力合作，在此一并致谢。感谢爱德华·格里菲斯-琼斯（Edward Griffith-Jones）和丹尼尔·吉拉迪（Daniele Girardi）协助我们做了大量研究和编辑工作。

注　释

1. 也可以参见：S. Griffith-Jones and G. Cozzi，'The role of development banks'，in A. Noman and J. E. Stiglitz，eds.，*Efficiency*，*Finance and Varieties of Industrial Policy*，New York，Columbia University Press，forthcoming summer 2016。

2. 参见：M. Mazzucato and C. Penna，*The Rise of Mission–oriented State Investment Banks: The Cases of Germany's KfW and Brazil's BNDES*，SPRU Working Paper Series，2015，for a detailed illustration of the role of state investment banks with relevant case studies。
3. 参见：B. Eichengreen，*Lessons from the Marshall Plan*，World Development Report 2011，Background Case Note，April 2010。
4. 参见：discussion in E. Kl€ar，*Die Eurokrise im Spiegel der Potenzialsäht zungen*，Wiso Diskurs，Friedrich Ebert Stiftung，April 2014，pp. 31–3。
5. Ibid.
6. R. Barro，'Are government bonds net wealth?'，*Journal of Political Economy*，vol. 82，no. 6，1974，pp. 1095–17.
7. F. Giavazzi and M. Pagano，'Can severe fiscal contractions be expansionary? Tales of two small European economies'，*NBER Macroeconomics Annual*，vol. 5，1990，pp. 75–111，http://www.nber.org/chapters/c10973.pdf% 20（2015年11月26日查获）。
8. A. Alesina and S. Ardanga，'Tale of fiscal adjustment'，*Economic Policy*，vol. 13，no. 27，1998，pp. 489–585.
9. S. Konzelmann，'The political economics of austerity'，*Cambridge Journal of Economics*，vol. 38，no. 4，2014，pp. 701–41; S. Kinsella，'Is Ireland really the role model of austerity?'，*Cambridge Journal of Economics*，vol. 36，2012，pp. 223–35
10. J. Stiglitz，'Stimulating the economy in an era of debt and deficit'，*The Economists' Voice*，vol. 9，pp. 1–6，March 2015，http://academiccommons.columbia.edu/item/ac:157963（2015年11月26日查获）。
11. Ibid.
12. A. Abiad，D. Furceri and P. Topalova，*The Macroeconomic Effects of Public Investment: Evidence from Advanced Economies*，IMF

Discussion Paper，WP15/95，2015.

13. European Council，‘Compact for growth and jobs’，Annex to the *Conclusions of the European Council*，EUCO 76/12，28–29 June 2012，pp. 8–15，http://www.consilium.europa.eu/uedocs/cms_Data/docs/pressdata/en/ec/131388.pdf（2015年11月30日查获）。
14. Ibid.，p. 9.
15. European Commission，*An Investment Plan for Europe*，COM（2014）903，26 November 2014，https://ec.europa.eu/transparency/regdoc/rep/1/2014/EN/1–2014–903–EN–F1–1.PDF（2015年11月30日查获）。
16. 同上，其中提供了能让计划得以顺利实施的金融机制的细节。
17. IMF，‘Update on Fiscal Stimulus and Financial Sector Measures’. Note to update the information in the paper *The State of Public Finances: Outlook and Medium–term Policies After the 2008 Crisis*，http://www.imf.org/external/np/fad/2009/042609.htm（2015年11月30日查获）。
18. 参见：http://www.renewables–grid.eu/（2015年11月30日查获）。
19. 参见：M. Kollatz–Ahnen，S. Griffith–Jones and U. Bullmann，‘Industrial policy as a contribution to overcome the crisis in Europe’，in G. Cozzi，S. Newman and J. Toporowski，eds.，*Finance and Industrial Policy. Beyond Financial Regulation in Europe*，Oxford，Oxford University Press，forthcoming 2016。
20. M. Szczurek，‘Investing for Europe’s future’，speech delivered at the Bruegel Institute，September 2014，http://www.voxeu.org/article/investing–europe–s–future（2015年11月30日查获）。
21. F. Cripps，‘Macro–model scenarios and implications for European policy. Technical Appendix’，in J. Eatwell，T. McKinley and P. Petit，eds.，*Challenges for Europe in the World，2030*，2013，Farnham，Ashgate.
22. Ibid.

第八章

不平等与经济增长

约瑟夫·斯蒂格利茨

引　言

在20世纪中叶，人们总是相信“水涨船高”的道理，即经济增长可以为全社会带来财富的增加和生活水平的提升。那段时期，这一论断背后确实有证据支撑。在20世纪50年代和60年代的工业化国家中，每一个群体的境况都在改善，而低收入群体的改善最快。

在接下来的经济和政治讨论中，这个“水涨船高”的假说逐步发展成为一个更加精细的思想。根据这个倒退的经济政策——偏袒

Published by John Wiley & Sons Ltd，9600 Garsington Road，Qxford OX4 2DQ，UK and 350 Main Street，Malden，MA 02148，USA

本章译者：周建军，国务院国有资产监督管理委员会研究中心副研究员，中国人民大学经济学院－哥伦比亚大学政策对话倡议组织联合培养博士研究生。张晔，哥伦比亚大学经济系博士研究生。

译者感谢斯蒂格利茨教授和 Wiley-Blackwell 出版社授权翻译，首发于中央编译局《经济社会体制比较》2017 年第 1 期。

富人的政策最终会令每一个人受益。给予富人的资源，最终将不可避免地渗透到社会的其余群体中。有必要澄清的是，这个“向下渗透”（trickle-down）经济学的过时版本，并没有遵循第二次世界大战后“水涨船高”的发展轨迹。“水涨船高”的假说与“向上渗透”（trickle-up）学说不谋而合，即底层民众的财富增加，最终会使得人人受益；或者也同样符合“中间构建”（build-out from the middle）学说，即帮助社会中层，则上层和下层的民众也会从中受益。

如今，战后的收入日渐平等的趋势已经被逆转，不平等正在日益加剧。与“水涨船高”的假说相反，上涨的潮水仅仅使得大型游艇升高，许多较小的船只被留在岩石上任由海浪拍打。造成这种现象的部分原因在于，顶层群体收入（top incomes）的快速增长，是伴随着经济减速发生的。

这个“向下渗透”的理念与其支撑理论——边际生产率理论，亟须被人们重新审视。这个理论试图解释不平等发生的原因，并试图为不平等辩护，即为什么不平等对于全部经济而言是有益的。本文将批判性地审视这两个观点，同时支持关于不平等的另一种解释，尤其是涉及“寻租”理论及其对制度与政治因素的影响，这些因素塑造了劳动力市场和薪酬模式。如其所示，过度的不平等对经济成长是既非必要也非有益的，相反地，它易于导致更加疲软的经济表现。有鉴于此，本文主张采用一系列既能增进平等又能改善经济福利的政策。

不平等的大幅加剧

我们从收入与财富不断加剧的趋势开始讨论。在过去的30年里，尤其是在美国，最富有的群体表现极佳。1980至2014年，最富有的1%的人已经见证他们的平均实际收入增长了169%（调整了通货膨胀后，从469 403美元增长到1 260 508美元）。同时，他们在国民收入中所占的比重已经翻番，占比从10%增加到21%。最富有的0.1%的人，甚至表现得更好。同期，他们的平均实际收入增长了281%，（调整了通货膨胀后，从1 597 080美元增长到6 087 113美元），国民收入所占的比重已经翻了3倍，占比从3.4%提高到10.3%。[1]

在同期34年时间里，中位数家庭收入（median household income）仅增长了11%。而这个增长实际上也仅仅发生在这一期间的前几年：到2014年，中位数家庭收入仅仅比1989年高0.7个百分点，在1999年的峰值之后。[2]而底层群体的收入仅仅与以前的一样，因为工作时间增加了；但是即使是这样，我们还是低估了底层群体所遭受损失的程度。1973—2014年，工资中位数（去除通货膨胀影响后）仅仅增长了9%，虽然同时期的生产率增长了72.2%（见图8-1）。（理解生产率和工资存在的这种巨大的差距，需要关注1948至1973年的生产率和工资都曾以相同的速度增加，这一差距现在是1948至1973年的2倍左右。）[3]而这些统计低估了工人工资的真实恶化情况，因为美国人的受教育程度已经提高了（从1980年开始，大学毕业者占所有美国人比例已经近乎翻倍，达到了30%），[4]因此人们应该会预期到一个显著的工资水平的增加。事实上，在过去30年里，对于全部只有高中学历和本科学历的美国人来说，他们的实际平均工资已经下降了。[5，6]

在2008至2009年的所谓“大衰退”以后的复苏期的前3年里，换句话说，从美国重返经济增长时起，91%的收入所得全部进入最富有的1%的群体。截至2014年，其余人群的收入经历了一点点增长，但即便如此，总收入的58%还是被前1%的群体所占有（在那段时期，最底层99%的收入仅仅增加了4%。）[7]美国总统布什和奥巴马全都实施过“向下渗透”的战略，即将大笔的钱给予银行和银行家。通过拯救银行和银行家，所有人都将受益；而银行将重启信贷，财富将创造

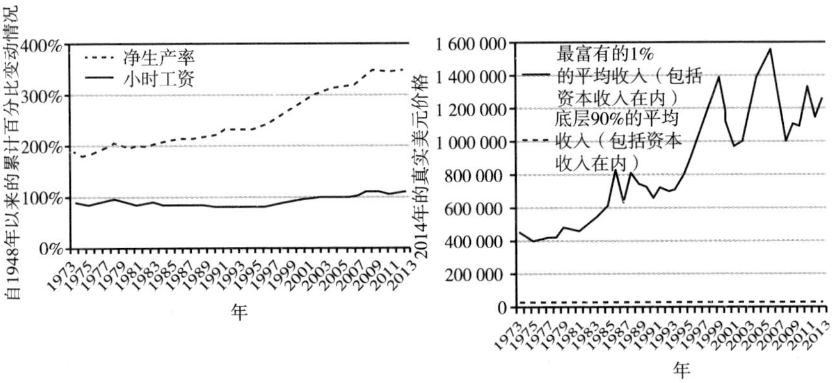

图8–1 美国的工资、生产率与平均收入（1973–2014年）

注:（左图）数据是基于私营部门、整个经济中净生产率的生产工人/非管理工人的平均小时工资。“净生产率”是指商品和服务的产出减去每小时折旧量的增长。EPI的数据分析源于BEA 和BLS（更详细的信息，见技术附件）。

资料来源: Economic Policy Institute（左图），The World Wealth and Income Database; Facundo Alvaredo, Tony Atkinson, Thomas Piketty, Emmanuel Saez 和Gabriel Zucman（右图）。

更多工作；这样的想法太幼稚了。据说，“向下渗透”的战略比直接帮助房产拥有者、企业和工人都更有效。当向发展中国家提供资金的时候，美国财政部需要强加附加条件，以确保这笔资金可以妥善利用，而且这个国家也会采用促进经济增长的政策（根据美国财政部的经济理论）。但是，美国财政部却没有任何的附加条件强加给银行。例如，美国财政部甚至没有要求银行实施更多信贷或者停止舞弊腐败的行为。这场救援行动，使顶层的群体变得更富；但是，其他群体却没有分享到“向下渗透”的好处。

美联储同样尝试过“向下渗透”经济学。量化宽松被假设为重启刺激经济增长的主要功能之一，就是以量化宽松推动股票价格上涨，为最富裕的群体产生更多的财富，从而他们花掉其中的部分财富，再使这些财富流向其他群体。

正如耶娃·纳斯岩和兰德尔·雷指出的，美联储和其他政府部门本来可以实施让其他群体更多直接受益的政策：帮助房产拥有者，借钱给中小型企业，同时修复好断裂的信用链条。这些“向下渗透”的经济政策其实并没有什么收获，而这是美国落入衰退7年之后，经济依然没有复苏的原因之一。

财富甚至比收入还要集中，估计在10倍以上。财富最多的1%的美国人，占有全国财富的41.8%；财富最多的0.1%的美国人，占有全部财富的22%。[8]仅举一个美国国内极端财富的例子是沃顿家族：沃尔玛帝国的6个继承人控制了1 450亿美元的财富，这一财富值相当于1 782 020个普通美国家庭的净资产总和。[9]

财富的不平等程度也在加剧。在大衰退之前的25年里，富人以一种比其他人更快的速度聚集着更多的财富。1978至2013年，最富有的1%群体的财富份额急剧增长，从不到25%增长到现在超过40%；最富有的10%群体的财富份额，从不到2/3增长到3/4强。[10]截至2010年，当经济危机袭来时，因为股票价格下跌的缘故，一些最富有的美国人的财富随之蒸发；但由于房产贬值，众多美国人的财富也几乎被掏空。在危机之后，最富有的1%的家庭持有的平均财富，是底层90%的美国家庭持有的平均财富的165倍，几乎是30年前的这一数字的2倍。[11]在“复苏”的几年里，由于股票市场价值的反弹（部分是因为美联储通过增加富人的资产负债表推动经济复苏的倾向），富人已经重新获得了他们失去的大部分财富；但这并没有发生在美国的其他群体身上。[12]

美国已经认为自己战胜了种族主义，然而从种族视角来看，不平等问题正在以令人不安的方式在美国呈现。2005至2009年，为数众多的美国人见证了自己财富的急剧下降。普通美国白人的财富净值显著下降，在2009年降到113 149美元；相对于2005年，他们的财富损失了16%。但是，这一状况在其他族裔中更加糟糕：普通非洲裔美国人家庭损失了53%的财富，这使得他们的资产只有美国白人资产中位数的5%；普通西班牙裔美国人家庭则损失了66%的财富。[13]

可能，美国不平等最让人不满的方面是机会的不平等：在美国，一个年轻人的生活前景很大程度上取决于父母的收入和受教育水平，这种依赖程度比其他发达国家都要高。[14]"美国梦"很大程度上是虚构的。

大量的研究已经关注到结果不平等与机会不平等之间的联系。[15]当存在收入上的严重不平等时，处于上层的群体可以为他们的后代购买其他人无法获得的特权；同时他们常常认为，这样做是他们的权利和义务。同时，可以肯定的是，在缺少机会平等的前提下，那些出生在社会分配底层的人很可能始终处于社会底层：结果的不平等会自我延续。这是极大的问题：考虑到我们机会平等程度的低水平，收入与财富不平等程度的高水平，伴随着结果不平等的持续增强和机会平等性的持续减弱，未来情况可能会进一步恶化。

普遍化的国际趋势

在美国赢得这场比赛、变成全球最不平等的国家（至少在发达经济体中）的同时，发生在美国的许多情况已在其他地方上演了。在过去的25~30年时间里，被广泛采用的、衡量收入不平等的基尼系数，在美国大约增加了29%，在德国大约增加了17%，在加拿大大约增加了9%，在英国大约增加了14%，在意大利增加了12%，在日本增加了11%（见图8–2）。[16]模仿美国经济模式的国家越多，结果越跟美国趋同。在西欧国家和北美国家中，英国现已是不平等程度第二严重的国家；相较于撒切尔时代之前，这是一个显著的变化（见图8–2和图8–3）。曾经在OECD国家中最为平等的德国，现在已经位居不平等的中游之列。

最富裕的1%群体的收入所占比例的扩大已经成为一个普遍的趋

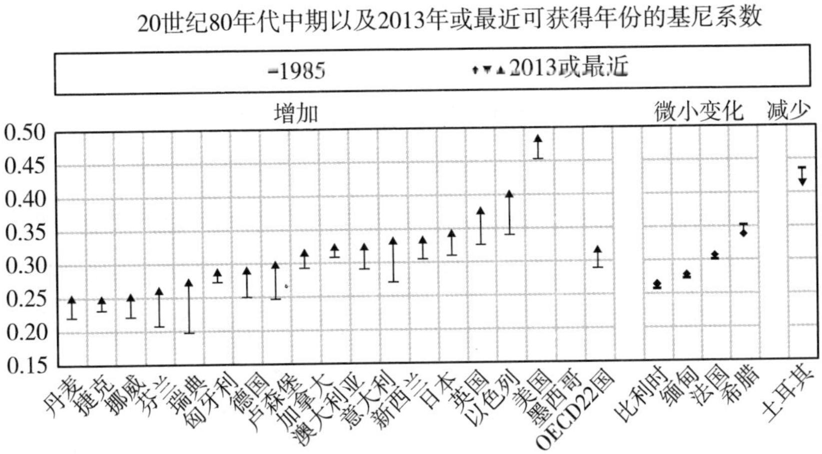

图8–2 OECD国家的衡量收入不平等的基尼系数（税后和转移支付后）

注：收入系调整后的以家庭为单位的可支配收入。

资料来源：OECD，以及Why Less Inequality Benefite All，OECD，Paris，2015，p.24。

势；同时在盎格鲁–萨克逊国家，这一趋势起步更早，而且相较于其他地方，这一趋势更加显著（见图8–3）。在富裕国家中，诸如美国，财富集中比收入集中要更加显著，财富集中的程度也在加剧。举个例子，在英国，最富有的1%群体的收入所占的比例从1978年的5.7%增

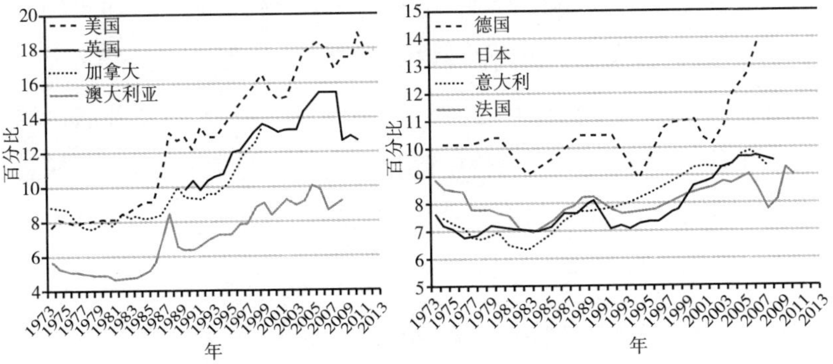

图8–3 主要工业国最富有的1%人群所占收入比例

资料来源：The World Wealth and Income Database（http://www.wid.world/ 最新更新，2016年5月12日查获）。

长到了2010年的14.7%。与此同时，英国最富有的1%群体的财富所占的比例从1970年的22.6%激增到2010年的28%，最富有的10%群体的财富所占比例从64.1%增长到70.5%。[17]

在转型经济体中出现的模式，同样令人深感不安。在通向市场经济的初始阶段，转型经济体的收入和财富的不平等程度都处在较低水平（至少根据现有可测量数据来看）。如今，正如使用基尼系数测量所显现的那样，中国收入不平等的程度可以比得上美国和俄罗斯了。[18]纵观OECD国家，自1985年以来，可获得数据的22个国家中的17国家的基尼系数都已经显著增加（见图8–2）。

此外，最近皮凯蒂与其合著者的研究发现，至少在我们有数据可查的富裕国家中，继承财富的重要性在最近几十年已经增加。虽然继承资金在可支配收入中的比例在战后初始阶段呈现的是递减的趋势，但是在过去的几十年中，这一比例已经持续增加。[19]

解释不平等

我们怎样才能解释这些令人担忧的趋势呢？传统上来讲，经济学家和社会思想家对导致不平等的原因几乎不存在共识。在19世纪，他们努力去解释，要么去为不平等辩解，要么去批判明显的严重的不平等。马克思就讨论过剥削问题。作为第一个首席经济学讲座教授的获得者，牛津大学万灵学院的德拉蒙德讲座教授纳索·西尼尔（Nassau Senior）认为，资本的回报是对资本家节制和不消费的报偿。[20]这不是对于劳动的剥削，而是对于资本家放弃消费的正当回报。新古典主义经济学家则发展出了边际生产率理论，这个理论认为报酬更大程度上反映了不同个体对社会所做出的贡献。

尽管剥削理论认为顶层群体的财富所得是通过拿走底层群体的所得来实现的，但是，边际生产率理论认为，顶层群体只是获得了他们为社会所贡献的东西。这一观点的拥护者甚至走得更远：他们已经表明，在竞争性市场中，剥削（比如作为垄断势力或者歧视的结果）确实是没法持续下去的，同时资本的增值会导致工资的上涨，所以多亏了顶层群体的储蓄和创新，工人的境况才变得更好。

更明确地，边际生产率理论坚称：由于竞争，参与生产过程的每个人会挣得与他们边际生产率相应的报酬。边际生产率理论，将更高的收入与对社会更大的贡献联系起来。举例来说，边际生产率理论可以对富人实施税收优惠的合理性做出如下辩护：一旦对高收入征税，富人对社会贡献的应得奖励将被剥夺；同时，更重要的，这样将阻止他们天赋的展现。[21]此外，富人对社会贡献越多、工作越努力、储蓄越多，对工人来说就越是好事，因为工人的工资会因此而增长。

以上为不平等辩护的说法之所以能持续，源于这些说法或许有点道理。在那些赚大钱的人当中，一些人确实为我们的社会贡献颇多。在一些情况下，他们自己占用的仅仅是他们为社会做出贡献的一部分。但是，这仅仅是故事的一个部分：除此而外，还有其他造成不平等的原因。悬殊的差异可能来自剥削、歧视和垄断力量的影响。同时，一般而言，不平等被许多制度和政治性的因素影响（比如产业关系、劳动力市场制度、福利和税收制度），这些因素可以独立于生产率，也可以影响生产率。

各国税收和转移支付前的收入差别显著不同的事实表明，收入分配不能仅由标准的经济学理论所解释。法国和挪威是OECD国家中运作良好且很大程度阻止了不平等恶化趋势的国家（见图8–2和图8–3）。不管怎样来评估，斯堪的纳维亚国家机会平等的程度都更高。边际生产率理论按说应该有更广泛的应用。新古典主义理论教导说，即使在不考虑比如制度之类的因素时，人们仍然可以解释经济结果。有人认为社会制度仅仅是假象；经济行为是被潜在的供求法则来驱动，而经济学家的工作是理解这些潜在的力量。因此，标准的理论不能解释有着相近科技水平、生产率和人均收入所得的国家，在税前分配方面的差异是如此之大。

然而证据显示，制度确实很重要。制度的影响不仅可以被分析，而且制度本身也可以被解释，有时是由历史解释，有时是由权力关系解释，同时有时是由非标准分析的经济力量（比如信息不对称）来解释。[22]因此，现代经济学的一个主旨就是理解制度在创造和塑造市场时所扮演的角色。随之而来的问题是，这些替代性假说的相对作用和重要性是什么？没有什么简单的方式可以提供一个简洁的量化答案，但是，最近的事件和研究都开始将重点放在那些更加注重寻租和剥削的理论上。在转向讨论制度和政治因素之前（这些因素通常被视为最近收入分配的结构性变革的根源），我们将先在下一节讨论这些关于寻租和剥削的证据。

寻租和顶层群体收入

“租金”一词最初是用来描述土地的收益，因为地主收取这些报酬凭借的是其对土地的所有权而不是他们所做的事情。这个词之后被扩展到涵盖垄断利润或垄断租金（即一个人仅仅因为垄断控制而获取的收入），基于类似的所有权权利而获取的一般性回报。因此，寻租是指：收入的获得并不是因为创造财富，而是通过攫取迟早都被生产出来的财富中的大部分来获得收入。实际上，食利者一贯会毁灭财富，这是他们从其他人那里夺走财富的“副产品”。一个将其产品定价过高的垄断者，会通过索要高价赚钱，同时毁灭其价值。为了达到其垄断价格，垄断者必须限制生产。

在过去的30年里，顶层群体收入的增长主要是由两类职业类别驱动：那些处在金融部门的职业（高管和专业人士）和非金融部门的高管。[23]证据表明：租金已经为两者收入的强劲增长贡献良多。

让我们首先大体上来看一下高管的情况。高管报酬和公司业绩的相关性的缺失表明，高管薪酬的提升没有反映出生产率的高低。早在1990年，詹森（Jensen）和墨菲（Murohy）通过一个覆盖1 400家公司、2 505名CEO的研究样本就发现：高管薪酬每年的变化并没有反映出公司的业绩。[24]之后，别布丘克（Bebchuk）、弗雷德（Fried）和格林施泰因（Grinstein）的研究也表明：自1993以来，美国高管薪酬的巨幅增加并不能被公司业绩或者产业结构所解释；同时与之相反，薪酬增加主要是由公司治理的漏洞造成的，漏洞使高管在实际操作中可以给自己设定薪酬。[25]米舍里（Mishel）和萨巴迪斯（Sabadish）对350家公司的研究表明：这些CEO的薪酬增速远远超过了他们公司股票市值的涨速。最为令人侧目的是，当股票市值减少时，高管的薪酬仍然呈现显著的正向增长。[26]

此外，存在其他质疑边际生产率理论的原因。在美国，CEO薪酬与工人平均薪酬的比例，从1965年的20∶1上升到2012年的354∶1。[27]没有理由可以解释相对生产率量级的技术变革，同时也没有任何可以解释技术变革仅仅发生在美国而没有发生在其他类似国家的原因。此外，公司薪酬体系设计显著表明，它没打算根据努力程度来发放回报：特别是，这种薪酬体系设计与股票表现相关联，但是，股票涨跌取决于许多不受CEO控制的因素，比如市场利率和油价。设计一个附带更少风险的激励架构是比较容易的，只需要参照一组可比较的公司，根据相对表现来发放薪酬。[28]克林顿政府尝试引入鼓励所谓的绩效工资（但并未附加条件来保证工资和表现是相关的）与披露要求（这可以让市场参与者更好地了解与CEO股票期权计划相关联的股票稀释程度），这种尝试露出了底线：那些推动优惠的税收待遇与反对披露的人们，非常清楚这些制度安排会增进收入方面更严重的不平等。[29]

尤其是，对于金融部门顶层群体收入的增长，证据都不利于那些基于边际生产率理论的解释。菲利蓬（Philippon）和雷谢夫（Reshef）的实证研究显示，在过去的20年里，相比类似行业，金融部门从业者已经享受到巨额的“支付溢价”，而这个现象并不能被通常的生产率代理指标（比如受教育程度或不可观测的能力）来解释。根据他们的估算，金融部门的薪酬水平比其在完全竞争下可以预期的薪酬水平高40%左右。[30]

还有据可查的是，被认为是“大而不倒”的银行，由于国家默许的担保而享受租金收入。投资者知道这些大型金融机构实际上可以得到政府的担保，因此，他们愿意以更低的利率来为这些机构提供资金。大银行可以因此而繁荣，但这并不是因为它们更有效率或者提供了更好的服务，而是因为大银行事实上被纳税人补贴。关于大银行及其银行家的超额利润，存在着其他原因。金融部门的某些活动，与完全竞争相去甚远。借记卡和信用卡的反竞争做法，扩大了既有的市场力量从而产生巨额的租金。由于缺乏透明度（比如信用违约互换和衍生品场外交易），4家企业为主的市场也产生了大量的租金。[31]不用奇怪，通过这种方式被大银行享有的租金，会转化为银行经理或者股东们更高的收入。

不同于边际生产率理论对顶层群体工资的解释，危机之后的高管薪酬提供了令人信服的证据；相比于其他行业，金融行业在这个问题上更加明显：那些将他们的公司和全球经济带到毁灭边缘的银行家继续享有高薪，而这一薪酬无论如何也不会与他们的社会贡献或者是他们对所在公司的贡献相挂钩（这两种贡献都是负的）。举例来说，一个关注2000至2008年的贝尔斯登和雷曼兄弟的研究已经发现，这两家巨擘的最高决策层已将巨额的“基于绩效”的薪酬（大致估计，雷曼兄弟有10亿美元，贝尔斯登有14亿美元）捧回了家，而这些巨款在这两家公司倒闭时没有被追回。[32]

关于寻租对加剧不平等的重要性的证据，源于另外一些研究。这些研究表明，对最富有群体增税并不会降低经济的增长率。如果这些收入是他们努力的结果，我们可能会看到：作为对税收的回应，他们可能不会那么努力地工作，而这会对GDP产生不利的影响。[33]

租金的增加[34]

在过去35年里，最富裕的国家发展演变的三个显著特征是财富与收入比例的增加、工资中位数的停滞和资本回报率下降的失灵。主张“财富”等同于“资本”的标准新古典主义理论认为，资本的增加会伴随着资本回报率的下降与工资的上涨。非熟练工人工资增长的失灵，已经被归因为某些技巧导向性的技术变革（尤其是在20世纪90年代），而这种技术变革增加了市场施加给技术的额外成本。因此，那些有技术的工人看到他们的工资在上涨，而那些没有技术的工人会看到他们的工资在下降。然而最近几年，我们也见证了熟练工人工资的下降。此外，正如我最近的研究显示的那样，[35]即使有些工资下降，平均工资应该是上升的，而实际情况并非如此。

存在某种替代性的、貌似更合理的解释。这种解释基于对租金上涨（由于地租、知识产权租金和垄断势力的增加）现象的观察。作为结果，那些可以给所有者带来租金的资产（比如土地、房产和金融产权）的价值，也相应地增加了。这样，总财富就增加了，但是这并没有带来经济生产率的提高，或者是平均边际生产率的提高，或者是工人平均工资的提高。恰恰相反，由于租金份额的上升是以工资为代价发生的，工资可能会停滞甚至下降。

事实上，那些推动总财富增加的资产并没有生产出生产资料。在许多情况下，从通常意义上来看，这些资产甚至不是生产性的；它们与商品和服务的生产没有直接关联。[36]随着越来越多的财富投入到这样的资产上，投资到实体的生产性资本的财富就更少。从许多我们拥有数据的国家（比如法国）的情况来看，情况的确如此：在最近几年中，很大比例的储蓄被用于购置房产，这并没有增加实体经济的生产率。

引致低利率的货币政策，会增加这些非生产性（unproductive）固定资产的价值（即财富价值的增加并没有伴随着任何商品和服务的流动）。出于同样的原因，泡沫可以在一段时间内导致财富的增加，却伴随着潜在的对实体生产资本的不利影响。的确，资本主义经济很容易产生这样的泡沫（从历史记录[37]来看，这一事实应该是非常明显的，但是它也被理论模型所证实了。[38]）虽然近几年房产（同样还有更根本的地价）中的泡沫开始被纠正，但是我们仍然不能确信那就是完全的纠正。相比生产性资本数量的增加，财富与收入的增加比与租金价值的增加可能有更大的关系。那些可以进入金融市场并从银行中获得信贷的人（通常是那些已经十分富裕的群体）有能力去购买资产，并且将之作为抵押物。当泡沫开始迅速膨胀的时候，他们的财富也开始膨胀，而社会的不平等情况则更加严峻。而且，政策扩大了既有的不平等程度：对于资本回报的税收优惠政策，使得那些资产获取高额税后回报成为可能，尤其增加了富人的财富，这些富裕群体获得了这些资产的很大一部分（这也是可以被理解的，因为他们更能承受与之相关的风险）。

制度和政治的作用

寻租在顶层群体收入增加中的重大影响，颠覆了收入分配中的边际生产率理论。那些顶层群体的收入和财富，至少部分是以牺牲他人为代价取得的，而这恰恰与“向下渗透经济学”得出的结论相反。举例来看，当垄断成功地将它所出售的商品价格抬高时，它就降低了其余每个人的实际工资。这表明制度和政治的因素，在影响资本和劳动的相对（收入）份额方面发挥着重要的作用。

如前所述，在过去的30年里，工资增长的速度要比生产率增长的速度慢得多（图8–1），这一事实很难与边际生产率理论吻合[39]，却与剥削程度的加剧相一致。这表明工人谈判能力的削弱成了主要因素。资本可以自由流动而劳动力的流动性却相对较弱，弱势的工会和不对称的全球化可能会严重影响不平等的大恶化。

全球化的应对方式部分导致了工资的降低，这是因为工人的谈判能力已经从根源上被剥夺了。伴随着资本的高流动和低关税，企业只需告诉工人，如果他们不接受更低的工资和更差的工作环境，企业就将转移到其他地方。为弄清楚不对称的全球化如何影响谈判能力，可以想象一下如果劳动力是可以自由流动的，而资本不能流动，那世界会变成什么样。国家之间将会为吸引工人而展开竞争。国家还将承诺优质的学校、良好的环境和对工人的低税率。通过对资本征收高税收，国家可以实现财政支撑。但这并不是我们今天所生活的世界。

在大部分工业化国家，工会会员及其影响力已经下降；在盎格鲁–撒克逊国家，这种下降尤其严重。这导致了经济力量的不平衡与政治真空。没有来自工会提供的保护，工人的境遇比他们被工会保护的时候的境况恶化了很多。针对工作机会向国外转移带来的失业威胁，工会对保护工人无能为力，这进一步弱化了工会的力量。但是，政治也起到了一个主要作用：举例来说，里根总统在1981年阻止了美国空中交通管制员的大罢工，玛格丽特·撒切尔则镇压了英国的全国矿工协会。

关注通货膨胀的央行政策，也几乎成为导致不断加剧的不平等与工人谈判能力弱化的另一个因素。只要工资一上涨，尤其是工资增加的速度超过了通货膨胀的速度时，关注通货膨胀的央行就开始提高利率。结果就是平均失业率的上升，同时产生对工资的下行棘轮效应：当经济体陷入衰退时，实际工资通常会下降；但是那时，货币政策却被设计成确保工资不会恢复。

影响不平等的不仅仅是法律和正式的制度安排（比如工会的力量），还包括是否接受被歧视的社会传统。同时，政府在执行反歧视法时已经变得宽松。与支持自由市场的经济学家的建议相反，与市场实际运作的随机观察一致，歧视已经成为市场经济中的持续存在，并且在很大程度上帮助我们解释了问题所在。在房地产市场、金融市场（在危机爆发前夕，至少最大的美国银行之一必须缴纳一笔由于歧视性做法的巨额罚金）和劳动力市场，歧视的形式多种多样。有一大堆文献来解释这些歧视如何持续。[40，41]

尽管市场力量部分被政治塑造着，但是毫无疑问的是，市场力量（受科技和教育影响的对熟练工人的供给和需求）也扮演了重要的角色。但是，不同于之前市场力量和政治力量互相制衡的情况——当市场力量导致分化加剧时，政治过程就开始抑制这个阶段收入和财富不平等的增加；在当今的富裕国家中，这两种力量已经开始共同推动不平等的加剧。

不平等的代价

因此，证据已经不支持仅仅从边际生产率的角度对不平等进行解释。那么，我们需要不平等来推动增长的说法，究竟何意呢？

这种主张的第一个辩解是，不平等对经济增长是必需的，其焦点在于储蓄和投资在推动增长过程中所发挥的作用。同时这个主张也基于如下的观察：顶层的群体通常会储蓄，而底层的群体则会花光他们所有的收入。因此，一个工资比例很高的国家，将不可能像工资比例较低的国家那样去快速积累资本。而产生长期经济增长所需的储蓄的唯一方式就是保证富人拥有足够的收入。

这样的主张在今天尤其不合适，借用伯南克的话，今天的问题在于全球储蓄过剩。[42]即使在那些通过增加国民储蓄来促进经济增长的情况下，促进储蓄的方式中，也有比加剧不平等程度更好的选择。政府可以对富人的收入进行征税，同时用这笔资金去资助私人或者公共投资；这样的政策不仅可以削减消费和可支配收入方面的不平等，而且还可以使得国民储蓄增加（适度的测算）。

这种主张的第二个辩解，以如下流行的错误观点为核心，即顶层群体是工作创造者；给予他们更多的资金就可以创造更多的工作。在工业化国家，富有创造性企业家精神的人，在各个收入阶层都无处不在。创造工作的是需求：当存在需求时，企业会创造工作去满足这种需求（尤其是当我们可以让金融系统按照它应有的方式去运行，为中小型企业提供信贷时）。

事实上，正如IMF（国际货币基金组织）的实证研究所显示的，不平等是与经济不稳定相关联的。尤其是，IMF的研究人员已经证明，当收入不平等程度增加时，经济增长的持续时间趋向于更短。当其他决定经济增长持续时段的因素（比如外部冲击、产权和宏观经济状况）纳入考量后，这一结论依然成立：平均来看，不平等水平下降10个百分位，则预期的持续增长时间会增加50%。[43]如果关注于中期的平均增长率而不是持续增长时间的话，基本情况也不会改变。最近一份由OECD发布的实证研究表明，收入不平等对于中期增长会有负面的、统计上的显著影响。据估计，在诸如美国、英国和意大利这样的国家，如果收入不平等的情况没有加剧，那么，整体的经济增长在过去的20年里会高出6~9个百分点。[44]

不平等对经济的破坏，体现在多个方面。[45]首先，不平等导致总需求的疲软。原因不难理解：社会底层群体会比顶层群体的消费比例更高。[46]货币当局应对疲软需求的不当方式，也可能会加剧这个问题。通过低利率同时放松管制，货币政策太容易制造资产泡沫，而这些泡沫的破裂反过来会导致衰退。[47]

许多对于最近危机的解读已经着重强调了分配问题的重要性。[48]如果没有宽松的货币政策和放松管制的影响，不断加剧的不平等可能会导致更低的消费水平。而宽松的货币政策和放松管制却会引起房地产泡沫和消费繁荣。总之，不断增长的债务维持了消费。[49]但是，泡沫的最终破裂是不可避免的。同样不可避免的是，当泡沫破裂时，经济会陷入衰退。

其次，结果不平等与机会不平等是相关联的。当处于收入分配底层的群体冒着无法释放他们潜能的巨大风险时，经济不仅会为今天疲软的需求付出代价，也会为未来更低的增长付出代价。大约四分之一的美国儿童在贫困中成长，[50]他们中的多数人不仅缺乏教育机会，也缺乏获得充足营养和健康的机会，这样一个国家的长久繁荣将被置于危险之中。

第三，贫富差距严重的社会，不太可能在公共交通、基础设施、科技和教育方面开展公共投资，而公共投资可以提高生产率。如果富人认为他们不需要这些公共设施，还担心提升经济效率的强政府可能会用它的权力来重新分配收入和财富，那么在一个不平等严重的国家，其公共投资的减少就不足为奇了。此外，在这样的国家中，税收和其他经济政策更可能去鼓励那些对金融部门更有利的活动，而不是生产性活动。在如今的美国，对长期的金融投机收益（资本利得）的税率是对劳动力所征税率的大约一半，投机衍生品在破产清算时比工人有更大的优先权。税法鼓励国外的工作创造，而不是在国内的工作创造。这样的结果会是一个更虚弱和更不稳定的经济体。改革这些政策同时采纳其他可以减少寻租的政策，不仅可以缓解不平等，同时还可以改善经济的表现。

值得注意的是，一些对当今不平等程度较高的问题的解释是基于边际生产率理论的，但是不平等问题对于经济增长的负面影响的存在本身就是反对这些解释的证据。边际生产率理论的基本前提是那些处于社会顶层的群体仅仅拿到了与他们努力程度相对应的回报，而社会的其他人群从他们的活动中受益。如果果真如此，那么我们应该能看到高速增长和顶层群体更高的收入之间的关联。但事实上，我们所看到的恰恰与之相反。

逆转不平等

大量的政策可以用来削减不平等程度。这些政策应该关注市场收入、税后和转移支付收入方面的不平等削减。游戏规则在决定市场分配——阻止歧视、创造工人谈判权、遏制垄断、遏制CEO的权力侵犯其他利益相关者、遏制金融部门剥削社会其他成员方面——发挥着重要作用。在过去30年中，这些规则被大幅改写；规则的改写导致更多的不平等以及更糟糕的整体经济情况。现在，这些规则必须被再次重写，以削减不平等和加强经济发展；例如，通过抑制短期行为在金融和公司部门的猖獗。[51]

改革应该包括对教育提供更多的支持（这包括学前教育），增加最低工资，加强赚取收入的税收抵免，提升在工厂工作的工人的呼声（包括通过工会），更有效的反歧视法律的实施。尤其是，以下四个方面能使我们现在的严重不平等得以改善。[52]

第一，高管薪酬（尤其在美国）已经过高，而且很难给这些基于股票期权的高管薪酬体系的设计找到正当的理由。股市表现的改善，不应被作为高管获得奖励的理由，他们在股市没有起作用。如果美联储调低利率，就会导致股票市场价格的增长，那CEO就不应该因此获得奖金分红。如果油价下跌，航空公司的利润和股票的价值就会提升，航空公司的CEO也不应该得到奖金和分红。有一种简单的办法来考量这些不应归因于高管努力的收益（或损失）：在可比情况下，根据公司的相对表现来确定绩效工资。关于良好的薪酬体系的设计，我们已经思考研究了三分之一个世纪[53]，但大公司的高管几乎都刻意抵制这些洞见。他们专注于利用公司治理方面的缺陷和众多股东对于这些问题的不知情来努力提升他们自己的收入；无论股票价格上涨还是下跌，他们都能获得更高的薪酬。从长期看来，正如我们所看到的，经济增长本身就被伤害了。[54]

第二，宏观经济政策需要维持经济稳定和全员就业。高的失业率几乎会严重损害那些在收入分配中处于底层和中层的人群。今天，工人正遭受着三重打击：高失业、低工资和公共服务的削减；因为政府的收入比经济运营良好时减少了。

正如我们已经指出的，严重的不平等问题已经弱化了总需求。而通过超级扩张的货币政策和撤销管制来给资产价格泡沫继续打气的做法，并不是解决需求疲软唯一可行的方式。在基础设施、技术和教育领域的更多的公共投资，既可以恢复需求，又可以削减不平等。无论从长期还是从短期看，这些都是有助于经济增长的。根据IMF最近的实证研究，对良好设计的公共基础设施的投资能提高短期和长期的经济产出，尤其是当经济运行低于潜在增长率的时候。就GDP而言，这也不需要增加公共债务：因为运营的基础设施项目可以自负盈亏，而收入的增加（因此在税收收入上）将远远抵销支出的增加。[55]

第三，在教育领域的公共投资对于解决不平等问题有着根本性的作用。工人收入的决定性因素是他们所受教育的水平和质量。如果政府可以保证教育机会的平等，那么工资的分配就能反映出能力的分布

（包括从教育中受益的能力），以及教育体系试图弥补能力和背景差异的程度。在美国，那些富裕家庭（父母）的孩子就能获得更好的教育，当代人的不平等就会传递到下一代甚至每一代人身上，工资不平等将反映出收入差距、最近一代人的相关的不平等。

第四，那些迫切需要的公共投资，可以通过对资本收入公平和充分的征税来提供资金。这样的公共投资有助于进一步抵制不平等的加剧：它有助于降低净资本回报，以至于将收入的大部分都用来储蓄的资本家看不到他们的财富积累速度比整体经济增长速度更快的情况，从而不会导致财富差距的扩大。[56]为资本利得和分红提供税收优惠的特殊条款，不仅会对经济造成扭曲，而且随着大部分好处向顶层群体集中，收入不平等会加剧。同时，这些特殊条款还会带来巨额的预算成本：根据美国国会预算办公室，[57]在2013至2023年，这个预算成本会高达2万亿美元。对资本利得和分红的特殊条款的废除，再加上对权责发生制的而不仅是已实现的资本利得征税，是一种税制的重要改革；这既可以改善不平等，又可以大幅提高实质收入。也存在许多其他的办法，[58]比如一个良好的继承制度、有效运转的强制不动产税制度等。

结论：重新定义经济增长

我们过去常常认为存在一个取舍关系：我们能享有更多的平等，但需要以牺牲整体经济增长为代价。现在，非常明确的是，考虑到许多富裕国家的极端不平等和这些不平等所产生的方式，更加平等和更好的经济表现两者之间可以是相辅相成的关系。

如果我们关注对经济增长的合适的衡量，这尤其真实。如果我们使用错误的度量指标，我们将为错误的东西而奋斗。正如国际经济表现测量和社会进步委员会（International Commission on the Measurement of Economic Performance and Social Progress）所论证的那样，有一个日益增长的全球共识：GDP未能就整体经济表现进行很好的衡量。[59]重要的事情是，经济增长是否可持续，大部分公民的生活水平是否在逐年提高。

自从新千禧年伊始，美国经济和大部分其他发达国家的经济，明显表现不佳。事实上，在过去的30年里，实际收入的中位数已经基本停滞不前了。的确，就美国而言，问题更为严峻，而且在衰退之前就已经显现出来：在过去的40年里，尽管生产率大幅提升，但美国的平均工资却停滞不前。

如本文所强调的，不断加剧的不平等是富裕国家当下经济困境的重要原因。我们需要关注的不仅是大致的情况（正如GDP指引我们去做的），还应该关注经济对于普通民众的影响；举例来说，这可以由可支配收入的中位数来体现。人们关心健康、公正和安全，然而GDP统计并没有反映出这些状况的恶化。一旦社会福利的各方面因素被纳入考量，富裕国家的近期（经济）表现就看起来更糟了

找到改变这些现状的经济政策并不困难。我们需要在公共产品方面的更多投资：更好的公司治理，反垄断和反歧视的法律，一个被更好地监管的金融体系，更健全的工人权利，更激进的税收和转移支付政策。通过以上这些手段来“重写治理市场经济的规则”，一个更平等的（包括税前、税后和转移支付的收入分配）也因此更强健的经济增长是可能实现的。[60]

致　谢

作者感谢Eamon Kircher-Allen和Deberati Ghosh提供的研究协助。感谢INET以及罗斯福研究所项目（Roosevelt Institute Project）在“不平等”方面提供的财务支持，同时对福特基金会（Ford Foundation）、

伯纳德和艾琳·施瓦茨基金会（Bernard and Irene Schwartz Foundation）以及约翰·D. 和凯瑟琳·T. 麦克阿瑟基金会（John D. and Catherine T. MacArthur Foundation）表示感谢。

注 释

1. 来源：T. Piketty and E. Saez，'Income inequality in the United States，1913–1998'，*Quarterly Journal of Economics*，vol. 118，no. 1，2003，pp. 1–39，Tables A3 and A6从 http://eml.berkeley.edu/~saez/. F 下载的更新版本（2015年12月22日查获）。图表使用2014年实际美元计算，同时包括资本利得。
2. 来源：US Census Historical Table H–6 。如果有数量足够多的新人加入劳动市场，同时他们的技能和受教育程度都比之前的劳动力差很多，那么可以很清楚地知道，中位数工资也会下降，即使面板研究显示，绝大部分个体（家庭）的工资增长了。
3. 参见：J. Bivens，L. Mishel and H. Shierholz，*Understanding the Historic Divergence Between Productivity and a Typical Worker's Pay*，Economic Policy Institute briefing paper No.406，2 September 2015。
4. 关于受教育程度的美国人口普查数据，可在此获得：http://www.census.gov/hhes/socdemo/education/（2015年12月22日查获）。
5. 参见：*The State of Working America*，*12th ed.* by the Economic Policy Institute。图表可在此获得：http://www.stateofworkingamerica.org/chart/swa–wages–table–4–14–hourly–wages–education/（2015年12月22日查获）。
6. 曾经，这样的结果被解释为是技能偏向型技术进步的结果（参见：G.L.Violante，'Skill Biased Technical Change'，The New Palgrave Dictionary of Economics，Edited by L.Blume and S.Durlauf，2008，MacMillan）。在这种情况下，那些没有技能的人会看到他们的工

资下降了，但是，那些有技能的人会看到他们的工资在上涨。但是（大致上）加权后的工资平均数应该仍然会上升。（参见：J. E. Stiglitz，“New Theoretical Perspectives on the Distribution of Income and Wealth among Individuals” paper presented at an IEA/World Bank Roundtable on Shared Prosperity，Jordan，June 10–11，2014 and to be published in Inequality and Growth: Patterns and Policy，Volume 1: Concepts and Analysis，New York: Palgrave Macmillan，2016）在过去的15年中，甚至技能型工人的工资都已经陷入停滞状态，而这期间的数据暗示其他的情况正在发生。

7. Piketty and Saez，‘Income inequality’.（更新的版本在此处下载：http://eml.berkeley.edu/~saez/，2015年12月22日查获。）
8. E. Saez and G. Zucman，‘Wealth inequality in the United States since 1913: evidence from capitalized income tax data’，forthcoming in *Quarterly Journal of Economics*（revised October 2015）. 如作者所言，财富份额估算略有不同，这取决于资本收益如何、是否被估算。
9. J.Harkinson，‘The Walmart Heirs Are Worth More Than Everyone in Your City Combined’ Mother Jones，October 3，2015，可在此获得：http://www.motherjones.com/politics/2014/10/walmart-walton-heirs-net-worth-cities（2015年12月22日查获）。
10. Saez and Zucman，‘Wealth inequality’.
11. Ibid.
12. 通过调查危机结束后不同类型财富发生的变化，我们看到的情况确实很清晰。富人所持比例很高的股票表现得非常好。根据the Center for Research in Security Prices的 数 据， 从2009年1月到2013年12月，美国股票市场价值增加了13兆美元。同时，占据中产阶级财富大部分的房屋价值却没有强劲地恢复回来：五分之一的美国房屋仍然如同2014年春天时那样在水面下挣扎，这些房屋的拥有者所背负的抵押贷款比这些房屋在市场上的价值还要多。想要看对此简洁的讨论，参见：P. Dreier，‘What Housing Recovery?’，The New York Times，May 8，2014，在此处可获得 http://www.nytimes.com/2014/05/09/opinion/what-housing-recovery.html?ref=opinion&_r=0，（2015年12月22日查获）。

13. 参见：P. Taylor，R. Kochhar，R. Fry，G. Velasco，and S. Motel，‘Wealth Gaps Rise to Record Highs between Whites，Blacks and Hispanics’，2011，Pew Research Center report，可在此处获得：http://www.pewsocialtrends.org/files/2011/07/SDT-Wealth-Report_7-26-11_FINAL.pdf（2015年12月22日查获）。
14. M.Corak，‘Income Inequality，Equality of Opportunity，and Intergenerational Mobility’，Journal of Economic Perspectives，Vol.27，No.3，Summer 2013，pp.79–102.
15. Ibid.
16. OECD Income and Poverty Statistics，http://stats.oecd.org/Index.aspx?DataSetCode=IDD#（2015年12月22日查获）。以及OECD，*In It Together: Why Less Inequality Benefits All*，OECD，Paris，2015。
17. Piketty，T.，*Capital in the 21st Century*，supplementary materials，Tables S9.2 and S10.1: piketty.pse.ens.fr/en/capital21c2，（2016年4月14日查获）。
18. 在比较不同国家的基尼指数时，需要多加注意：除了众所周知的度量缺陷外，不同的数据库采用了稍微不同的方法或收入数据得到了它们各自的数字，因此，这些数字所依据的数据来源也不尽相同。但是，许多不同的研究都证实了这些大体上的趋势。在解读发达国家和发展中国家基尼系数的差别时，人们也应该更加小心。Kutzets（‘Economic growth and income inequality’，The American Economic Review，Vol.XLV，n.1，March 1955，pp.1–28）提出了一套有说服力的理由：人们可能预计在发展的初始阶段，不平等程度会增加。这是因为国家中的一些部分和一些群体更有能力去抓住新的机遇，然后甩开其他人。最终，落后的群体会赶上来。中国在过去30年的不平等加剧情况符合Kuznets假说；但是，发达国家的情况却不符合。

19. T. Piketty and G. Zucman，'Wealth and inheritance in the long-run'，in A. Atkinson and F. Bourguignon，eds，*Handbook of Income Distribution*，vol. 2，Amsterdam，Elsevier-North Holland，2015，pp.1303-1368.
20. 参见：Senior' s 1836 *An Outline of the Science of Political Economy*，London: Richard Griffin & Co.。
21. 想了解最近这种论点在为不平等辩护上的应用，见N.G.Mankiw，'Defending the One Percent'，Journal of Economic Perspectives，Vol.27，N.3，Summer 2013，pp.21-34.
22. 在研究信息不对称问题的初期，我就意识到这种情况。关于制度是否是分成制，我的研究内容与张五常（Steven N.S.Cheung）存在主要争议。（参见：J.E. Stiglitz，'Incentives and Risk Sharing in Sharecropping'，The Review of Economic Studies，vol.41，no.2，1974，pp.219-255 and S. Cheung，'Transaction Costs，Risk Aversion and the Choice of Contractual Arrangements'，Journal of Law and Economics，vol.19，no.1，1969。）诺斯（D.C.North）可能已在将政策分析带入主流方面，做得比其他人都多（参见：D.C. North，'Institutions，Institutional Change and Economic Performance'，1990，Cambridge: Cambridge University Press。）
23. J.Bakija，A.Cole and B.T. Heim，'Job and Income Growth of Top Earners and the Causes of Changing Income Inequality: evidence from U.S. Tax Return Data'，2012，（2015年12月22日查获）。http://web.

williams.edu/Economics/wp/BakijaColeHeimJobsIncomeGrowthTopEarners.pdf（2015年12月22日查获）。

24. 参见：M. Jensen and K. Murphy，'Performance Pay and Top–Management Incentives'，*The Journal of Political Economy*，Vol. 98，1990，pp. 225–264。

25. L.Bebchuk and J.Fried，'Pay without performance: the unfulfilled promise of executive compensation'，2006，Harvard University Press; L.Bebchuk and Y.Grinstein，'The growth of executive pay'，NBER Working paper No.11443，June 2005.

26. L.Mishel and N.Sabadish，'CEO Pay and the Top 1%'，Economic Policy Institute Brief 332，2012; J.Bivens and L.Mishel，'The pay of corporate executives and financial professionals as evidence of rents in the top 1 percent incomes'，Journal of Economic Perspectives，Vol.27，No.3，Summer 2013，pp.57–78.

27. AFL–CIO，*CEO–to–Worker Pay Ratios around the World*，2013，http://www.aflcio.org/Corporate–Watch/ Paywatch–Archive/CEO–Pay–and–You/CEO–to–Worker–PayGap–in–the–United–States/Pay–Gaps–in–the–World（2015年12月22日查获）。

28. 在20世纪80年代时，我已经写了一系列关于理论和政策的论文来论证这一点。例如，参见：B.J. Nalebuff and J.E. Stiglitz，'Prizes and Incentives: Towards a General Theory of Compensation and Competition'，The Bell Journal of Economics，Vol.14，No.1，1983，pp.21–43 and J.E. Stiglitz，'The Design of Labor Contracts: Economics of Incentives and Risk–Sharing'，in Incentives，Cooperation and Risk Sharing，H. Nalbantian（ed.），Totowa，NJ: Rowman & Allanheld，1987，pp. 47–68. Reprinted in The Selected Works of Joseph E. Stiglitz，Volume II: Information and Economic Analysis: Applications to Capital，Labor，and Product Markets，Oxford: Oxford University

Press，2013，pp. 432–446。

29. 作者曾是这些斗争中的一部分的参与者。想要了解关于这些斗争更全面的讨论以及它们的结果，参见：J. E. Stiglitz，Roaring Nineties，W.W. Norton，2003。还有一些其他后续的斗争，如关于薪酬和公司治理方面其他的改革。一些在税收和公司治理法律方面的改革可能会有重要作用，想要了解这些改革的种类，参见：J.E. Stiglitz，‘Rewriting the rules’，The Roosevelt Institute，May 2015。

30. T.Philippon and A.Reshef，‘Wages and Human Capital in the US Financial Industry: 1909–2006’，*The Quarterly Journal of Economics*，Vol.127，No.4，2012，pp.1551–1609.

31. D.Baker and T.McArthur，‘The Value of the “Too Big to Fail” Big Bank Subsidy’，Center for Economic and Policy Social Research issue Brief，September 2009; 想了解不同的观点，见United States Government Accountability Office，‘Large Bank Holding Companies: Expectations of Government Support’，2014，GAO–14–621，United States General Accounting Office，它论证了资金优势在最近的金融危机之前是存在的，但是随后已经消失了。

32. 参见：L. A. Bebchuk，A. Cohen，and A. Spamaan，‘The Wages of Failure: Executive Compensation at Bear Stearns and Lehman 2000–2008’2010，Yale Journal on Regulation，27: 257–282。

33. Philippon and Reshef，‘Wages and human capital’.

34. 这一部分依据的是：J.E.Stiglitz ‘New theoretical perspectives on the distribution of income and wealth among individuals’，2015，NBER Working Paper 21191。

35. Ibid.

36. 尽管它们可能在GDP上反映出来，同时也可能特别涉及住房服务的价值。

37. 参见：C.Reinhardt and K.Rogoff，*This Time Is Different: Eight Centuries of Financial Folly*，2009，Princeton，NJ: Princeton University Press。
38. 举例说明，参见：K.Shell and J.E. Stiglitz ‘Allocation of Investment in a Dynamic Economy’，*Quarterly Journal of Economics*，Vol.81，No.4，1967，pp.592–609，F.Hahn，1966，‘Equilibrium Dynamics with Heterogeneous Capital Goods’，*Quarterly Journal of Economics*，Vol. 80，No.4，pp. 633–46; and Stiglitz，*New Theoretical Perspectives*。
39. 正如我们之前注意到的，技术偏向性的科技进步也许可以解释无技能劳动力的没落；但是，很难将这个理论与工资变化的时间点，或者与近些年熟练工人工资停滞的现象统一起来。当然，也可能是平均生产率增加了，但是边际生产率并没有。（这当然不会出现在被宏观经济学家钟爱的Cobb–Douglas生产函数中。）但是，我还没有看到关于科技突然改变的证据，同时也没看到有理论去解释为什么这有可能会发生。
40. 美国的大规模监禁政策也是歧视的一个重要工具。参见：M.Alexander，*The New Jim Crow: Mass Incarceration in the Age of Colorblindness*，2010 New York: The New Press。
41. 想了解这篇文献最近的详述内容，参见：K.Basu，*Beyond the Invisible Hand: Groundwork for a New Economics*，2010，Princeton University Press，Princeton. See also J.E. Stiglitz，Approaches to the Economics of Discrimination，*American Economic Review*，Vol. 62，No.2，1973，pp.287–295，以及：J.E. Stiglitz ‘Theories of Discrimination and Economic Policy’ in *Patterns of Racial Discrimination*，G.von Furstenberg，et al.（eds.），MA，D.C. Heath and Company Lexington Books，1974，pp. 5–26。
42. 我已经在其他地方论证过：“Monetary Policy in a Multipolar World，” in *Taming Capital Flows: Capital Account Management in an Era of Globalization*，IEA Conference Volume No. 154，Joseph E. Stiglitz and

Refet S. Gurkaynak（eds.），New York: Palgrave Macmillan，2015。这个问题并不真的是储蓄过剩：存在着在全球水平上投资的巨大需求。不幸的是，全球金融系统无法起到媒介作用——来确保可用储蓄被用来为真正的全球投资融资。结果就是“节俭悖论”：储蓄导致总体需求不够充足。

43. A.Berg and J.Ostry，*Inequality and unsustainable Growth: Two Sides of the Same Coin?* IMF Staff Discussion Note，No. 11/08，April 2011，International Monetary Fund.

44. F.Cingano，*Trends in income inequality and its impact on economic growth*，OECD Social，Employment and Migration Working Papers，No.163，Dec. 2014，OECD Publishing.

45. 如下讨论会强调三个方面，还有其他方面。先前提到的剧增的不稳定，已经对经济增长有负面的影响。极端的不平等，特别是当它们似乎不公正的时候，破坏了社会信任，也破坏了经济增长。在某种程度上，不平等源于扭曲的租金，这样的扭曲对经济表现伤害很大。

46. K.E. Dynan，J.Skinner and S.P. Zeldes，Do the rich save more?，*Journal of Political Economy*，Vol. 112，No. 2，2004，2004，pp.397–444.

47. 这个论点和其他在这个部分出现的论点在我的书中有更多篇幅的扩展。*The Price of Inequality: How today's Divided Society Endangers Our Future*，New York: WW Norton，2012.

48. A.Jayadev，‘Distribution and crisis: reviewing some of the linkages’，*Handbook on the Political Economy of Crisis*，*ed. G. Epstein and M.Wolfson*，2013，Oxford: Oxford University Press，pp.95–112. 也可以参见：*The Stiglitz Report: Reforming the International Monetary and Financial Systems in the Wake of the Global Crisis*，with Members of the Commission of Experts of the President of the United Nations General Assembly on Reforms of the International Monetary and Financial

System，New York: The New Press，2010; and J. E. Stiglitz，Freefall: America，*Free Markets*，*and the Sinking of the World Economy*，New York: WW Norton，2010。

49. 举例说明，可以参见：A.Barba and M.Pivetti，'Rising household debt: its causes and macroeconomic implications–a long period analysis'，Cambridge Journal of Economics，Vol. 33，No. 1，2009，pp.113–137。

50. 参见：http://www.childstats.gov/americaschildren/eco1a.asp（2015年12月22日查获）。

51. Stiglitz，*Rewriting the Rules.*

52. 在我的书*The Price of Inequality*的最后一章中，我概述了21种这样的政策，这些政策会影响纳税前后和转移支付前后的收入分配。

53. 举例说明，参见：B.J. Nalebuff and J.E. Stiglitz，'Prizes and Incentives: Towards a General Theory of Compensation and Competition'，*The Bell Journal of Economics*，Vol.14，No.1，1983，pp.21–43。

54. 参见：J. E. Stiglitz，Roaring Nineties，W.W. Norton，2003。最近，作者与其在罗斯福研究所的同事已经解释了在税收和监管方面的政策的其他变化，是如何导致短视和不诚信的企业行为的（见Stiglitz，*Rewriting the Rules*）。

55. IMF，'Is it time for an infrastructure push?' The Macroeconomic Effects of Public Investment'，*World Economic Outlook*，Chapter 3，October 2014，pp.75–114，http://www.imf.org/external/pubs/ft/weo/2014/02/pdf/c3.pdf（2015年12月22日查获）。注意平衡预算乘数本身就提供了一个框架，在此框架内，政府现在可以在不增加当前赤字，反而降低未来赤字和债务/GDP比值的情况下，增加投资和刺激经济。

56. T，Piketty，*Capital in the 21st Century*，Cambridge，Mass and London: Harvard University Press，2014.

57. 更确切地说，这些都是与这些特殊规定相关的估算成本（“税式支出”），参见：Congressional Budget Office，The Distribution of Major Tax Expenditures in the Individual Income Tax System，May 2013，p.31，available at http://cbo.gov/sites/default/files/cbofiles/attachments TaxExpenditures_OneColumn.pdf（2015年12月22日查获）。这个数字包括了“step-up of basis at death”这一规定的影响，这一规定减少了继承者为资本收益缴纳的税款。即使不包括这一规定，对资本利得和股票红利的优惠待遇导致的10年预算成本也有1.34万亿美元。但是，这些计算还没有包括如下事实的价值：对资本收益的征税被推迟到资本收益实现时再进行。
58. 参见：J.E. Stiglitz，*Reforming Taxation to Promote Growth and Equity*，Roosevelt Institute White Paper，May 2014，http://rooseveltinstitute.org/sites/all/files Stiglitz_Reforming_Taxation_White_Paper_Roosevelt_Institute.pdf（2015年12月22日查获）。
59. 该委员会报告在2009年发布，并正式发表（J.Stiglitz，A.Sen，and J.P.Fitoussi，Mismeasuring Our Lives，2010，New York: The New Press）。此后，OECD及其更好生活倡议组织（Better Life Initiative）沿着这一思路继续研究（http://www. oecd. org/statistics/betterlifeinitiativemeasuringwellbeingandprogress.htm，2015年12月22日查获），并于2013年召集了高级别专家小组会议。
60. 参见：Stiglit，*Rewriting the rules*。

第九章
私有化和公共服务外包的悖论

科林·克劳奇

导　言

将曾经的公共产业私有化，以及将公共服务外包给私人，已经成为新自由主义经济战略的标志。新自由主义经济战略这样做是为了增强市场的作用，并减弱国家在经济领域的作用。然而，这一过程中的某些根深蒂固的特点，导致其结果几乎与新自由主义的主张截然相反。政府以一些最不受欢迎的形式干预经济的情况时常发生，比如寡头垄断以及限制竞争的现象正在不断增多；此外，亦不乏同期而至的企业干预政治。

在本章中，我将会论述这些现象创造出的经济，并非市场新自由主义主张的经济，而是在这里被定义为“企业新自由主义”的经济：在这样的经济中，由于少数大公司的规模非常之大，并且占据重要部

Published by John Wiley & Sons Ltd，9600 Garsington Road，Qxford OX4 2DQ，UK and 350 Main Street，Malden，MA 02148，USA

门，在关键行业中占有统治地位，因此它们具有显著的政治特性，与新古典主义理论假设格格不入。这是一种政治经济学的形式，之前从未有人公开为其辩护，如今已经越来越普遍。私有化和外包并非企业新自由主义的唯一来源，这种新自由主义更普遍地存在于不完全竞争的部门。然而，这些战略所囊括的活动要么关乎集体所有物，要么关乎公民自有物，或是二者兼有。这一事实使得它们尤其易于被政治化的公司（而非市场）所主导。企业采用新自由主义经济战略的进一步后果是，它加剧了不平等，我将要论述这种不平等目前正在威胁资本主义和民主主义二者的积极关系。

限制竞争

对于纯粹新自由主义或者市场新自由主义学说，可以这样理解：在一个经济中，如果尽可能多的行为由完全竞争的市场所主导，其中的经济活动参与者以利益最大化作为其唯一目标，政府不会干预这些经济活动，除非是基于维护私有财产权以及维护和私人之间签订合同的目的，那么在这种情况下，效率将被最大化。[1]效率被定义为，以最低可能成本去完成给定的任务。这意味着消费者可以支付更低廉的价格。相比于更低效的经济，高效的经济使得消费者将更多的钱握在手里，由此拥有更多的选择，这又反过来被定义为消费者福利的最大化。由于市场理论并不承认除了生产、销售以及购买之外的任何其他活动，消费者福利因此等同于全人类的福利，而且这一点唯有通过追求利润最大化的公司，在完美市场中才能得到最佳实现。新自由主义思想对于诸如家庭和社区这些非市场单位的作用存在含糊不清的解读。有些观点认为，非市场单位为市场提供了有益的辅助作用；而另一些观点则认为，非市场单位是低效率的一个来源，并且最好能被纳入市场中。

将公共机构所拥有的产业和服务进行私有化和外包已成为新自由主义议程的标志之一。私有化意指将所涉活动所有权的完全转移。在外包的形式下，被外包的活动本身仍然是公有的，但是它的执行已经通过合同的形式转包给私营企业或者其他的非国有组织了。此时，公共机构变成了客户而不是供应商。私有化很少能够产生新古典主义理论所设想的那种真正的市场，外包则几乎从未产生真正的市场。接下来我们将要讨论其中的原因。

在资本主义经济占主导的国家里，工业和服务业过去曾经由公权力提供，也由公权力特别保护。这其中有四个原因。首先，政府有政治动机，以维持它认为对国家经济成功至关重要的关键部门的运转。其次，在很难产生竞争的领域（如水资源供给），或者在很难安排竞争的领域（如天然气和电力供应、铁路），或者在竞争本身只产生少数生产者统治市场，进而产生市场竞争的领域，存在所谓的“自然垄断”。再次，有些商品或者服务被认为包含了公共产品的重要组分（国防、执法、公共管理本身）。最后，还有一些服务被认为是在实现个人的基本民主和公民权利（如教育、健康和社会护理的某些方面）。虽然公共产品和公民权利是不同的，但是，在实践中二者有相当程度的重叠。集体或公有产品可以被理解为公民权利的一方面，而包括教育和健康在内的某些个体公民服务则有着集体的成分。

受保护的公司和行业

针对上述第一点原因，对关键行业的认定，就曾采取被动的形式。例如，当煤炭工业被私有经济内部广泛认为利润微薄、无法持续的时候，仍然存在着对其产品的广泛依赖。一种更主动的形式则是对那些所谓的“全国冠军”公司或行业的认定，这些公司或行业被认为对国家经济的成功至关重要。这些行业通常是利润丰厚的，因此通常为私有经济所保有，但却持续受到政府的保护和支持。这一方式通常与法国和意大利第二次世界大战后的保护主义工业战略相联系，直到20世纪90年代，单一欧洲市场的建立。但类似的方式在自由主义经济政府中也被在表面上遵从了，比如化学和汽车工业在英国的地位，以及钢铁、军事和汽车工业在美国的地位。

消灭这样的保护，曾经是国际贸易中新自由主义改革的主要目标，一部分因为这种保护曾经是竞争的障碍，还有一部分是因为这些保护所影响到的经济部门的政治化。然而，新自由主义政权已经产生出它自己的由国家保护的公司和行业。充满悖论的是，这些现象部分源自全球化，而全球化促使国与国之间竞争吸引跨国企业的投资。而吸引投资通常是通过政府给予企业特殊待遇的方式来实现，比如官方与企业代表之间达成协议，给予企业税务减免、劳动和其他法律豁免以及其他的特殊待遇。大公司通常以搬迁到其他国家相威胁，直到它们能够被允许就它们所需缴纳的税款进行谈判。这种行为扭曲了市场所需的公平竞争环境，相对于小公司，通常大公司会被给予更多的特权。

尽管不尽相同，但是有些“大而不能倒”的行业也有着相似的结果。这种行业一般由少数大公司所统治，同时又对国家经济（或者全球经济）具有战略重要性，以至于少数这样的公司倒闭将会导致整个系统内的大范围的震荡。这正是2008年金融危机之后，发生在名声狼藉的银行业及汽车工业中的事情。在其他一些国家中，能源行业也符合这一模型。[2]这些公司已经被定义为集体所有资产，而因此像保护主义年代里的“全国冠军”一样需要市场保护。不同的是，后者通常在接受保护的同时还接受对国家经济的某些责任。在新自由主义的保护中，国家和企业的关系平衡更多是单向的，也就是政府有责任提供保护和支持，而企业不做任何长期的承诺。传统的和现在的形式都包含了公司对政治的密切参与，这与新自由主义的前提是相反的。

“自然”垄断

“在自然垄断行业难以组织市场”这一经典论调已被各种技术和知识的进步所削弱。例如，无线电技术的变革结束了早期能够用于广播、电视和电话服务的无线波段数量的限制。这就使得在一些次级领域，大量生产者之间发生竞争已成为可能，同时降低供应商对公共配给的需求。在另一些情况下，关于监管的经济学理论的发展使得管理者能够挑战统治性公司与消费者之间的信息不对称，并由此在由寡头统治的市场里，建立起合理竞争的价格水平。[3]

需要注意的是，几乎所有情况都没有任何片段涉及纯粹、自治的市场。搞清楚如果真实市场存在，企业行为将何去何从，并且强行要求所涉企业予以遵守——想要做到这些，都需要强力的监管部门。因此，在英国，你会发现监管机构监管着大多数已私有化的工业以及所有的公用事业。在电信、能源和供水行业，统治性的公司已经形成，部分因为这些领域存在很强的网络外部性，因此竞争一直是寡头型的。尽管“去监管”一直以来是新自由主义议程中的一个基本部分，它事实上却产生了更多的监管，但是监管的目的有所改变。理论上，如果有一个市场，新自由主义的监管只会制定出市场的概貌，而不会制定其他的政策目标。例如，对广播和电视的新自由主义监管仅仅局限于对价格行为的监视，而不会涉及诸如保证政治力量平衡，或者限制色情或者暴力内容这一类的问题。如果在其他问题上的行为能够帮助其达到利润最大化，公司早就会采取这些行为；如果不能帮助其达到利润最大化，按照定义，该行为就会降低效率并减少消费者的选择。按照这个理论，消费者选择不能包括消费者可能有却无法通过市场表达的喜好。新自由主义理论所关心的中心“选择”，存在于消费者市场选择的更高水平。在这个水平上，消费者能高效地获得商品和服务。

在市场或市场类似物并不真正存在的地方创造市场，需要一些来自监管机构的智力杂技。在天然气和电力供应中，可以找到一个有趣的例子。国内消费者很难将自己视作一个市场——不管供应商是谁，从管道和线缆里出来的是一样的天然气和电。其产品和质量毫无区别，消费者无法像在普通市场里那样行使自己的选择权。他们还签订了至少一年期（经常是无限期）的合同，因此这些市场也并不活跃。供应商试图通过制定更好的远期采购策略和制作优秀的广告来相互竞争。尽管一些小供应商可能进入一些市场，第三方公司为其顾客从主要供应商处购买能源，更换品牌，然后再上网销售，这给人一种市场多样性的假象。因为消费者的行为有着刚性特点，并且市场被少数供应商统治，能源公司毫无动机去把其采购策略的收益传递给消费者。因此，监管者试图通过劝说公司给那些转投其下的消费者提供更低的价格，来刺激更多的消费者弹性。然而，在这种入门合同期结束以后，价格通常会大幅上涨。然后，监管者强烈建议消费者不停地更换合同，从而一直享有最优惠的入门价格。这样一来，监管者希望产生大面积的客户流动，这是一个真实市场所需要的。为达到这一目的，监管者还要对完全相同的产品进行人为的区分。在这样的市场中，只有当有大量消费者保持刚性，仅按照非入门价格支付更高的费用时，才能使得（一些）消费者和供应商都获益。与此同时，对于需要不停寻找新的入门优惠价并不断更换供应商的消费者，以及对于需要不断开发和推销新的入门优惠的供应商来说，交易成本都将会增加。这就是新自由主义应对寡头统治的行业价格居高不下的策略。

不同国家在这些问题上遵循新自由主义准则的程度大为不同，这提供了一个衡量新自由主义全面胜利的程度有限的指标。但是，即使被限制在控制价格水平上，监管也不是一项纯技术任务，它需要人为制定一些假设——在政府内设定监管机构的参数，在监管机构内建立和行使监管权。新自由主义和左翼批评家都发现了一些潜在的“监管捕获”。[4]在存在监管的地方，被监管的公司有着强烈的动机去赢得监管者的青睐。至少它们有机会去赢得青睐，因为监管者通常对它们的专业知识有所依赖。除此之外，它们还有从游说到直接腐败的一系列干预手段。

公共产品

像公路这样的主要基础设施，以及像医院这种提供公共服务的实体设施的主要所有人，曾经是国家。部分私有化的另一个主要动机，来自政府对吸引私人资本进入这些工程的渴望。国家这样做可以减轻与基建相关的税务。同时，作为交换，国家允许私人公司拥有部分国家基础设施。这样做有很大的局限。如果这些工程的目的是为集体或者公民利益服务，那么这些工程的利润很可能会比其他工程的利润更微薄。因此，为了建立这一新市场，公司必须得到一定的甜头。而且，私人资本所关心的是工程失败的经济风险，理论上，这是资本主义利润观的根本。可这一风险，很难转化为集体或公民利益失败的政治风险。其实，人们已经注意到，在应对2008年金融危机的时候，如果考虑到系统失败的风险，国家可能会觉得有必要赦免投资者的风险，然而正是这些风险才从理论上使私人利润正当化。

结果，给私有经济用于公共投资的资源，通常没能赦免政府最终承担风险的责任，反而在失败的情况下，使政府为私人企业提供赔偿。[5]因此，它没有用上市场的最基本含义。英国对私人铁路事业的补贴比给公有铁路的更高就是一个例子。此外，还有公—私投资伙伴（PPP），也就是英国所谓的私人金融倡议（PFI）。在PFI下，私人公司投资为公权力建设或者重建一所学校、医院或者其他类似设施，然后将它回租给公权力若干年。公权力原本负担不起这些设施的建设，但现在却可以在若干年内使用这些设施，但是要在租期内支付总额高很多的租金。[6]而且，政府还要向公司担保，其对设施的使用不会有巨大的改变，这可能威胁到公权力机构运营的效率。可能最重要的是，在金融危机后的复苏期，英国政府不得不承诺承保PFI合同。国家并没有剥离风险。

公共服务外包

最终，我们还是要思考将公共服务本身外包给私人公司。根据定义，公共或集体的产品和服务，基本上是不可能由纯市场来提供的。新自由主义的方法是，寻求将这一类产品转变为可以市场化的形式。这差不多总是需要公权力的参与，因此打开了通往政治化的大门。

我在这里称作公民产品的部分和公共产品有所重叠。例如，教育被认为对经济生活中的人力基础有贡献；医疗服务则包括预防传染病传播，以及维持劳动力身体素质与生产力。但是，这些产品以及其他服务的另一些方面却仅仅由个人消费，并使个人获益。原则上讲，这些服务可以由市场来提供，但是民主政治使得这其中很多产品和服务被看作公民权利，必须通过市场交易框架之外的途径来提供，即便有时需要支付某种费用。理论上，新自由主义反对任何此类不能被当作公共产品的条款。而实践中，许多国家的民主政治的特点使得全面的市场化直到现在仍然不可能。取而代之的是公权力成了消费者，而唯有供应商被私有化。最终的使用者仅仅是使用者而不是消费者，因而其不是市场关系中的一部分。他们的任何权利依然只是公民的权利，正如他们在之前的公共政权下享有的一样——尽管在实践中，这些权利可能因为公权力与服务提供者之间的协议而受到削弱，例如，商业保密条款使得公民能从私有服务商那里得到比从公共服务机构那里少得多的关于服务细节的信息。很多这类合同都有很长的合同期，有时候超过20年；人们无法就学校和医院的运营合同频繁地重新谈判。因此，仅在非常远离的时间点上，当这类合同可以竞标的时候，市场才存在。

或许最重要的是，公权力消费者购买的不是实体服务，而是外包合同的条款。尽管有很多公司已经参与到很多公共服务的外包这一行业中，但是市场仍然被少数大玩家所垄断。在英国，最近几年，三家公司（G4S、Capita和Serco）占据了政府外包市场中非常大的份额。[7]少数来自公权力的购买者面对少数供应商，这就形成了寡头垄断的市场。这个市场运行得并不好。一个证据就是，尽管很多大公司已经因为在它们已有的外包合同中玩忽职守，被处以罚款，却仍然继续赢得新的外包合同。[8]有一项研究在调查了赢得英国公共服务经营合同的公司的运营情况之后，曾引用金融危机中巨型银行必须被救助的句子，指出英国的这些公司已经变得“大而不能倒”。[9]也就是说，这些公司已经变得对英国的公共服务和基础设施如此至关重要，以至于如果它们要离开这个市场，市场会有崩溃的可能。

这些大公司在范围广泛却又完全不同的领域都有涉及，观察到这一点也同样重要。士瑞克保全公司（G4S）和希尔科公司（Serco）都是从公共国防和安全基础设施工程承包商起家的，今天其业务已扩展到学校和医护服务。另一个大玩家埃米公司（Amey），从修建公路开始，如今已经在公共管理各领域都有涉足。即便没有任何成功记录或者专业知识，这些公司仍然能够赢得跨领域的合同，这被认为是因为这些公司的核心业务并不是在某一有着专业知识的特定领域中，而是在于通晓如何赢得政府合同：如何投标，以及如何与官员和政客商定合同。这已经变成了一种形式的网络外部性；基本上，这些公司能够在政府决定外包的任何领域都赢得合同。[10]对于这些公司来说，国防与修路是很有用的起点，因为这些领域长期以来都是政府外包的主要领域。

我们可以描述出的新自由主义企业的典型形式是这样的：由少数公共官员与少数“伙伴”[11]公司的企业代表商定长达数年的合同。官员花的不是自己的钱，而政府却高度依赖于这些公司在市场中的持续存在。这并不符合市场新自由主义的理论，而根据其理论，外包政策最初是正当的。在外包的公共服务合同中，我们面对的是一种独特的组织形式。它过于政治化，过于寡占，而不能被认为是市场经济的一部分，而它的核心知识基础并不是向用户交付的实质性服务的知识基础。在这种情况下，新自由主义理论中的效率和消费者选择概念的意义，与它们现实中的真正意义之间产生了巨大的鸿沟。

在最近关于英国国民健康保险的辩论中可以找到若干例证。英国国民健康保险将被以大项目外包。这个过程被认为能够促进消费者选择，观察者因此被2013年政府重组南伦敦医院这一类的计划所困惑。南伦敦医疗信托控制着几家医院，它在遭受重大损失之后被接管。政府的解决方案是关闭刘易舍姆医院（Lewisham Hospital）的事故与急救科以及一些其他服务。这个医院并不是南伦敦信托的一部分，也没有财务问题。它的事故与急救科最近刚刚重新装修过，在所在区域内非常受欢迎。关掉刘易舍姆的几项服务意味着，这个区的人可能需要走很远的距离去伍尔维奇医院（Woolwich Hospital）。而伍尔维奇医院却是南伦敦信托集团的一部分，这样做可以增加伍尔维奇医院的病人数量，从而改进南伦敦信托集团的财务状况。在英国国民健康保险的市场管理规则下，一个区的信托不可能从另一个区的信托那里接收转移的资金，却似乎可以通过转移病人的方式达到这一目的，哪怕这违背了病人的意愿。[12]这似乎与自由选择新自由主义的目标相左，而这一目标在英国国民健康保险的改革中显得很突出。然而，从企业新自由主义的视角来看，这里的逻辑其实很清晰。减少区域内总的事故与急救服务的供应量，的确是保护南伦敦信托获利的一种手段。撤走刘易舍姆医院的服务正是保护南伦敦信托获利能力的最好办法。

与此类似，将健康服务和学校外包给私人或者其他提供商，大多意味着取消协商机制、本地使用者的监察委员会以及其他形式的参与性治理。批评观点认为，这样的做法与之前向使用者做出过的“更强的责任感”的承诺相左。而更强的责任感曾被宣称是向市场靠近的必然结果。[13]可是，提供健康和教育服务的公司的所有者，害怕协商机制将会威胁到其获利能力，正式的顾客参与机制在私有经济里闻所未闻。新自由主义理论纲领承诺的更好的消费者福利，在现实中被追求狭窄定义上的企业利润所取代。

一个合理的反对观点认为，在市场新自由主义理论中，利润最大化与消费者福利并存需要一个真正竞争性的市场，而在这些公共服务合同上并不存在这样的市场。但是，这在企业新自由主义看来不是问题。企业新自由主义的观点是在美国，由一批对反垄断立法充满敌意的经济学家和律师发展出来的。而反垄断立法正是要求拆分大企业，从而创造真实市场。[14]他们认为，在许多领域中，优势来源于不完美而不是竞争，规模收益差不多是无限的。所以，无论统治性企业的出现是激烈竞争的结果还是并购的结果，这几乎必然导致效率的提高。（有观点认为，只有当股东们认为并购能使利润增加时，才会产生并购；而利润最大化等同于追求更高的效率，因此也等同于消费者福利。）因此，以“消费者福利”为出发点，没有理由去寻求建立竞争性市场。这些观点也可以类似地延伸到公共服务的外包合同上。

结论：竞争的局限

私有化、公—私金融伙伴、公共服务外包以及最近一些其他的战略，总是被宣称可以为曾经被国家官僚体制主宰的领域带来竞争性市场的优势以及消费者选择。然而，结果很少如此。新自由主义改革的一个主要目标就是将经济去政治化。这样的希望几乎总是变为失望。这里有两个非常不同的原因。第一个原因在于，这里所涉及的产品和服务大多具有集体性和公民性。当一个产品有集体性的时候，无论是在理论上还是在实践中，它都不可能被保持在市场里。在民主社会中，这将意味着关于质量和条款的争议永无结论。

然而，第二个原因在于，新自由主义实际上已经采用了我在这里称之为新自由主义的企业形式，而不是市场形式。很少有新古典主义理论所理解的那种类型的完全竞争，只有在很少的情况下，消费者选择才是可能的；新形式的监管以及政府对个别公司和个别行业的支持的新理由，都无法降低国家对经济的参与，而只是改变了参与的形式。少数的巨型公司统治了新的私有化和外包领域，同时，类似银行业这样的领域已经被认为对经济至关重要，并因此获得了某种公共产品的地位。当这一切发生，同时少数公司统治一个领域的时候，政府变得依赖它们，而它们则成为核心的政治参与者。实在强硬的新自由主义经济学者可能会反驳说，政府可以允许几个大银行垮掉，或者让健康服务及其他服务在无利可图的地区消失。可是，除他们之外，没有人愿意冒巨大的风险去进行这种不可预知的试验。

经济和政治资源的可互相转化性

因此，企业新自由主义现实的一个主要后果在于，经济和政治资源之间的障碍使得新古典主义经济学理论在原则上能够成立。根据这一理论，政府对经济的介入应该受到制约，并主要限制在财产权、合同法以及防止垄断上，这些都是市场能够有秩序地运行所必需的。另一方面，这些公司也没有被期望扮演任何政治角色。这是因为在一个竞争性的市场中，经济资源不会转变为政治资源，因为在政治上的花费将被计入商业成本，而参与这一活动的公司就必须涨价，从而输给没参与的公司。某一领域的所有公司同意建立一项基金，在政治角力场中为本行业游说，这一可能性依然存在。但是，在一个正当的市场经济里，这样的行为应该被判违反了竞争法。并且，在大量公司之间进行协调将会面临集体诉讼的问题，而从协调一致的行动中变节可以带来成本优势。

寡占市场在现今很多领域，特别是那些涉及私有化和外包的很多领域中存在。而寡占市场却适用另一种逻辑。这些寡头公司既能够将资源引向政治活动，又同时能够从中获益，因为它们从有利的公共政策和政府合同中，可以获得如此多的收益。它们对最大化地施加政治影响，以及与政治家和公务员建立广泛的联系，有着直接而强烈的兴趣。这里所暗示的不平衡的政治影响力，甚至存在于不同的领域之间，更不用说存在于同一领域的不同公司之间了。它部分导致了一种不对称和不平等，而基于市场经济和民主政治的立场，它使得商业政治游说活动非常值得怀疑。

因此，在企业新自由主义下，经济体和整体之间的隔膜变成了一层半透膜：政府不应该自作主张地介入经济，但是没有什么可以阻止企业的政治活动。19世纪后期，这种经典的自由主义在许多国家里影响了公民服务规则的建立。而经典的自由主义苦于无法运用严格的规则去管理公共官员与私有经济中的人员之间的互动，从而同时保护国家和市场的正直。从这个严峻的角度来看，今天的许多并不引人关注的互动将被定义为腐败。

现代企业新自由主义对政府企业之间关系的管理方式，并不是由经典的分离规则所主导，而是由新公共管理（NPM）的现代教条所主导。它推崇的是放松这些规则，理由是这样做可以使得私有经济的思维渗透到政府中去，可以提高后者的效率。这一模型的核心特点之一就是，在公共官员与重要的外包公司之间产生“政商旋转门”。当政治家和公务员离开政府岗位的时候，他们可以被允许加入他们曾参与监管过的公司，公司也被允许在与它们商定合同的政府部门中列席参谋。

在公共外包领域的公司，与监管它们或者同它们订立合同的公共官员之间，存在着这种特别强烈的联系，而公司的幕僚或者董事会正是由曾经或即将出任这些公共官员的人组成的。在英国经济的另一部分中，税务权力机关（女王陛下的税收和海关）从四大会计师事务所那里就如何打击避税而征询建议，而四大会计师事务所接下来就帮助客户继续实施避税。找到这些联系并不需要深入的研究，也没有人在掩盖这些事情。因为这种联系不仅不应被视为腐败，反而是被鼓励的，这是新公共管理的一部分。

要证明公司的政治活动在何种程度上影响了公共监管人员的行为，这将非常困难，一部分是因为缺乏这样的反事实证据——假设这样的行为不存在，政府合同以及监管者行为又将会如何；另一部分是因为这种行为基本上都不会留下任何纸面痕迹。只能去测量投入一方，计算其有多少资源被投入政治活动，然后下结论说，如果这些公司都是理性的，要是没有任何产出的话，它们将不会以这种方式投入资源。塔姆辛·凯夫（Tamsin Cave）与安迪·罗厄尔（Andy Rowell）曾经追踪了英国企业游说团的工作，[15]他们估计公司每年在游说活动上花费20亿英镑，他们还提供了其中的细节和成功案例。杰茜·戴维斯（Jacky Davis）和她的同事详细描述了旋转门借调的角色，以及将英国国民健康保险外包给私人企业的游说活动。[16]类似的事情也发生在欧盟以及美国，尤其是美国。

企业政治力量的扩张还可以在欧盟与美国之间提出的综合贸易条约，跨大西洋贸易和投资伙伴计划（TTIP）中得到体现。TTIP计划将欧盟成员国和美国之间的贸易壁垒大大放松。在不同的全球协议中，大部分的关税壁垒已经被撤销。余下的就是所谓的非关税壁垒。这包括从将国际竞争者阻挡在本国市场之外的规则设计，到保护健康、劳工权利以及各种公共和集体产品的监管。TTIP和之前的其他贸易协定的不同之处在于，它企图结束贸易条款中对公共服务的豁免。

在现在欧盟竞争法之下，政府可以宣布某些社会政策领域被排除在市场经济之外，而把这些领域定义为大众经济利益的服务。而TTIP提出的条款将破坏这一原则，它允许公司以政府威胁了它的利润为名，对政府行为要求赔偿。假设一个新自由主义的政府宣布它的健康服务在TTIP框架内可做交易，但是随后的社会民主主义政府想要保持健康服务的公共供应。TTIP就将给海外的健康服务公司控告政府的理由，因为那样的政策改变将会损害它们的投资。TTIP还提议这一类的索赔案不能由普通法庭和现有的法官来审理，而必须完全由企业律师组成的仲裁小组来审理（这一过程被称作投资者—国家争端解决，ISDS），这一提议尤其充满争议。政府原本对如何提供公共服务有着决定权，而TTIP强化了企业力量，使之能够有效挑战政府这一权威。[17]

结论：资本主义与民主政治

有效市场经济的理念认为，经济不能带有任何公司与政府之间的相互纠缠。然而，我们已经看到，企业新自由主义的现实已经对这种理念发起了挑战。TTIP的例子证明，它对民主政治也有着类似令人担忧的影响。自第二次世界大战以来，资本主义与民主政治经常被描绘为自由这枚“硬币”的两面，而自由派民主政治的主要理论使得这差不多成了对市场的比喻。[18]但是，在一个政体中，如果大企业既有足够的市场份额使其能够支付政治活动的花费，又依赖来自政府的各种帮助以使其政治活动花费物有所值，这样的政体将变得高度不平衡，企业利益能够行使比其他利益都大得多的影响力。

这种不断增长的不平衡促进了最近几年发达国家日益增长的不平等。这在纳税问题上变得尤为明显，最近几十年里，税收政策的改变确实推动了这一不平等。1981—2010年，整个OECD区域中的国家，最高个人所得税率从66%降到了42%。[19]而对于处于个人收入底部90%的人口，他们的收入来源中有70% ~85%是以工资的方式获得；对于顶部0.01%的人口，他们只有40%的收入来源是以工资的方式获得，而其大部分收入来源是企业收入、红利以及资本利得。这一类收入的税率却越来越低于工资收入的税率。1981—2010年，OECD区域的平均企业收入税从47%降到了25%，红利税从75%降到了42%。这一改变发生在税前收入不平衡正在逐渐扩大的同一时期。可以假设，在不断扩大的税前收入不平衡面前，一个民主的负责任的政府将会增加税率的累进，而那些受到企业力量影响的政府则会渐渐降低这种累进。现实中，新自由主义时期的财政变革与后一个假设相符。

因此，当代资本主义的现实是，经济资源能够高度集中，也已经高度集中，这使得企业能在政体中发挥强大的力量。确实，在美国，这种活动已经被最高法院明确接受。2010年，最高法院推翻了联邦选举委员会之前的裁决。联邦选举委员会的裁决认为，一个组织用于竞选活动的经费总额应该有上限。而最高法院推翻裁决的理由是，美国宪法应该被理解为赋予组织和公民一样的权利，虽然最高法院同时维持了现有对单个候选人的政治捐款的上限。[20]然而，4年后的2014年，最高法院也解除了对第二类捐款的禁令。[21]当然，只有大企业的所有人才可能做出这一类的政治捐款。例如，据报道，科赫兄弟（Koch Brothers）——石油、化学以及其他有政治敏感性的行业的主要企业的拥有者，计划花费8.89亿美元来支持2016年的美国总统和国会选举。[22]根据《华盛顿邮报》的计算，这比2012年选举各阶段所有外部赞助者花掉的所有的钱还多3亿美元。

民主政治必须指代的是某种政治平等。这通常通过高度精细的制度来保证，这些制度确保每个公民都有且仅有一票来完全行使他们的权利。在这个框架之外，在运用政治劝说以及政治影响的能力上的不平等，在不同程度上被容许。对此，不同国家在监管竞选经费和游说活动的力度上有所不同。如果收入和财富的不平等增加了，那么行使政治影响力的能力的不平等也将增加，这正是目前正在发生的事情。如果私有化、公共服务外包的政策以及将不同的经济领域政治化的其他因素（如“大而不能倒”的角色）不断增长，那么将这类不平等用于政治目的的动机也将增长。直到某一点，民主政治平等的宣传和正式规则与现实政治的不平等产生矛盾，那将使得政权能否被称为民主政权都成为疑问。于是，严肃的评论家开始质疑民主政治与资本主义是否仍然能够互相兼容，这也就不再令人惊讶了。[23]

这样的发展对社会生活的诸多方面都非常重要，但是，对于新自由主义资本主义来说，民主政治很重要吗？主要的自由主义作家，特别是弗里德里希·冯·哈耶克（Friedrich von Hayek）[24]，对民主政治的表态高度模糊，但是总的来说，人们通常假设民主政治与市场秩序之间有着选择性的联系。二者都需要参与者之间进行自由竞争，前者为了选票，后者为了客户。现代民主基本上确保了法治和对财产权的保护，并为改变立法和为这些改变进行游说制定了清晰的程序，这些都是资本主义需要的。另一方面，民主也可能产生很多监管规则来保护非市场、非企业的利益。资本家钟爱的政权或许是我在别处称作的“后民主政治”，在这里，所有形式的民主政治，包括法治，都将继续，但是，所有的细节都将基本上变成被动式的，而公民社会也变得太弱而无法挑战企业利益对政府的影响。[25]后民主政治的一个例子来自英国2014年的《游说，非党派活动和贸易联合会透明度的管理法案》（the Transparency of Lobbying，Non-Party Campaigning and Trade Union Administration Act）。这一法案对有组织游说和压力团体的活动强加了很多限制，但是，它没有触及个别企业的游说活动。因此，如果一家连锁超市和一个小镇上的小商店所有者团体之间发生政治争端，后者的游说活动就将受到监管，而非前者的游说活动。

后民主的资本主义不需要正式宣称放弃民主，企业新自由主义也不需要宣布放弃市场；确实，民主政治和市场将继续被认为是政治体系合法性的主要来源。而这一政治体系仍将被企业力量主导，其他合法性来源将只是补充方法。[26]例如，反反垄断理论为保护主导市场的企业，对抗塑造市场竞争的法案提供了正当的理由。新公共管理理论就将摒弃公共官员与企业人员之间的屏障合法化，而这一屏障被早期自由主义经济视作关键。企业的社会责任，在利润最大化之外给了商业领袖们社会合法性，而且暗示并不需要公共政策来解决市场失灵。离开了凯恩斯主义的需求管理，对高就业率的广泛渴望，给予能带来商业利益的政策偏好更高的优先级。私有化以及公共服务外包战略产生自市场经济；关于它们与市场经济之间矛盾而麻烦的关系的讨论，揭示了当代政治经济领域广泛的紧张关系。在现实中存在的新自由主义包含了企业的主导地位，这挑战了新自由主义与市场秩序以及政治民主的兼容性。

注　释

1. 领先的新自由主义理论学者统治了全世界大学的经济学系，特别是美国，尤其是芝加哥大学。他们囊括了多个瑞典国家银行的经济学奖，以及大家公认的诺贝尔经济学奖。从某种程度上说，新自由主义思想者都组织在弗里德里希·冯·哈耶克以及他的同事创建的朝圣山学社之下。可以在P. 米罗斯基（P. Mirowski）的书里找到对这一学派的主要成员及其主要贡献的具有高度批判性但却全面的指南：*Never Let a Good Crisis Go to Waste: How Neoliberalism Survived the Financial Meltdown*，*London*，Verso, 2013.
2. C. Crouch，*The Strange Non-Death of Neoliberalism*，Cambridge，

Polity Press，2011，ch. 5.

3. 参见：the works of J.J. Laffont and J. Tirole，for example ‘Using cost observation to regulate firms’，*Journal of* Political *Economy*，vol. 94，no. 3（Part I）1986，pp. 614–41; *Competition in Telecommunications*，Cambridge，MA，MIT Press，2000。

4. J.J. Laffont and J. Tirole，‘The politics of government decision making: a theory of regulatory capture’，Quarterly *Journal of Economics*，vol. 106，no. 4，1991，pp. 1089–127.

5. 一个尤其特别的例子是英国政府给予三家法国和中国的公司20亿英镑的国家担保贷款，用于建设欣克利角C核电站。而三家公司全部为国有企业。参见：https://www.gov.uk/government/news/2–billion–support–for–hinkley–point–c（2015年10月22日查获）。

6. 比如英国国民健康保险（NHS），参见：J. Davis，J. Lister and D. Wrigley，*NHS for Sale: Myths，Lies and Deception*，London，Merlin Press，2015，esp. pp 16–21。

7. Social Enterprise UK，*The Shadow State*，London，Social Enterprise UK，2012.

8. 英国最近的案例细节，参见：C. Crouch，*The Knowledge Corrupters: Hidden Consequences of the Financial Takeover of Public Life*，Cambridge，Polity Press，2015。

9. Social Enterprise UK，*The Shadow State*。这样的批评可以说有一定的道理，因为它们代表了一些在面临大公司竞争的时候，无法赢得这一类合同的小公司的观点。可是，推动这样的竞争本来就是最初将外包合理化的关键部分，这种批评应该被认为是合理的。

10. Crouch，*The Strange Non–Death of Neoliberalism* .

11. 2010至2015年，英国保守党—自由民主党联合政府建立了“战略关系倡议”，在此倡议下，各部大臣发展了同跨领域的76个选定跨国公司之间的特殊关系。这些公司并非只是那些参与公共合同的公司。参见：‘Buddy scheme to give multinationals more access to ministers’，*The Guardian*, 18 January 2013，http://www.theguardian.com/politics/2013/jan/18/buddyscheme– multinationals–access–ministers（2015年10月22日查获）。

12. 在这一事件中，当地一个致力于挽救刘易舍姆医院的团体将此事诉至法院，法院判决政府没有权力以这样的方式关闭医院科室。政府于是正在准备提案修改法律，以使其在未来能够这样做。参见：https://www.gov.uk/government/groups/uktistrategic–relations–team#supporting–the–uks–top–76–investors–and–exporters（2015年10月22日查获）。
13. Ibid.
14. R. H. Bork，*The Antitrust Paradox: A Policy at War with Itself*, New York，Free Press，1993，1st edn 1978; R. A. Posner，*Antitrust Law*, 2nd edn，Chicago，University of Chicago Press，2001.
15. T. Cave and A. Rowell，*A Quiet Word: Lobbying*，*Crony Capitalism and Broken Politics in Britain*，London，Bodley Head，2014.
16. Davis，Lister and Wrigley，*NHS for Sale* .
17. 关于TTIP引起的各种争议的讨论可以参见：Queries，no. 6，Spring 2015，pp. 32–83, http://www.queries–feps.eu/PDF% 20Complet% 20–% 20Queries% 206.pdf（2015年10月22日查获）。
18. 最令人印象深刻的例子来自：R. A. Dahl’s Polyarchy，Participation and Opposition，New Haven，CT，Yale University Press, 1971。然而，到20世纪80年代，达尔（Dahl）已经转变为反对他自己之前的立场，因为企业主宰了美国的政治，参见：Dahl，Dilemmas of Pluralist Democracy: Autonomy Versus Control，New Haven，CT，Yale University Press，1982。

19. M. Förster, A. Llena–Nozal and V. Nafilyan, *Trends in Top Incomes and Their Taxation in OECD Countries*, OECD Society, Employment and Migration Working Papers 159, Paris, OECD, 2014; F. Bastagli, D. Coady and S. Gupta, *Income Inequality and Fiscal Policy*, IMF Staff Discussion Note SDN/12/08, Washington, DC, IMF, 2012.

20. US Supreme Court, *Citizens United v. Federal Election Commission*, 08–205, Washington DC, US Supreme Court, 2010.

21. US Supreme Court, *McCutcheon v. Federal Election Commission*, 12–536, Washington DC, US Supreme Court, 2014.

22. P. Bump, 'Here' s just how much the Koch Brothers are planning to spend on the 2016 election', *Washington Post*, 27 January 2015.

23. W. Merkel, 'Is capitalism compatible with democracy?', *Zeitschrift* für *Vergleichende Politikwissenschaft*, vol. 8, no. 2, 2014, pp. 109–28; W. Streeck, 'Comment on Wolfgang Merkel, "Is capitalism compatible with democracy?"', *Zeitschrift* für *Vergleichende Politikwissenschaft*, vol. 9, no. 1, 2015, pp. 49–60.

24. F. A. von Hayek, *The Road to Serfdom*, London, Routledge, 1944; *Individualism and Economic Order*, London, Routledge, 1948; *The Constitution of Liberty*, Chicago, IL, Chicago University Press, 1960. 关于哈耶克思想中的反民主倾向的分析细节，参见：Mirowski, *Never Let a Good Crisis Go to Waste*, and W. Streeck, *Gekaufte Zeit*, Berlin, Suhrkamp, 2013。

25. C. Crouch, *Post–democracy*, Cambridge, Polity Press, 2004.

26. C. Crouch, 'Can there be a normative theory of corporate political power?', in V. Schneider and B. Eberlein, eds., *Complex Democracy: Varieties, Crises, and Transformations*, Berlin, Springer, 2015, pp. 117–31.

第十章
低碳：创新与气候变化经济学

迪米特里·增西利斯

导　言

气候变化将改变经济的本质。在前工业化时代，地球表面平均温度已上升1℃，大气中的主要温室气体二氧化碳浓度已超过400 ppm（parts per million），并以每年2 ppm的速度在上升。[1]450 ppm的气候模型表明，平均温度最后可能上升超过2℃，国际社会设定2℃为危险的变暖阈值，不应高于这个值。我们正在以比以往任何时候都快的速度，增加温度升高带来的潜在风险。由于温室气体排放和对温度的影响之间的时间差，未来10~20年将决定未来气候变化的趋势。如果不采取更强有力的行动来遏制和扭转温室气体排放——温室气体不只是二氧化碳，还有甲烷和氢氟碳化物（HFCs），全球变暖极有可能超过2℃。根据目前的趋势，到21世纪末，温升可能会超过4℃。[2]

Published by John Wiley & Sons Ltd，9600 Garsington Road，Qxford OX4 2DQ，UK and 350 Main Street，Malden，MA 02148，USA

温升2℃以上对经济的影响将是深远的。政府间气候变化专门委员会（IPCC）已指出其可能的影响。这些影响包括致病率较高的极端天气事件（如洪水、风暴和干旱），以及基础设施网络和关键服务故障的风险，这种情形特别容易发生在沿海地区和城市；由于降雨的变化和农业生产力的降低，粮食不安全和食物系统崩溃的风险在增加；极端热事件以及通过食物和水传播的疾病正在增加，其患病率和死亡率在不断攀升；移民冲突也将带来更大的风险；陆地和海洋生态系统及物种的流失在加快。这些影响不会均匀分布，更严重的影响会发生在贫困的社区，以及特别脆弱的国家和地区。随着气温的升高，气候风险的增加并不成比例；温升3℃以上将是不可逆转的"关键点"，会使得冰盖坍塌而导致海平面上升，大量物种灭绝。[3]

由于存在许多不确定性因素，还不可能准确估计这种影响的经济成本。如果温升2℃，即使采取强有力的措施以适应这种变化，政府间气候变化专门委员会估计每年的成本花费也要占到全球GDP的0.2%~2%。[4]在国内生产总值中，更多的经济产出需要被用于适应和防御措施。事实上，这些几乎都低估了气候变暖产生的影响，因为这些评估都是基于不全面的研究，而在较高温度下的影响可能是倍增的。正如迪茨（Dietz）和斯特恩（Stern）所说，气候变化可能会破坏核心经济资产，尤其是对推动增长和生产力的基础设施，以及对自然和人力资本的破坏。所以，其经济成本可能会高得多。[5]

因此，不受控制的气候变化将对我们的经济体系造成严重后果。然而，全球变暖带来的挑战其实是比这更大，在本章中，我们将表明，需要严格控制温室气体排放量，使温度上升值保持在2℃，并需要对商品和服务的生产、消费以及分配方式进行深刻的变革。从根本上减少碳排放的要求意味着，必须改变现代资本主义的形态和结构。

反过来，这将需要一个不同的经济学方法。气候变化往往被经济学家和政策制定者视为“环境问题”，对此，经济分析和政策的正统工具是可以被应用的。但是，正如我们将要说明的那样，这是一个更深层次的问题。因为应对气候变化需要经济体制的重大转变，而对气候变化的思考需要更广泛、更注重发展的视角。它涉及了解路径依赖性的技术变革，重新思考使用和设计经济建模，以及部署更广泛的经济手段，而不是用什么标准的政策工具包。

资本主义的挑战

气候变化之所以给现代资本主义带来如此大的挑战，是因为它是由碳引起的。碳，具体来说，从化石而来的碳，是能源的来源。200年以来，它一直是世界上大部分经济活动的能量来源，因为使用煤炭的蒸汽发动机首先催生了工业革命。有人说“资本主义是建立在碳的基础上的”，这种说法并不为过。尽管今天我们有了其他能源，比如核能源、水力、风力和太阳能等可再生能源——但全球经济仍然对石油、天然气和煤炭保有极大依赖，它们占据了主要能源消耗的80%。[6]

而问题是，如果要达到全球温度的稳定，化石能源的碳排放要减少到零。这是温室效应产生的基本机制。温室气体（GHG）已经存在几十年甚至数百年，这些气体的常年积蓄（而不是每年的排放量）驱动着温度的变化。因此，无论我们寻求怎样的稳定温度，无论温升是2℃还是6℃，气候科学的关键洞见往往没有得到正确的把握，温室气体的净排放量最终都要降到零。换句话说，必须或多或少地实现全球低碳经济。（净排放考虑的事实是，一些排放可以被隔离，要么通过增加自然碳汇，如森林；要么通过碳捕获和储存技术；“地球工程”技术也有一部分抵消全球变暖效应的潜力，但都尚未尝试过，这些技术存在重大风险，也不能解决海洋酸化及其他影响。）IPCC的气候模型表明，如果要实现将温度上升值控制在2℃的目标，碳排放量必须在2065至2085年降低到零，到21世纪末，所有温室气体降低到零。[7]

这需要所有经济体实现结构根本转型。虽然我们显然不能预见每一种技术或方法将涉及的未来，但勾勒出这样的转变已经是可见的了。[8]化石燃料能源将会被淘汰，取而代之的是核能和可再生能源，用于储电（碳捕获及存储）。在运输中，这将意味着车辆几乎完全电气化和/或广泛使用氢燃料电池，都基于清洁能源。为了满足更高的能源需求，能源消耗的效率在其所有用途中将急剧增加。这将意味着生产、分配和消费方式的重大转变，利用数字信息技术来管理能源需求并减少经济产出的“物质形态”。建筑物和运输系统的设计与运作，以及城镇和城市的整体格局，都将发生重大变化。为了减少对能源的需求，以获取和运输物理资源，在农业和工业及消费品的制造和运输上，将需要所有部门的重大变化。在本书第十一章，卡洛塔·佩雷斯认为，所有这些都将与导致经济体制转变的那场技术革命拥有同等地位。

这能够以必要的速度完成吗？如果没有尝试着去做都是不可知的。这不仅是一个技术变革的问题，其政治影响十分深远。气候变化是集体行动问题，是“公地悲剧”。就低碳经济而言，国家和私营部门需要建立全新的，尽管以目前的情况看更昂贵的能源、交通、工业、农业和城市系统。在这样做时，它们将不可避免地导致流动资产和基于化石能源活动的价值及赢利能力的下降。这将不可避免地遭遇阻力。然而，它们自己并没有足以解决全球问题的办法，除非当所有的行为都有效时。在一般情况下，大多数政治和金融决策者有短期的预期，给未来几代人带来重大利益——这种脱节被形象地称为“地平线上的悲剧”。[9]这意味着，所有国家都有激励措施，通过搭乘他人行动的“顺风车”来限制国内成本。这是一些难以逾越的障碍。

经济学的挑战

因此，气候变化对资本主义和政治产生了巨大的挑战。[10]经济学学科也遇到了很大挑战，因为气候变化与经济学已经能够应对的大多数环境问题不同。

与普遍的看法相反，正统经济学并没有忽视环境。100年来，环境经济学的主流分支一直是处理资源稀缺（大部分是基于杰文斯和霍特林的原著）及污染（基于庇古的著作）。[11]新古典经济学认识到，环境问题是市场交易的负面外部效应，是一种形式的"市场失灵"，所以，"纠正"失败的干预措施是必要的。这种干预可能是各种各样的规定（要求法律上的行为改变），但经济学家一般都能够表明，这些往往会比一些政策工具的效率低，这些政策工具为企业和消费者改变其行为提供金融激励，如税收或许可证交易系统。一个比较简单的静态经济学便产生了，这种经济学认为，当减轻污染的边际成本等于获得的效益时，便出现最优环境的结果。通过一些以市场为基础的手段，可以最有效地达到这个结果。[12]

传统经济学在应对气候变化时大体上遵循了这种方法。全球变暖是一种污染形式，是产生温室气体的市场交易的外部表现。随着温室气体排放量的上升，气候变暖加剧，此时可以用"损耗函数"测量"碳的社会成本"。这种成本可以通过碳定价实现内化（和其他潜在的温室气体）：实施碳税或建立碳排放交易机制为经济主体降低二氧化碳带来激励。当税率等于碳的社会成本时，将达到最佳水平的温升。当然，没有环境经济学家会认为真实的世界如此简单，但新古典框架提供了一个有用的概念工具来解决这个问题。在气候经济学家和企业那里，碳定价仍然是备受青睐的政策工具。[13]

不过，这还不够。定价碳是一个必要的政策，符合成本效益的减排。它是透明的和非歧视性的。它发出价格信号，使市场能够确定最有效的短期减排形式。如果破坏性活动不需要付出任何代价，那么过度消费则几乎是必然结果。但是，定价自身不足以实现将全球温度稳定在安全水平上的脱碳规模和速度。这是因为多种生产活动将碳深深嵌入经济系统中，从而使其成为一种独特的污染物。

从表面上看，碳和其他污染物没什么两样。它不是最终产品——非碳的“绿色”电子和污染的电子提供能量的效率相同。可再生能源技术表明，最终可能证明碳对能源的产生不再重要，就像铅已不是汽油的必备成分。但是，后者可以通过改变生产过程中的一个要素来被减少或消除。而减少碳则需要从根本上改变一个广泛而根深蒂固的全球基础设施体系。我们可以不改变发电的核心技术和方法而减少电厂产生的污染物二氧化硫（导致“酸雨”)。然而，二氧化碳是燃烧过程的基础，在整个全球经济中，每一个部门的经济活动都或多或少地发挥着作用。所以，虽然碳一般是可替代的，但它已经有效嵌入现代社会和经济中。因而，这就使得变革的政策将会复杂得多。和其他污染物明显不同，碳在全球范围内被大量使用。

因此，要想解决这个问题，不能求助于新古典传统的边际主义经济学。消除资本主义碳排放的难题，并不是要我们去纠正不太严重的市场失灵问题以实现静态均衡。由于碳对资本主义非常重要，因此它是一项更艰巨的任务——不仅要从根本上改造一项项技术，而且要重塑整个生产、分配和消费系统。为此，我们需要借鉴更丰富的演化和变迁动力的制度经济学思想。我们需要了解创新增长的基础，以及路径依赖在制度变迁中的作用。

创新和增长

技术创新一直被公认是经济增长的核心驱动力之一，但在现代内生增长理论中，它的作用更加凸显。[14]人力资本创新、研发和知识投资——这不仅是提高生产力的关键，也是扩大价值创造途径的关键。

这对于解决气候变化问题至关重要。环保主义的一个传统观点是，保持在地球的生态极限范围内的需求，必然意味着经济增长的结束。1798年马尔萨斯认为，有限的资源很快会限制人类供应不断增长的需求的能力。约翰·穆勒（1848年）认为，经济最终会达到一个稳定状态。在20世纪，罗马俱乐部设定了经济增长的极限，预测出在2070年之前经济、环境和人口的“过冲和崩溃”[15]。自1800年以来，世界经济增长了80倍。马尔萨斯以全球经济结构为既定考量是错误的。马尔萨斯的模型假定技术和流程将保持不变，这意味着面对人口和需求的增长，世界将面临资源短缺的局面。然而，正是人类的创新使农业产量急速上升，实现了工业化，提供了大量的消费可能，这是前所未有的。马尔萨斯和他后来的追随者忽略的因素是，每个人口降临的同时也诞生了大脑：技术和制度上的创新，使社会能够从它所使用的资源中获得更多的资源。

最近，批评经济增长的评论者们认为，经济产值持续增长并不导致人类幸福感的增加，而且，经济产值持续增长在地球有限的生物和物理边界内是不可持续的。[16]但这是一个偶然事件。这取决于创新的道路：不仅仅是在生产、分配和消费的新技术和系统能在降低环境影响的同时提高产量，还取决于知识和信息能创造多大的经济价值。

不同于物质资源，知识不会耗尽。事实上，知识是建立在知识基础上的：内生增长的来源是持续或不断增加的回报可以克服物质资本收益递减。[17]很难忘掉所学知识，智力资本不断积累，从而使得技术进步往往推动生产力不断上升。正如艾萨克·牛顿所认为的那样，他只是“站在巨人的肩膀上”而看得更远。在一个良性循环中，知识带来产量的增加，也为进一步投资释放资源。同时，正如我们近几十年来所目睹的，知识和信息占国内生产总值的比重越来越大。知识是“失重的”，这是不完全正确的说法，因为它是在创建和使用一个物理通信基础设施，而这个基础设施使用大量资源和能源；它在现代经济中的增长产生了一个从根本上减少单位生产总值的材料吞吐量。[18]

因此，创新为环境问题提供了最重要的出路。利用非碳基能源，尤其是地球上的太阳能和风能资源丰富，不会被耗尽。即使在脱碳增长继续发生之时，通过日益向知识资本、基于信息的产品和服务转移，即使经济持续增长，低碳也成为可能。这种“绿色增长”的支持者并不认为经济增长可以违背热力学定律。在现实世界的实际经济活动中，材料和能源的吞吐量和由此产生的废物处理的问题仍然将是世界经济困境的核心。相反，他们注意到，技术进步原则上支持持续的价值增长，因为知识经济是无边界的。即使物质经济必须在资源的可持续利用上最终达到稳定的状态，经济的发展也会继续发生，实现人类的繁荣。物质增长、经济增长和人类福祉是可以脱钩的。[19]

路径依赖与创新

但是，创新并不发生在真空中。知识建立在知识上，这种倾向的缺点是，它使技术和基础设施的根本性转变更加难以实现。创新是路径依赖的：它受制于以前发生过的事情。思想和做法是紧密联系的，其例子比比皆是。一般认为，标准的传统键盘表面上古怪的设计是来自为了防止干扰的英文打字机。虽然还在使用的打字机已非常少，这个世界却离不开键盘，不管它现在是否提高了写作效率。伦敦的城市规划，包括其新的摩天大楼的形状和位置，在一定程度上取决于两千年前的罗马规划。

这就是“锁定”现象：现有的基础设施和理念相互作用形成的方式，为未来的变化设定了方向。每一位到哥本哈根或阿姆斯特丹的游客都被流行的自行车所吸引。当被问及为什么会这样时，当地的人们往往指向一流的循环车道。但是从这些当中得出的解释是：这么多人骑自行车。这个循环的特征就是路径依赖，结果形成了相互促进的反馈机制。一旦开始运作，行为、机构和有形资产就很难脱离。例如，化石燃料网络，不仅仅是矿山、炼油厂、港口、管道、发电厂和加油站蕴藏着巨大的知识和财富，而且石油和天然气公司也要招聘顶尖工程师到越来越人迹罕至的地方提取燃料。它们在各级政府中有着广泛的游说力。

然而，这些影响在很大程度上忽略了传统的经济分析，而专注于静态市场失灵。城市政策为此提供了一个生动的说明。近年来，多项研究表明，即使在相同的收入水平上，一个城市规划密集发展与公共交通一体化的城市，比一个庞大的以汽车为基础的资源密集型城市的碳排放量要少得多。[20]同时，城市提供一个锁定基础设施和行为的极端例子：一旦建成，它们是非常难以改变和追溯的。因此，这对未来气候变化过程至关重要，决定了在未来的30年里发展中国家迅速发展的城市该如何设计和建造。然而，迄今为止，还没有主流的气候变化定量评估政策能够将不同城市形式的影响纳入其中。这是不符合标准的市场失灵分析，碳定价不是决定该如何建设城市的主要政策工具。

路径依赖增加了激进变革的代价。为了实现我们目前以化石燃料为基础的生产和分配系统的转变，需要减缓全球变暖的步伐，因此需要强有力的政府政策，开始时其代价可能非常高。欧洲的可再生能源政策为我们提供了一个典型例子。从20世纪90年代初开始，德国最初以极高的成本对安装光伏太阳能给予补贴。但随着需求的上升，价格下跌，激励机制进一步推动了技术的进步。新公司进入市场，通过“边学边做”开发更为便宜的制造和安装技术。在中国和欧洲，太阳能发电设备的大规模生产进一步推动了成本的下降，从而引发了更大的全球需求。结果是，在2009年至2015年的6年间，光伏组件的产量下降了90%。因此，在许多地区，安装太阳能发电设备的成本与化石燃料的成本持平，甚至在北欧也接近这一比例。消费者的行为发生了变化，太阳能发电现在是一种正常的家庭投资。光伏补贴已经从根本上下降，而且对于他们而言，补贴已是不必要的。同时，在企业和消费者之间，关于气候政策的新的游说集团已经形成。

这是一个例子，强大的政策能否克服对路径的依赖惯性，进而确立新的积极动力。（欧盟在2008年要求所有成员国采用可再生能源，其目标是到2020年原始能源需求达到的20%。）创新链中的正反馈回路在整个经济中的相互作用，促进了制度和行为的变化以及新规模经济的出现。没有强有力的政策，创新活动往往集中在现行占主导地位的技术中，由增量改进带来的回报是很容易观察和理解的。然而，对未来能源网络和创新可能形成的预期的一致性可能导致“引爆点”，使得主流创新活动的性质和方向可以迅速切换。这可以通过新的网络效应来自我增强。只要以网络技术为主导，使用网络的产品和服务将接受大量的创新活动，这样在开发与替代方面就会省力不少；但是，如果能以新技术网络为主导的话，创新就会很便捷。储能技术在可再生能源的增长之后（存储成为应对太阳能和风能的间歇性的一个主要手段）为我们提供了一个有力的例子。在过去五年里，锂离子电池的成本已经下降了超过40%。这场革命才刚刚开始，其威力还没有发挥出来。

能源存储方面的领先创新者之一是电动车制造商特斯拉汽车。该公司采取了激进的方法来解决网络锁定问题。[21]2014年6月，特斯拉的创始人埃隆·马斯克宣布，他的公司将有效地使用其电动汽车专利，但这不是技术利他主义。为了能够卖出更多的电动车，特斯拉同时需要全新的汽车充电基础设施。而要建成充电设施，电动汽车市场的规模需要大大增加。马斯克意识到由化石能源驱动的网络系统很难被改变，因为现有的加油站形成了一个庞大的网络系统。汽车经销商的既得利益使得驾驶内燃发动机驱动的汽车成为认同度更高的规范。[22]特斯拉决定通过刺激所有汽车企业的创新资源来拓展新的市场。企业经常利用这种路径依赖的技术运用和网络效应，以开拓新的市场。[23]丰田公司紧随其后。

最近研究得出的一个惊人的发现是，从低碳创新到其他行业的潜在溢出因素，将有助于推动高于其他技术的整体增长。[24]阿格因等人为地理知识溢出理论（一家公司创新路径的选择受到其研究人员所在国家的具体实践的影响）以及路径依赖（即公司倾向于其擅长的创新）提供实证证据。[25]德谢兹莱普雷特等人研究了100万项专利和300万引文数据，结果发现能源生产和运输行业的低碳创新溢出效应超过传统技术的40%以上。[26]同时，阿西莫格鲁等人提供了有力的理论论证表明，一旦清洁创新系统启动，它们会比现有技术的常规方案更有效率。[27]

这对政策制定者和经济学家有重要的启示。马祖卡托和卡洛塔·佩雷斯分别在本书第六章和第十一章中指出，创新的方向不是事先注定的。将当前生产和消费化石燃料的基础设施转向清洁能源的挑战需要强有力的政府政策，实现低碳目标——马祖卡托将它描述为“任务导向”。在许多情况下，这将需要克服早期的高成本，而高成本可能会滋生政治阻力。但是，如果能够达到投资和政策的一个临界点，反馈回路和网络效应可能会启动并加速变革进程，对经济中的其他领域产生积极的溢出效应。这些相互增强的机制可能会导致骤然的巨变。商学院通常讲授的那种标准的新古典经济学在努力适应这种动态。全球低碳的长期成本因此可能低很多，甚至成为负值。

经济模型

在评估和确定政策选择时，政府会使用经济模型。大多数国家通过定量评估直接或间接地制定政策框架。特别是，国家经济模型考虑到具体的和部门的政策进行模拟（如碳定价和可再生能源补贴），其经济范围影响着宏观经济指标的确定。通过比较结果与参考案例（“一切照旧”方案），这样的政策不落实，其预期的影响是可以确定的。综合评估模型（IAMS）用于评估气候变化政策包括温室气体排放在内的多个变量。这些模型模拟在一定的时间段将排放量限制在某一水平上。该模型可以显示成本最低的途径，以满足这样的排放目标，并预计将要达到的宏观经济成果。[28]

但这种方法有严重的局限性，其涉及长期的技术变革。动态的创新过程不仅发生在技术方面，而且也发生在彼此相关的政策和制度上，运用标准经济建模方法很难抓住全部，也难以准确分析。

经济模型本质上是一个描述经济运行的简化框架。根据过去经济表现的数据来看，它迫使模型运用者正式表达出假设，并梳理出背后的关系规则。模型用于两个主要目的：模拟（如果我们假设这个或那个变量的边际变化，那么相对于一些反事实分析而言世界将如何变化？）和预测（在12个月内我们将如何预期经济？），经济模型是了解短期变化的有力工具。模拟可以帮助我们理解一个问题，例如，假设经济结构不变，能源价格飙升时经济如何应对。一年内的经济预测可能相对不成问题（只要在那个时期没有发生意外情况）。但模型预测中长期形势的效果要差得多，正是因为未来的时间越长，认为经济结构的任何方面都是既定的，这种看法就越不合理。考虑的未来时间越长，结构的不确定性就越大，因此，模型预测最好的结果只是说明一些情况，最差的结果是产生误导。当预测显著的经济变化时这是特别真实的，如技术创新和结构变化，非边际影响产生作用的领域——如那些由气候变化所产生的——可能根本改变参考案例。

预测排放量可以在给定的经济条件下减少的方法，以及这样做的成本，对此大多数经济模型使用一种“边际减排成本（MAC）曲线”。[29]这种模型分析表明在某一年（如2020年）通过特定的技术或行为额外减少一吨二氧化碳产生的增量成本估值，以及通过技术减排的整体潜力。因此，预先确定的MAC曲线是经济模型的关键行为驱动因素之一。在模拟成本的每个技术或行动的路径时，大多数模型假设了线性率的技术和成本的改进。[30]

然而，我们知道这不是如何发生技术变革的问题。在现实中，正如我们所看到的，创新是内生的，如果足够刺激的需求可以是非线性和不连续的——无论是按需求、政策、研发支出，还是按单纯的科学推进。因为创新是我们脱碳的关键，这个缺点是致命的。基于MAC曲线建模存在风险，忽略或低估了在应对排放目标或使用特定的政策工具时可能发生的主要变化。反过来，这意味着这些模型容易高估成本。环境政策的历史确实充满了对经济模型所预测的预期成本（伴随着既得利益的警告）。实际上，一旦政策到位，这些成本并没有产生。[31]国际能源机构在预测未来使用太阳能和风力发电量上存在巨大分歧，实际使用量为此提供了一个明证。[32]

由财政部、商业银行和中央银行采用的模型，以经济的底层结构为基础，并通过估计的行为方程来分析扰动的利润率。[33]为了达到稳定状态，“新凯恩斯主义”和一般均衡的可计算（CGE）模型依赖于预先确定的长期趋势，以及“边际”、边际报酬和边际产品的递减。因为它们很少期待超过四年的范围，所以这种简化的假设使短期的现实近似于良好。但展望未来，在新技术、机构和行为的驱动下，不确定性增加和结构的不连续性更加明显地将推动经济走上新的道路。归纳关键变量（如产出）的特征，回归到一个确定性的均值或投资回报率总是递减的，这样做方便但不切实际。

这将导致经济预测的问题，经济预测研究大变革的影响，如全球经济在较长时期内过渡到低碳经济。模型趋于稳态平衡的要求意味着，许多关键被动态建模为平衡的趋势，而不是结构变化的决定因素。“变化”是仿照一个短暂的、自我纠正的状态。然而，现实世界的增长是内源性的，受制于系统内的不断变化，其特征是经常积极地加强反馈回路。

经济因素受制于经济规模、资本和制度锁定与不可逆性，新的网络和路径依赖特别难以估算。这是因为在某些情况下它们以前没有发生过，所以没有数据依存关系，也因为替代平衡可能产生的替代路径是无法直接观测到的，世界也会不同。由于它们的非线性动态性质，它们更难建模。冲击能产生持久影响，政策选择也会有广泛影响，因此，预测变得越来越难。众所周知，气象模型的一致性和准确性是基于一个为期两周的预测，而因为出现更多的混乱效应，预测开始变得越来越不可靠（著名的“蝴蝶效应”）。长期经济模型同样如此。

问题是，当涉及未来模拟气候变化政策时，最为中肯和有趣的是那些最难模拟的。更多的时候结果不是被简单地模拟出来，而是由模型来告诉我们什么样的未来很可能出现。用它们来预测政策的长期成本和收益是无益的。2014年，在其第五次评估报告中，政府间气候变化专门委员会调查了一系列综合评估模型，并指出对于全球变暖气温上升不超过2℃的目标，其成本将占2100年全球消费的2.9%~11.4%。[34]这种预测是荒谬的。无论是在基线（参考案例）方案或气候政策方案上，这种模式不能对“下一个世纪经济将是什么样的”这一问题提供任何一种合理的描述。没有经济模型能预测这些技术将可用于未来40年的减排，更别说80年乃至更少的成本了。假设经过80年的投资、学习技术的利用以及储存可再生能源，化石燃料的提取、运输和燃烧仍然比较便宜，这类似于在1900年预测从马车发展到内燃引擎的成本那样令人望而却步，基于当时预期的技术状况，从马车到内燃机的成本很高。

这并不意味着完全抛弃经济模型。模型是帮助我们研究理论和经验的行为关系，从而阐明和理解复杂世界运作的基本工具。但其长期分析的局限性需要得到适当的承认，需要避免杂散精度。一个更复杂的方法需要采取整合内生技术和制度的变革。模拟社区可以卓有成效地关注经济过程产生知识和创新驱动与系统的变化。在设计有效的政策时，这可能是非常有价值的。

气候变化政策

削减温室气体排放需要一系列政策工具。迈克尔·格布（Michael Grubb）提供了一个有用的概念框架。他指出，当经济活动出现满意行为、在优化行为的领域有基于市场的激励机制（如碳定价）、创新政策（如拓展期的补贴和研发支出）需要技术和结构变革等诸如此类特点的时候，什么样的监管措施（如能源效率标准）是合适的。[35]

其中，环境经济学迄今为止至少有这样一个说法，创新政策是最复杂的。马祖卡托在本书第六章中指出，传统的经济学观点是，政策制定者不应寻求“挑选赢家”，因为（据说）他们可能并没有能力去识别技术或识别将来会成功的公司。然而事实上，她也指出，许多现代最成功的技术在其早期发展中都是由国家资助的。如果政府要推动低碳方向的创新，它们将需要通过资助政策，无论是在研发方面还是在资助拓展期上给予支持。（事实上，证据表明，相对于早期，研发资金平衡可能过于偏向拓展期的补贴。费希尔等估计，拓展期补贴和研发支出的最佳比例大约是1∶2，而扎克曼等人表明，28个国家的拓展期资金比研发资金高150倍。[36]）

但是，成功的气候政策制定不仅仅是特定的政策工具。因为从更多的方面考虑，脱碳需要结构性的变化。第一，鼓励灵活的一般经济政策方法十分重要。开放的贸易、强有力的竞争政策和良好的劳动力市场有利于资源从衰退的高碳领域向更为高效的低碳活动发展。第二，分配问题是至关重要的。结构变化不可避免地对特定行业、工人和社区产生不利影响，尤其是在煤炭开采等高碳领域，而且在钢铁和化工等行业，这将需要大量的投资来转向低碳生产方式。为某些领域的投资提供过渡性支持，将劳动力重新分配到新的部门，在这些方面有所保障会有助于在经济上和政治上的顺利转型。[37]

第三，成功的气候政策制定需要打破根深蒂固的利益。一个完善的不对称的政治经济将利于当下。无论是竞争政策还是气候政策，任何改变的失败者都可以很容易地发现他们损失的程度，并且极力游说政治家推迟、限制或阻止对他们不利的政策。相比之下，潜在的受益者往往是分散的，在新兴技术和部门中，可能更少甚至还没出现。

拥护现状者经常声称，尤其强调更强势的气候政策将造成和其他国家竞争时处于劣势的情况，甚至导致他们转移到别处：有人认为，结果将产生“碳泄漏”，排放量从经济管控较强的国家转移到较弱的国家，所以总量没有净减少。但证据并不支持这些担忧。最近的欧洲气候政策研究，特别是欧盟排放交易体系认为，其影响迄今仍然很小。无论是碳泄漏、经济增长、就业或消费价格，即使政策得到加强，也只有少数能源密集型行业有可能遭遇重大负面影响。[38]政策制定者在很大程度上拒绝屈服于拥护现状的游说集团。

事实上，一旦实施，影响公司索赔的政策和法规（事前）会损害这些拥护现状者，从而促使他们激励创新。[39]例如，欧盟制定的汽车燃油效率目标，已经引起了一系列提升欧洲汽车全球竞争力的技术改进。2009年，欧盟推出了到2015年130克/公里的目标，却遭到汽车工业的普遍反对，直到两年前才实现。相比之下，在美国，由于消费者和汽车行业的压力，汽油税长期以来一直处于低位，燃油效率的提高已经慢得多了。因此，美国的汽车工业在更高的石油生产和全球金融危机下生存艰难，这是2009年克莱斯勒和通用汽车破产的重要因素，而这个因素毫无先兆。[40]经济学家普遍回应了气候政策和竞争力的争论，强调碳定价对化石燃料依赖部门的影响，但较少关注已经与吸引和部署新能源技术相关的众多机会。毫无疑问，后者是难以量化的，但它也掩盖了资本主义无法克服既得利益，无法让转型变革成果惠及大众的这个事实。

也许气候政策的最重要的特点是一致性。转换低碳生产方式需要投资，这需要企业和投资者对此有信心，这样政策才能持续。当这样的信心并不存在时，这样的投资也会被削减。[41]投资要求“确定性”的这种观点并不正确——任何动态市场都无法提供这种“确定性”。但是，有相当多的证据表明，环境政策的不确定性与企业（投资和招聘减少）及国家（GDP的损失及失业）层面的负面影响相关。[42]因此，保持可信、一致的长期政策信号，变得特别重要。

气候决策在这个意义上与经济预期的创造和管理有着很大的关系。各经济体对世界经济转向低碳轨道的信心越大，这样的结果就越有可能发生，成本效益也越高。企业会考虑投资可再生能源或效率能源。它的预期回报将取决于别人的行为。如果很少有人预计进行同样的投资，市场将更小，技术将更昂贵，资本成本将更高。

但另一方面，如果预计整个市场的规模扩大，那么技术和融资成本将下降，利润将上升。投资也将孕育投资，期望将自我实现。因此，一个良性循环是可能发生的，但它需要政策制定者的领导和明确的目标，以及在遇到政治阻力时保持勇气。改变政策应对事件只会增加风险和提高成本。这些确定脱碳活力的关键动态都不会被标准经济模型捕捉到。

结论

气候变化对资本主义造成的挑战既有后果，也有原因。如果要将全球变暖控制在一个安全的水平上，净排放量需要在21世纪下降到零。由于碳处于我们经济的中心，所以想要实现这一目标，只能针对脱碳的生产、分配和消费系统进行一场深刻的结构性变革。

要想评估这是否可以实现，需要一种形式的经济分析，侧重于静态的市场失灵和更多的创新和结构变化的动态过程。经济史为我们提供了丰富的学习资源：在过去200年中，西方经济体经历了一系列的技术和社会经济革命。这些熊彼特式过程表明，路径依赖是强大的，但不是无坚不摧的。[43]

因此，政策制定者的任务是寻求一个比新古典主义的意见书更为全面的建议。引导经济过渡到成本效益高的低碳经济。这将需要明确的价格信号和一套可信的以任务为导向的目标，并专注于推动低碳方向的创新，以克服当前高碳基础设施和机构的路径依赖。这意味着我们要认识到，随着创新的出现，行动的成本也在下降。标准经济模型和政策评估技术会产生误导，鼓励惯性并拒绝变化。政策制定者需要鼓起勇气去面对政策，通过创新和投资“引爆点”反馈回路。新技术进入新的网络而不需要补贴，它也变得有竞争力，并得以部署在规模上。政策制定者需要推动市场预期的转变，并通过持续的政策来维持投资者的信心。

这可能吗？它可能已经发生了。2015年12月，联合国在巴黎达成了协议，几乎世界上每一个国家都承诺在未来10~15年内削减排放量，并接受脱碳的长期路径。这些计划需要的低碳能源投资规模已经改变了投资者的预期。在储能方面，随着全球市场规模的扩大，导致预测成本的进一步降低，促进进一步的技术创新的到来。高碳资产的价值（如煤炭开采企业的股票）已经在下降。进一步的气候政策可能给投资者带来越来越多地去分析这些资产的风险。[44]同时，决策者越来越认识到要从能源效率、能源安全、城市污染、交通拥堵和发电创新等方面，有效管理低碳过渡的短期效益。[45]要说“低碳转型已到达引爆点”还为时过早，但它不再是天马行空的想象。事实上，历史性的《巴黎协定》是对脱碳经济观念发生根本改变原因的反映，这种观念已经从成本考量转向机会和自我利益考量（实现负担和利益的共享）。

这为经济学界带来了新的挑战。对于这种变化如何发生，传统经济学探讨得太少了。传统经济学过于关注这类问题：狭隘地理解市场失灵以及基于静态成本估计和“一切照旧”的经济模型，这种经济模型忽略了关于社会技术变革是如何发生的这类最有趣的问题。经济学家必须更加努力，使他们的分析更适合目的。商业和政府的领导者也有责任了解路径依赖如何诱发早期强大的行动。为了实现未来的低碳目标，推动变革可能比预测变革更容易。

注 释

1. World Meteorological Organisation，*Greenhouse Gas Bulletin*，no. 11，9 November 2015，http://library.wmo.int/pmb_ged/ghg-bulletin_11_en.pdf.（2016年4月14日查获）。
2. IPCC，‘Summary for policymakers’，in *Climate Change 2014: Impacts，Adaptation，and Vulnerability. Part* A: *Global and Sectoral Aspects. Contribution of Working Group II to the Fifth Assessment Report of* the *Intergovernmental Panel on Climate Change*，2014，https://www.ipcc.ch/report/ar5/wg2/（2016年4月14日查获）。
3. Ibid.
4. Ibid.
5. 迪茨和斯特恩的研究表明：增长的内生性将导致一个比标准经

济模型所表明的更有力的气候政策行动案例。在本章中，我们扩展了这一基本逻辑，并认为这为增长和创新的驱动程序提供了机会，大大降低了成本，减少了排放。S. Dietz and N. Stern，‘Endogenous growth，convexity of damage and climate risk: how Nordhaus’ framework supports deep cuts in carbon emissions’，The Economic Journal，vol. 125，no. 583，2015，pp. 574–620，doi: 10.1111/ecoj.12188, http://onlinelibrary.wiley.com/doi/10.1111/ecoj.12188/abstract（2016年4月14日查获）。

6. *World Energy Outlook Special Report 2015: Energy and Climate Change*，Paris，International Energy Agency，2015.
7. IPCC，‘Summary for policymakers’.
8. 关于所需的主要转换，可见全球经济和气候委员会，*Better Growth*，*Better Climate*，New Climate Economy，2014，http://2015.newclimateeconomy.report/（2016年4月14日查获）。也可以参见：*World Energy Outlook Special Report 2015*。
9. Mark Carney，governor of the Bank of England，coined this term in a speech on climate risk and the financial system in 2015: ‘Breaking the tragedy of the horizon—climate change and financial stability’，29 September 2015，http://www.bankofengland.co.uk/publications/Pages/speeches/2015/844.aspx（2016年4月14日查获）。
10. 对于问题性质的有益讨论，参见：D. Helm，*The Carbon Crunch: How We’re* Getting *Climate Change Wrong — and How to Fix It*，New Haven，CT，Yale University Press，2012；也可以参见：N. Stern，Why *Are We Waiting? The Logic*，*Urgency*，*and Promise of Tackling Climate Change*，Cambridge，MA，MIT Press，2015。
11. 一个调查，参见：D. Pearce，‘An intellectual history of environmental economics’，*Annual Review of Energy and* the *Environment*，vol. 27，

2002，pp. 57–81，doi: 10.1146/annurev.energy.27.122001.083429。

12. R. Perman，Y. Ma，M. Common，D. Maddison and J. Mcgilvray，*Natural Resource and Environmental Economics*，London，Pearson Education，2011.

13. 举例说明，参见：Global Commission on the Economy and Climate，*Better Growth*，*Better Climate*，以及 the conclusions of the Business and Climate Summit，May 2015，http://www.businessclimatesummit.com/wp–content/uploads/2015/05/Business–Climate–Summit–Press–release.pdf（2016年4月14日查获）。

14. 参见：P. M. Romer，'*The origins of endogenous growth*'，*The Journal of Economic Perspectives*，vol. 8，no. 1，1994，pp. 3–22，doi:10.1257/jep. 8. 1. 3. JSTOR 2138148。参见：D. Acemoglu，*Endogenous Technological Change. Introduction to Modern Economic Growth*，Princeton，NJ，Princeton University Press. pp. 411–533。勒默尔指出，不是集约的粗放型资源，而是拉动经济增长："我们真的不生产任何东西。一切都已经在这里，所以我们所能做的就是重新安排事情。"参见：D. Zenghelis，*The Economics of Network Powered Growth*，Cisco IBSG，2011。

15. T. R. Malthus，*An Essay on the Principle of Population*，London，printed for J. Johnson，in St. Paul' s Church–Yard，1798; John Stuart Mill，*Principles of Political Economy*，London，Longmans，Green and Co.，London; Longmans，Green and Co. 1848; D. H. Meadows，D. L. Meadows，J. Randers and W. W. Behrens III，*The Limits to Growth: A Report for the Club of Rome ' s Project on the Predicament of Mankind*，New York，Universe Books，1972.

16. T. Jackson，*Prosperity without Growth: Economics for a Finite Planet*，London，Sterling，VA，Earthscan，2001; H. Daly，*Beyond Growth: The Economics of Sustainable Development*，Sussex，UK，Beacon

Press，1996 Edward Elgar Publishing Limited. Cheltenham，UK. Northampton，MA，USA; H. Daly，'Georgescu–Roegen versus Solow/Stiglitz'，*Ecological Economics*，vol. 22，no. 3，1997，pp. 261–66.

17. P. Aghion and P. W. Howitt，'A model of growth through creative destruction'，*Econometrica*，vol. 60，no. 2，1992. pp. 323–51; G. Grossman and E. Helpman，*Innovation and Growth in the Global Economy*，London，MIT Press，1991，p. 77; P. Romer，'Endogenous technological change'，*Journal of Political Economy*，vol. 98，no. 5，1990，pp. S71–S102; R. M. Solow，'Technical change and the aggregate production function'，*Review of Economics* and *Statistics*，vol. 39，no. 3，1957，pp. 312–20R; R. M. Solow，1994，'Perspectives on growth theory'，*Journal* of *Economic Perspectives*，vol. 8，no. 1，1994，pp. 45–54.
18. D. Quah，*The Weightless Economy in Economic Development*，Centre for Economic Performance Discussion Paper No. 417，London School of Economics and Political Science，March 1999; M. Weitzman，'Hybridizing growth theory'，*American Economic Review*，vol. 86，no. 2，1996，pp. 207–12.
19. M. Jacobs，*The Green Economy*，London，Pluto Press，1991; C. Hepburn and A. Bowen，'Prosperity with growth: economic growth，climate change and environmental limits'，in R. Fouquet，ed.，*Handbook of Energy and* Climate *Change*，Cheltenham，Edward Elgar，2013，pp. 617–38.
20. *Green Growth in Cities: Key Messages from the OECD*，OECD，http://www.oecd.org/gov/regional–policy/GGIC % 20flyer_v4.pdf（2015年3月查获），以及 *Cities and Climate Change: Key Messages from* the *OECD*，

OECD，http://www.oecd.org/env/cc/44245217.pdf（均为2016年4月14日查获）。也可以参见：Global Commission on the Economy and Climate，*Better Growth*，*Better Climate*。

21. U. Eberle and R. Von Helmolt，'Sustainable transportation based on electric vehicle concepts: a brief overview'，*Energy and Environmental Science*，vol. 3，2010，pp. 689–99.
22. 在美国的某些州，汽车经销商的现行网络正在采取行动有效地阻止特斯拉汽车的销售，并防止路径依赖的反馈，这可能会降低传统汽车制造商的利润。参见：J. Surowiecki，'Shut up and deal'，*The New Yorker Blog*，21 April 2014，http://www.newyorker.com/magazine/2014/04/21/shut-up-and-deal（2016年4月14日查获）。
23. J. Bessen，'History backs up Tesla' s patent sharing'，*Harvard Business Review Blog* 13 June 2014，http://blogs.hbr.org/2014/06/history-backs-up-teslas-patent-sharing/（2016年4月14日查获）。
24. 斯马尔德斯指出，只有在新（绿色）知识资本中，投资回报不递减，才能保持经济增长和稳定的环境质量。参见：S. Smulders，'Endogenous technological change，natural resources and growth'，in R. S. Simpson，M. A. Toman and R. U. Ayres，eds.，*Scarcity and Growth Revisited*，Chapter 8，Washington DC，Resources for the Future，2005。波普提供了一些证据表明，这些收益可能会减少：D. Popp，'Induced innovation and energy prices'，American Economic Review，vol. 92，no. 1，2002，pp. 160–80。
25. P. Aghion，J. Boulanger and E. Cohen，'Rethinking industrial policy'，*Breugel Policy Brief* 04，June 2011.
26. A. Dechezleprêtre，R. Martin and M. Mohnen，*Knowledge Spillovers from Clean and Dirty Technologies: A* Patent *Citation Analysis*，Grantham Research Institute on Climate Change and the Environment

Working Paper no. 135，September 2013.

27. D. Acemoglu，P. Aghion，L. Bursztyn and D. Hemous，'The environment and directed technical change'，American *Economic Review*，vol. 102，no. 1，2012，pp. 131–66.

28. 参见：IPCC，http: //www.ipcc.ch/ipccreports/tar/wg2/index.php?idp=90（2016年4月14日查获）。

29. McKinsey & Company，*Global GHG Abatement Cost Curve* Version 2.1，http://www.mckinsey.com/client_service/sustainability/latest_thinking/greenhouse_gas_abatement_cost_curves.（2016年4月14日查获）。

30. 一些模型的确可以体现学习和诱导创新的功能，但这只是在有限的范围之内。它们不包括相互关联的全序列反馈，而这种反馈能够产生多重均衡，保持实践中的计算稳定性和趋同性。具体案例参见世界性技术变迁混合模型：http://ledsgp.org/resource/world-induced-technical-change-hybrid/（2016年4月14日查获）。

31. M. Macleod，P. Ekins，R. Vanner and D. Moran，eds.，*Understanding the Costs of Environmental Regulation* in *Europe*，Cheltenham，Edward Elgar，2009.

32. M. Metayer，C. Breyer and H. J. Fell，*The Projections for the Future and Quality in the Past of the World* Energy *Outlook for Solar PV and Other Renewable Energy Technologies*，Energy Watch Group（柏林）and Lappeenranta University of Technology（芬兰），2015，http://energywatchgroup.org/wp-content/uploads/2015/09/EWG_WEO-Study_2015.pdf（2016年4月14日查获）。也可以参见：C. Candelise，M. Winskel and R. Gross，'The dynamics of solar PV costs and prices as a challenge for technology forecasting'，*Renewable and Sustainable Energy Reviews*，vol. 26，2013，pp. 96–107。

33. 作者曾在1999至2003年担任英国财政部经济预测主管。

34. IPCC Fifth Assessment Report Working Group III，‘Summary for policymakers’，p. 15，http://mitigation2014.org（2016年4月14日查获）。

35. M. Grubb，*Planetary Economics*，London，Routledge，2013.

36. C. Fischer and R. Newell，‘Environmental and technology policies for climate mitigation’，*Journal of* Environmental *Economics and Management*，vol. 55，no. 2（March），2008，pp. 142–62; G. Zachmann，A. Serwaah and M. Peruzzi，*When and How to Support Renewables? Letting the Data Speak*，Bruegel Working Paper，2014/01，2014.

37. “过渡”（just transition）的概念已被用于促进政策，这将对行业中较为公平的部门和社区造成不利影响。参见：ITUC, ‘What’ s Just Transition?’ 8 September 2009, a flyer for explaining to decision–makers, interested organisations and the general public the rationale, meaning and examples of ‘Just transition’ policies, http://www.ituc–csi.org/what–s–just–transition?lang=en。

38. S. Bassi and D. Zenghelis，*Burden or Opportunity? How UK Emissions Reductions Policies Affect* the *Competitiveness of Businesses*，Policy Paper，Centre for Climate Change Economics and Policy & Grantham Research Institute on Climate Change and the Environment，2014.

39. 参见：B. Combes and D. Zenghelis，*Tough Love*，MacroPlus Comment，Llewellyn Consulting，2014。

40. 参见：Bassi and Zenghelis，*Burden or Opportunity?*。

41. M. Romani，N. Stern and D. Zenghelis，*The Basic Economics of Low–carbon Growth in the UK*，Grantham Research Institute on Climate Change and the Environment and Centre for Climate Change Economics and Policy，LSE，2011.

42. S. R. Baker，N. Bloom and S. J. Davis，*Measuring Economic Policy*

Uncertainty，Working Paper，2012. 也可以参见：D. C. Etsy and M. E. Porter，*National Environmental Performance: An Empirical Analysis of Policy Results* and *Determinants*，New Haven，CT，Yale Law School，2005。

43. C. Perez，*Technological Revolutions and Financial Capital: The Dynamics of Bubbles and Golden Ages*，Cheltenham，Edward Elgar Publishing，2003.

44. 参见：J. Leaton，N. Ranger，R. Ward，L. Sussams，M. Brown et al.，*Unburnable Carbon 2013: Wasted Capital* and *Stranded Assets*，Carbon Tracker and Grantham Research Institute on Climate and the Environment，London School of Economics。也可以参见：A. Ansar，B. Caldecott and J. Tilbury，*Stranded Assets and the Fossil Fuel* Divestment *Campaign: What does Divestment Mean for the Valuation of Fossil Fuel Assets?*，Stranded Assets Programme，Smith School of Enterprise and the Environment，University of Oxford，October 2013。

45. Global Commission on the Economy and Climate，*Better Growth*，*Better Climate* .

第十一章

资本主义、技术与绿色全球黄金时代：历史在塑造未来中的作用

卡洛塔·佩雷斯

导言：没有技术的发展还是没有增长的可持续发展

人们越来越意识到技术和创新在经济中的作用，但这还没有在正统的经济理论——或在大多数发达国家的增长战略中，得到明确的表达。目前关于信息技术对经济增长和就业可能造成的影响，人们众说纷纭。乐观主义者声称，这些技术在市场的引导下，最终会带来经济增长；[1]而反对者却认为，这些技术会造成高失业、低增长。[2]同时，一个相当规模的环保运动一直在呼吁零增长、“低增长”或其他类似的目标，将气候变化及其他环境和社会问题归咎于技术。[3]

在这一章中，我认为，所有这些对技术和增长的不同看法都有一个共同点，缺乏对创新的正确的历史认识：它的性质，它在经济中产

Published by John Wiley & Sons Ltd，9600 Garsington Road，Oxford OX4 2DQ，UK and 350 Main Street，Malden，MA 02148，USA

生的相互作用，以及自从第一次工业革命以来一系列技术革命产生的规律催生了创新。虽然如今很难找到一位经济学家会否认创新是经济增长的关键驱动力，但他们仍然几乎不可能用正统模型充分说明创新带来的影响。通过改变劳动和资本的比例提高劳动生产率的确反映了工艺创新，但激进式产品创新带来的影响既不能描述，也不能预测。真正的新资本产品和基础设施，如（历史上的）轮船、铁路和计算机，可能是增长的最强推动力。当它们对经济增长和社会的影响越来越大时，它们的成本却越来越低。这些技术的具体性质不容易衡量，而在过去的两个世纪里，几乎没有任何关于这类"规则改变者"的可比的统计资料，所以它们经常被忽略。然而，这种疏忽其实浪费了一类最丰富的知识：如何实现增长，以及如何创造就业机会又毁掉工作岗位。

类似的测量和分析问题，导致许多经济学家和政策制定者看到增长潜力和环境问题之间的冲突。长期以来，正统经济学一直在努力处理自然资源在经济中的作用。几十年来，能源和原材料的成本不断降低，使得忽视它们的影响似乎是合理的，因此，无论是每小时产出的概念还是充满雄心的"全要素生产率"概念，都无法衡量资源生产率。并且，也没有很多尝试将创新的作用融入资源利用中。1956年，索洛（Solow）提出，技术的本质应该被确认为不仅仅是资本和劳动的贡献，而应该测量全部贡献，并且，全部贡献除了考虑在内的因素之外还包括那些未解释的"残余"。[4]半个世纪之后，随着环境和能源问题更加紧迫，埃尔斯（Ayers）和他的同事们建议将能源效率这一指标引入模型。[5]这种方法在分析具体创新在生产力和经济增长中的作用方面并不是很成功，更谈不上指导增长和就业政策了。近年来，资源价格波动性高、不确定性大已经成为"新常态"，节约能源和材料、提高资源利用效率越来越成为企业的战略目标。[6]在通常的增长分析中，没有考虑到这种创新。相反，推动这种创新的环境法规常常被视为抑制增长。[7]

与此同时，对环境运动产生零增长或低增长的呼声也源于一个错误的假设：唯一可能的增长模式是那些形成于20世纪以资源为基础的大规模生产方式。这两个阵营都看到了经济增长和环境问题之间的冲突。然而，两者都忽略了新的信息和材料技术。如果向环保方面有效引导，可能会从根本上减少消费模式和生产方式中的物质和能源含量。创新发展的这个方向能刺激利润丰厚的投资，带来经济增长，给发展中世界的数百万消费者带来满意度高的生活方式——尽管对20世纪的美好生活观念差异明显。早在1973年，这种可能性就被克里斯·弗里曼（Chris Freeman）和萨塞克斯大学的其他演化经济学家发现，他们认为，针对性强的技术变革可以遏制浪费以及过度使用能源和资源，而不会造成增长停滞。[8]之后这类研究越来越多，现在，“绿色增长”分析和相关政策建议甚至在主流经济组织（如世界银行和经合组织）中开始出现。全球经济与气候委员会2014年年度报告《更好的增长，更好的气候》（*Better Growth，Better Climate*）特别有影响力。[9]但在更广泛的经济和环境辩论中，混乱仍然存在。既然工业革命和传统经济学一样，对于环境运动来说是迫在眉睫的，这就需要我们理解技术变化的过程，以及主要的新技术在历史上被吸收和塑造的方式。

因此，本章旨在将创新理解为是由一个经济过程和推动全球朝“绿色”方向发展的新的增长模式二者联系起来形成的。这将表明，从历史上看，在和当前非常相似的时期，主要泡沫崩溃后的衰退导致人们普遍担心失业和长期停滞。每一次重大技术革命的创新潜力都是由政府、社会和企业所塑造和引导的。[10]人们会认为，主要的泡沫破灭后，尽管存在大量的技术上的可能性，然而创新拖延造成这种悲观情绪是经常出现的。[11]在经济繁荣时期，生产经济和金融部门脱钩，经历了崩溃之后，不愿意冒险投资实体经济，因此造成这种结果。必要的“耦合”历来需要转变分析经济和社会整体方向的范式。因此，本章认为，现在的一个重大政策变革是，着力向绿色增长和绿色创新领域倾斜。这些领域是我们这个时代的新方向，这些政策可以带来增长和就业机会，减少不平等。

技术革命与经济发展

技术革命史

技术进步通常被误解为是连续不断的。经济学家通常把18世纪70年代的英国工业革命作为工业时代的开始。它开启不断“发展”和经济增长的进程，改变了西方国家，这种转型成为欠发达国家的发展愿景。然而，一些分析人士也认识到了之后的其他突破或“工业革命”，如19世纪末的第二次重大飞跃以及当今时代的“数字革命”。另一方面，最近西方有一种观点认为，技术驱动型增长将会显著减少，可以用“长期停滞”（secular stagnation）这个术语来形容，而这种说法在20世纪30年代就出现过了。[12]仔细分析过去的变革特点表明，这些观点是对历史事实的简单化描述。

我的研究建立在克里斯·弗里曼、乔瓦尼·多西（Giovanni Dosi）和其他演化经济学家的基础之上，[13]证实了康德拉捷夫和熊彼特的观点，18世纪70年代以来，既不是一个也不是三个，而是五大独特的“技术革命”推动了持续的“发展大浪潮”。这些浪潮中的第一次确实是工业革命。机械化兴起，使用水力的工厂得到发展，相关的运河网更加完善，这些彻底改变了人们的工作和生活方式，英国崛起成为世界强国。第二次剧变始于1829年，基于煤炭、蒸汽、钢铁和铁路，教育程度高的创业中产阶级崛起。然后，从1875年开始，钢铁和重型工程时代（电气、化工、土木和舰船）到来，跨国铁路和横贯大陆的轮船发展迅猛，国际贸易迎来了大发展和第一次“全球化”。这一时期见证了德国的崛起，美国成为英国霸权的挑战者。1908年，福特推出了T型车，迎来了汽车和公路、石油和塑料、电力普及和大规模生产的时代，再次改变了人们的工作和生活模式。在这种情况下，美国领先一步，利用相关的技术和基础设施实现了大发展，创造了大规模生产、郊区大发展的“美国梦”。在离现在最近的1971年，英特尔推出了微处理器，开启了当今的信息和通信技术（ICT）时代。

要强调的是，我们将这些变化称为“革命”，并不只是指这些激进的新技术本身。的确，这些技术飞跃带来了一整套全新的相互关联的创新，以及相关产业和基础设施。这些技术能够提高整个经济的生产力，正是因为这一点它们才真正具有革命性影响。这些技术提供了新的强大又低廉的投入（如第三次转型中的钢铁、第四次转型中的石油、当前转型中的微电子），在大多数行业中，它们的传播改变了生产的相对成本结构。它们释放了创新潜力，通常推动新产品形成一个彼此紧密联系的产品链，促进成熟产业更新。新的基础设施——从运河到铁路、轮船、公路、电力以及互联网——促成市场渗透更广、更深，成本更低。它们的应用逐渐改变了组织模式，同时也改变了最佳生产方式和所有行业创新的“常识”标准。其结果可以被描述为“技术经济范式转换”，导致工作和消费方式的深刻变革，改变了社会生活方式和人们的追求目标。[14]

也许这些技术变革中最伟大的是由20世纪头几十年大规模生产和汽车带来的。制造业生产力大飞跃，使发达国家中大多数人能够拥有所谓的“美国生活方式”，或者类似的生活模式。通过机械化、石化化肥和农药，传统农业得到改造，从而大大提高了粮食产量。而廉价的塑料代替了天然材料，促进了低成本的家电和服装的大量消费，以及一次性包装和瓶装产品的创新。这是一次对由纸、硬纸板、马、自行车、火车和电车所组成的那个时代的重大转变；由于汽车的普及，使郊区面积扩张，进而模糊了以前明确的城乡界限。

扩散的常规模式

尽管每一次革命都有其显著特征，但由于它的技术特点，以及历史、政治和其他因素，某些特征每次都会重现。这种重现可以由市场经济和社会产生的根本方式加以解释，这些根本方式吸收了技术变革的范式转换过程。[15]每一次革命所推动的大发展都需要半个世纪或更长时间，才能在经济中不平衡地传播开来。每次都发生在两个不同的时期，导入期和拓展期——两者中间有个“转折点”或者过渡阶段，其特点是泡沫崩溃以及更短或更长的经济衰退（见图11-1）。

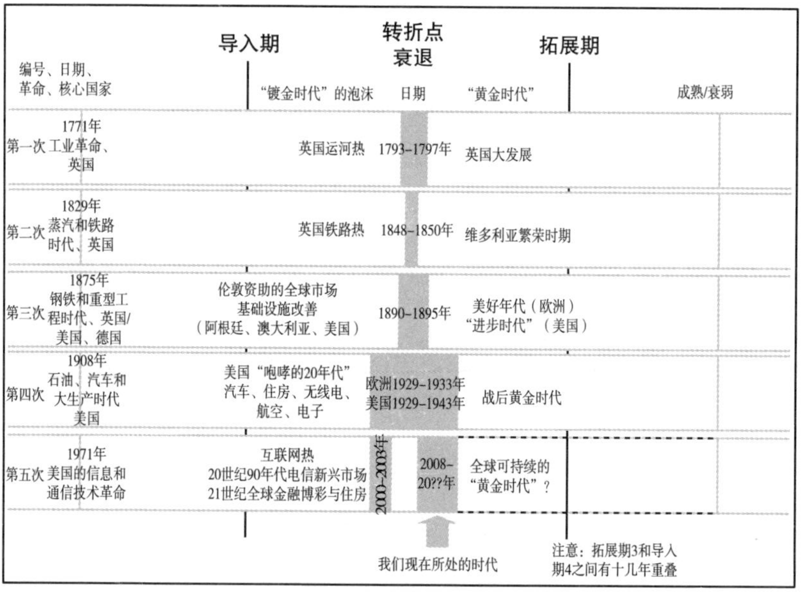

图11-1 历史记录：泡沫繁荣，衰退期和黄金期

资料来源：Based on Perez 2002 and 2009。

处于第一阶段的导入期是动荡时期，熊彼特称之为“创造性破坏”。[16]金融资本驱动这个过程，以资金扶持新兴企业家和创新者发掘新技术带来的巨大潜能。从历史上看，这是一个激烈竞争的时代，在此期间，自由放任的思想往往塑造政府的行为。这使得金融资本凌驾于生产巨头之上，而在此之前，这些生产巨头力量稳固，被视为典范。成熟产业实现现代化（或遭到破坏），并在商界和社会中传播一种新的“常识”——许多过程、做法和期望成为“常态”，而几十年前，这些是不可思议的。这种狂热阶段过度的“盖茨比式繁荣”也促进了在新的基础设施领域的必要的过度投资，这样覆盖领域足够广（运河、铁路或互联网），保证其广泛使用。这使得范式从利基市场扩散到主流。

然而，导入期还会带来痛苦的社会动荡和社会调适。新范式的扩散导致大量旧技能被取代，造成新老产业、区域和收入的两极分化。由于之前的成熟产业未能实现现代化，阻止衰败之势，新行业都选择“未开发领域”，工作地点也发生了重大转变。底特律破产、硅谷崛起两者之间形成鲜明对比便是这种转变的一个典型事例。目前，世界从石油和汽车时代进入信息和通信技术时代。同时，自由市场观念鼓励放弃旧生产方式、采用新生产方式，这会导致经济的不稳定。最终，这一情况开始扼杀真正的增长而不是促进增长。不受监管的金融资本越来越投机，越来越偏离生产投资。直到股票市场的虚拟经济脱离商品与服务的“实体经济”，远远偏离它们所代表的公司的业绩。因此，我们看到的是类似赌场的金融工具兴盛的局面，比如那些在21世纪最初的几年里推动了美国次级抵押贷款和其他高风险金融工具的繁荣，这些工具的目的在于调动越来越多的寻找易得收益的投资资金。

事实上，过去和现在一样，每一个导入期的巅峰都会面临一个大泡沫之后的大崩溃。18世纪90年代和19世纪40年代，对运河和铁路狂热以恐慌收场。19世纪90年代，在阿根廷、澳大利亚、美国和其他几个国家，第一次全球化泡沫崩溃，“咆哮的20年代”以1929年经济危机爆发而结束。在每次危机中，都涌现了适应新范式的基础设施和实用技术，使得革命的全部增长潜力得以在整个经济中实现。然而，经历这样的崩溃之后，经济无法恢复到“照常工作”状态。经济已经发生了根本变化，经济增长现在需要彻底重新定向，以综合利用经济中各种新投资和创新产生的潜力。同时，崩溃揭示了金融赌场的运作，这一启示，连同经常伴随的失业和收入不平等，历史性地设定了催生第二阶段的政治条件——拓展，其特点是比泡沫繁荣更和谐的增长。但在这一切可能发生之前，金融通常要被监管和重新定位，再次为生产经济服务。紧随崩溃之后，私人投资者变得厌恶风险，也不太愿意为扩张提供资金准备。因此，大崩溃之后，国家历来都要临危受命，在投资和发展中发挥积极作用。[17]

为什么我们现在面临的形势与 20 世纪 30 年代、40 年代相同

什么才是理解的关键。第一，经济增长中期出现崩溃，造成经济衰退，不仅来自投机和恐慌——虽然人们通常认为当前的经济危机就是源于投资和恐慌，但其实也有新范式本身带来的结构变化的原因。每一次技术革命都基于一系列相互关联的新技术、新产业和基础设施网络。在强劲的“反馈循环”中发展，为彼此提供市场和供应商，降低生产成本，提高赢利能力——就像电脑为微型芯片创造了市场，互联网为电脑创造了市场，而电脑和互联网共同为苹果手机创造了市场。[18] 新技术、新产业和新基础设施之间的协同效应，成为技术革命的标志，同时也是最初扩散的几十年里快速增长的基础。

这些革命也提供了一种新的潜力，改造并促成其他行业的创新。在当前的转变中，我们已经看到了创造性破坏的最初影响。信息和通信技术已经改变了许多早已存在的行业，开辟了通往新机遇的道路，从将有形产品转化为服务转变为创建家庭化办公，实现生产和贸易的全球化。它也改变了一些消费模式，转向信息强度大、使用网络和平

台的更广义的创新和创业活动——个人和集体。但其变革工作远未完成。正如以前的革命一样，未来几十年可能与20世纪90年代、21世纪初的泡沫以及21世纪前10年的衰退有所不同。20世纪50年代和60年代的黄金时代不同于“咆哮的20年代”和20世纪30年代的大萧条。

每次革命扩散的第二时期都是“情境依赖”的拓展。一系列新的可能性互不相同且常常毫无联系。它之所以被称为“潜力”，一个原因正是因为它可以通过不同的方式被使用和塑造；另一个原因是就供应商、技能、分销网络和客户学习而言，赢利能力取决于相对成本、动态需求和协同效应的可用性。因此，在每一次革命中所固有的潜能都需要选择一个方向才能取得成果。换句话说，为创新确定方向是必要的，应当适用于多个不同的行业，能产生协同效应，有利于其中所有人并适用于多个不同行业，产生的协同效应超过这些行业的总和。[19]对于政策制定者来说，核心观点是这个方向既不是预先确定的，也不是由革命技术所自动定义的。相反，从历史上看，它是一个各种因素的组合：技术实现了塑造生活方式的各种产品和服务；投资者、企业家和政府认识到这些产品的潜力；能够影响其拓展的当权者的政治意识；以及它们出现时的社会历史背景。过去的政治家和政策制定者不指望做“事后诸葛亮”，因此，拓展方向的成功或失败，可以归因于领导敏锐的直觉和参与其中的各种利益的相对力量。目前，人们对发挥作用的过程有了更深入的了解，这个方向可以成为一种自觉的社会政治选择。为了对可利用的领域广度有个直观认识，要注意到希特勒和西方凯恩斯主义民主国家在引导发掘大规模生产革命的潜力时，他们所引领的方向之间存在巨大差异。

美国处于革命前沿，其导入期开始于1908年，带来了基于高速公路的新基础设施、电力的传播、无线电通信设备和航空的美好前景。在这个勇敢的新世界里，充斥着乐观精神和高投资——第一次世界大战的生产热潮加速了投资，鼓舞了人们的乐观情绪。但是，在“咆哮的20年代”，投资已经变成了投机，这是一个泡沫繁荣，一个“镀金时代”。[20]大萧条紧随其后，使人们很难认识到广泛可行的创新和潜在的大众市场。这个市场与塑料、能源密集型材料、电器和私家车联系密切。当时，装配线制造、农业机械化产生的对失业率的恐惧，与今天全球化、机器人技术和人工智能所带来的对“长期停滞”的恐惧相同。[21]然而，历史上最伟大的繁荣指日可待——通过郊区化的实践和“美国梦”的思想指引，一股巨大的消费拉动着增长。消费主义的生活方式继续推动未来几十年的经济扩张——不仅仅是大规模生产模式所能带来的新产品和基础设施的总和，而在于政治和社会选择的协同结合。这是福利国家采取的措施，如免费（或补贴）教育和医疗保健，得到工会保障的工资和累进税制。同时还有互补性的制度创新，如信用制度、失业保险和抵押担保，这些举措使得越来越多的人口（包括蓝领工人）追求到郊区安家，追寻新的生活方式。因此，社会安全网、郊区化以及冷战决定了成功赢利的创新发展的最佳空间是动态、可靠和协同的市场。在全球舞台上，如世界银行、国际货币基金组织、关贸总协定、布雷顿森林协定的“黄金美元”和联合国（有讽刺意味的是，还有冷战）等互补性的制度创新，稳定了国际经济和贸易，促进了商业与社会之间的正和博弈。

在每一个拓展期都会发生一个相似的过程：即由国家推进聚焦创新。每一次技术革命都使各种各样的新的相互关联的基础设施、生产设备和塑造生活的商品与服务成为可能。然而，它是处在社会政治选择的过程中的，从新的众多可能中蓬勃发展的特定集合是完全确定的。从历史上看，这种选择（特别是在西方市场社会中）并不需要强制，而是由追求新的商品和服务带来的生活方式所驱动的。富人和受过良好教育的人往往最先接受新的生活方式，接着，社会中效仿他们的人越来越多。

19世纪中叶是蒸汽、煤、铁和铁路的时代，生产和运输的规模经济催生了“维多利亚时代的生活”。英国中产阶级确立了基于工业的城市生活方式（不同于基于乡间的贵族生活方式），并逐步传给其他国家的新兴资产阶级。钢铁和重型工程时代建造了跨洲和跨洋基础设施网络，带来了第一波全球化浪潮，将美好时代的大都市生活方式带给了欧洲以及美国的中产阶级和上层阶级，后来又传给世界各国的上层阶级。就像战后产生“美国人的生活方式”一样，这些生活方式中的每一种都成为“美好生活”的典范，因此塑造了大多数人的消费模式和消费需求，推进市场稳步扩大，引导了创新的发展方向。

类似于20世纪30年代，我们现在正处于一个关键的历史时刻，需要像凯恩斯、罗斯福和贝弗里奇[22]，以及像雄心勃勃的布雷顿森林协定那样大胆地思考和采取措施。由于全球化、新技术以及繁荣泡沫时期出现的金融脱离经济，失业和不平等现象正在增加。至关重要的是，“美国人的生活方式”这一范式带来了消费主义、便利性、肆意使用能源和材料这些特点。这些消费模式造成当今世界面临重大环境挑战的局面，气候变化只是其中之一。到目前为止，信息和通信技术革命几乎没有改变这个局面：广泛使用计算技术大大增加了全球能源和材料的需求。但我们目前的信息时代仅仅是它扩散路径进程中的一半。如果历史是一个指南，它的拓展期延伸到未来20~30年。在过去的20年里，由于这些“通用目的”（general purpose）技术的广泛导入，我们确实目睹了一系列新产品和日益变化的消费模式。但它们改造每一个行业和活动的能力还只是处于初级阶段。创新的潜力巨大，技术上可行，但就市场和赢利能力而言仍有风险和不确定性。这里缺乏的是一个方向，以便恰当回应当前的各种具体条件，以及已导入的特定而广泛的创新潜力。它需要倾斜竞争平台来实现类似于战后郊区化大发展的繁荣景象。在下一节中，我们提出，“绿色”方向和全球充分发展共同形成了一个发展方向，能够在增长的道路上释放巨大的潜力，实现共同发展。

信息和通信技术与绿色方向

什么是“绿色方向”，以及它是如何与目前的信息和通信技术范式相关联的？我们在导言中指出，“零增长”的环保主义者和那些赞成自由市场的人都看到了经济增长和环境问题之间的冲突，即使成功的可持续商业模式提供了越来越多恰恰相反的证据。[23]本章认为，信息和通信技术革命能够促进广泛的可持续创新，大大减少材料和能源消耗，同时刺激经济发展。它可以显著增加服务和无形资产在GDP及生活方式中的比重。

要了解信息和通信技术在绿色转变中的作用，首先重要的是要澄清一点：虽然许多产品和服务将涉及数字技术，并非所有产品和服务都需要利用数字技术。你一旦学会用电脑和苹果手机连接网络，没有电脑和苹果手机时你自然也会上网；一旦音乐播放器和电子书阅读器教会你如何访问共享的音乐和书籍，而不是拥有一批盒装唱片和难以搬迁的图书馆，你会很自然地与邻居分享工具，等等。这就是一个范式转换的意义：一个有或没有实际技术的创新和行为的新常识。所有这些趋势正朝着“绿色增长”的方向前进，包括减少浪费以及以无形的方式应对需求。

“绿色增长”的一个非常宽泛的定义

理解“绿色增长”概念的难点之一可能是“绿色”标签本身，它通常是指通过减少可再生能源或使用“可持续”产品来减少二氧化碳排放，以避免气候变化。虽然可再生能源、资源利用率高的创新和新环保材料无疑都是关键因素，但这三大要素并不足以影响经济增长。从技术的角度来看，这类产品不能形成协同系统，正如上次技术革命仅仅只有汽车和塑料是不够的。它们不会导致设备、工程、技能或供应商的技术融合。[24]相反地，“绿色”是一个可能的方向，推动信息和通信技术中的通用技术的拓展。这些技术在各个行业和部门中得以应用，全球化和环境恶化带来的挑战也由障碍转向解决方案。因此，绿色增长应被视为一个“任务导向”的途径，以促进生产模式和生活方式的重大转变，成为创造就业和福祉的新来源。它要求倾斜竞争平台，这样有益的创新和投资机会将加强彼此的协同作用。这将在企业、社会和地球之间形成正和博弈，不仅能够解决环境问题，而且（正如下文将要讨论的）也将解决不平等和无就业增长的问题。

上一节我们讨论了为什么需要这样一个方向来释放创新潜力，但为什么“绿色”应被视为最有前景的选择？社会中的技术大变革带来的每一个重大转变，都取决于各种时代背景和条件。新的潜力改变了发展的背景，并打开连续的“机会窗口”，同时关闭旧的窗口，为企业和社会行动带来不同的背景。

如今，最大的机会之窗是可以克服以往的发展模式遗留下来的问题。目前面临的问题是，石油和大生产时代带来了环境恶化和资源匮乏。以最基本的经济水平来说，在新兴国家，大众消费以及新增的数十亿中等收入消费者导致这些国家对材料、能源和食品的需求骤增；增加了总需求，耗尽了最容易获取的资源，推高了边际成本。气候变化的影响只是加剧了这一连锁效应。20世纪90年代，石油价格低廉，供应充足；21世纪初，亚洲劳动力廉价，供应也充足，这都延续着为了便利随意弃置的老路。资源日益减少、价格升降幅度大，导致了市场环境的明显变化。我们所处的时代已不是战后特征明显的国家经济时期，那时能源和物质充裕。我们正处在全球化经济中，而我们只有一个地球。[25]

在同一时期，信息和通信技术范式的技术已经改变了可能出现的情况。现在的世界更容易建立互动的协调生产以及服务性的本地、区域和全球网络。对于规模经济曾经依赖的供应和需求的标准化、多样性、专业性和适应性，现在用信息和通信技术更容易处理。这不仅是在制造业中，智能控制系统也可以更有效地管理自然资源。智能控制系统正被开发应用到监测、开采、灌溉、加工、分拣和流通领域。信息和通信技术产生强大的组织能力，随之而来的是利基市场和专项市场的大发展。从农产品、能源、材料到制成品和服务所有市场高度细化的。信息和通信技术实现了市场向所有人开放，无论是传统的农民还是创新的高科技公司，无论是有机蔬菜还是定制合金，消费者和供应商都可以直接对接。

消费需求的转变

与此同时，从（主要是）非营利组织的小规模行动开始，环保运动的关注点和价值观已深入到更广泛的消费者群体和越来越大的公司当中。随着气候变化和环境恶化的负面影响越来越明显，股票市场越来越认识到风险，保险公司也开始将风险考虑在内。[26]至关重要的是，这种价值观的转变——信息与通信技术可能带来的市场与创新产生的经济影响，正在重新定义我们“美好生活”的概念，从标准化的大众消费变成定制的、可持续的消费。富有阶层和受过良好教育的年轻一代的生活方式已经反映了这一点：偏好有机、本地采购的新鲜食品，而不是深加工食物；偏爱天然材料和可持续发展的设计、骑行、汽车共享和循环利用；喜欢体验式娱乐而不是被动的娱乐体验。正是“美好生活”促进了高品质的个人健康，而个人健康反过来又取决于环境安全——这可以被称为“绿色美好生活”。

消费者需求的这种变化开启了更多跨行业的潜在协同效应，信息和通信技术范式使其内在的协同效应从技术层面具有可行性。在“绿色”方向的激励下，以绿色美好生活模式为基础，信息和通信技术的变革本质能够使全部生产方式的创新成为可能，如开采天然资源、制造、流通、物流和再利用，并在多个相关产业和社会应用中组织生产和消费。每个创新带来了一系列新“问题”，刺激进一步创新（在材料、设备、加工、流通等方面），从而刺激投资并能催生全新的行业。使用者和生产者相互依存，各种能力自我加强，这种集群效应产生协同作用和支持网络，使进一步创新有利可图、更容易、风险更小。[27]

本质上，在国内生产总值和个人需求的满意度上，这是通过增加服务和无形资产的比例来实现社会的增长和福祉。产品创新趋势已经显现：定制设计的环保材料，节约，回收，减少每个产品的材料含量，设计的耐用性和零浪费。一个“循环经济”的概念已经进入主流，飞利浦和联合利华这样的全球性企业推动了这个进程。这促进了“服务”逐渐取代“产品”，特别是租赁取代了所有。从商业照明系统、飞机引擎到牛仔裤、地毯和汽车，问题变成了：当你可以选择“租赁”产品时，为什么还要去买？有越来越多的创新使城市更宜居、环境污染更少。随着交通系统和建筑环境的改造，以及分享经济的升级，信息和通信技术让市民分享商品，要么通过集中收费服务，如汽车俱乐部；要么使用直接对等交换物品，如家庭用具和花园设备等。生活方式的追求刺激了个人健康和个人成就领域的行业发展，从本地食品网络创新到高科技信息和通信技术、生物科学驱动的预防性、个性化药物，倡导“协作”和“创意”经济。这些社会驱动的过程中，有一部分成为传统利润驱动型经济的有效补充，同时提高了参与者的生活质量。

因此，作为一个发展方向，“绿色”不是可持续性与增长的对立面，而是把环境危机从经济问题转化为经济机会。从这个意义上说，它可以被看作是一个“使命取向”投资相互促进的行业。以同样的方式，第二次世界大战、冷战和“美国人的生活方式”推动了过去的技术投资。但它也涉及多个较小的创新，越来越多地仅仅被视为生活方式的选择，而不是“绿色”的问题。它涵盖了广泛的生产和消费的变化，这将刺激经济增长、商业创造和就业。这样的方向不仅可以减少碳排放，加强环境的可持续性，而且可以让发展中国家数以百万计的新消费者分享健康和有创造力的生活。事实上，就像在这之前生活方式的转变带来繁荣让发达国家的工人阶级从郊区化进程产生的物质享受中受益一样，全球充分发展是当今经济回到健康状态的既合适又必要的条件。下文我们将讨论这个问题。

绿色增长、发展、就业与不平等

绿色方向必须是一个全球性问题，这是因为技术、环境和经济的缘故。特别是在金融业，信息与通信技术使所有无形的服务和信息贸易打破了国界限制。资源短缺和气候变化是全球问题——既在整体环境健康的短期预测中，例如，肯尼亚歉收影响英国居民消费价格指数——也在整体环境健康的长期预期中。正如已经指出的，中国、印度和其他发展中国家沿用过去的大众消费模式实现增长是不可行的。面对有限的资源、污染和全球变暖的威胁，数以百万计的人向往美好生活，在这种情况下，“绿色”方向是必要之举。最后，全球化是发展经济的必要条件。为了在拓展期充分发掘当前模式中的固有潜力，全球性的需求是很有必要的。

国内和全球需求的质量与概况

在经济方面，如果适当的需求量即将到来，任何新的“方向”都会成功实现。20世纪30年代，凯恩斯写信给罗斯福说，“由于潜在需求大且持续，把大部分投资都放在住宅上是迄今为止对经济复苏的最佳援助。因为这种需求地域分布广泛，同时也因为它的财务来源在很大程度上独立于证券交易所”。他补充道：“没有比工人阶级的住房更合适的直接补贴对象了。”[28]在那一时期，这是一个很好的办法，也是战后经济成功的关键因素。正是在那个特定时代组织的重大创新形成的特点——大规模生产，才得以能够降低价格、增加利润和生产更多相同的产品。因此，采纳凯恩斯的建议，如抵押、贷款、失业保险和养老金之类的制度创新使工人阶级拥有了稳定的购买力，并提供了一个与家庭生活标准化模式密切相关的某种需求拉力。

今天，信息和通信技术革命促成的灵活的生产方式推动市场进行细分。这样做使差异化的产品比高度标准化的产品更有利可图。高度标准化的产品实际上已成为低价“商品”，利润空间小。此外，凯恩斯关注的是国家经济，其国内市场与出口市场界限分明。全球化改变了这一切：税收可以避免，因为支付可以跨越隐形的边界；利率变化可以鼓励金融业把大量资金从一个外国分支机构转移到另一个机构；国内收入分配最终可能会创造另一个国家的经济需求，从而刺激另一个国家的经济。

同时，信息与通信技术革命给发展中国家带来了新的增长潜力，比如亚洲的巨大成就，以及非洲和拉丁美洲逐渐崛起为出口国和创新国。[29]廉价和无处不在的互联网带来教育、服务（如手机银行）和机会，将全球市场带入世界的一些角落，这里没有基础设施，无法参与到之前的发展模式中。自然资源行业由信息与通信技术促成的创新——从监测和采掘到可持续产品的制造和利基销售——为所有资源丰富的国家提供了广阔的发展领域。[30]促进并资助在发展中国家中的次发达国家投资，创造出发达国家的绿色工程、基础设施及设备所需的市场。这个过程将产生发达国家、新兴国家以及发展中国家之间的资本设备和消费品的动态需求。同时，通过在生产国和用户国创造就业机会，这个过程不仅使数百万人过上更好的生活，并通过在国内创造就业机会减少了人口迁移的压力，而且将吸纳新的消费者并为所有人创造新的贸易流（见图11–2）。

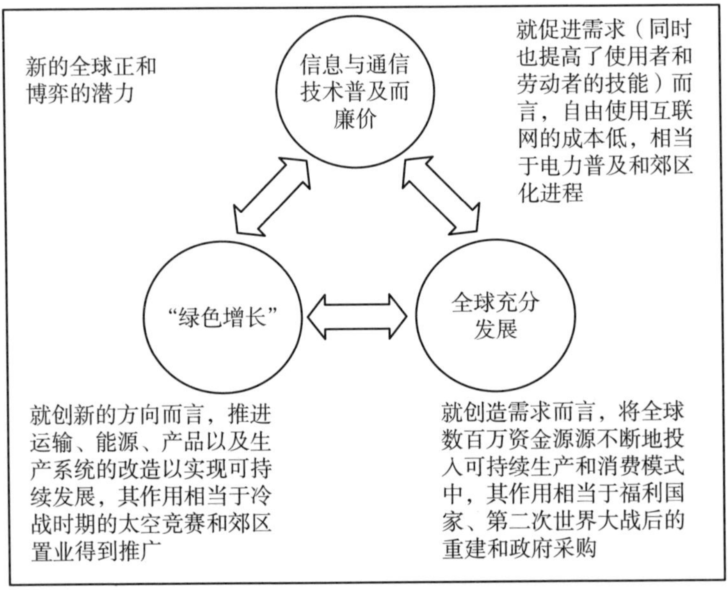

图11–2　全球黄金时代可持续发展的条件

资料来源：C.佩雷斯2012年[31]。

就业增长的新来源

一旦绿色增长越来越多地被定义为在全球经济中进行创新的总体方向，并将生产商、供应商、服务和技能编织一条连贯的整体，就更容易看到它如何成为促进就业和增长的坚实途径。值得注意的是，绿色方向意味着重新设计现有产品和设备，以及改造建筑和基础设施。这是个工程方面的挑战，将给西方国家高新技术再工业化带来机遇。这种努力改造的同时，另一个创造就业机会、促进出口的主要途径是设计耐用的生产设备和基础设施，足以适应发展中国家的特殊气候和其他条件。而这些发展中国家过去采用标准化设备和过程，规模不够，特点不明显。

“绿色增长”也假设获得产品耐用性——并且更加重要，同时产品维护作为一项核心服务内容。对计划的废止和处理是面对市场饱和时采取的扩大需求的策略。全球中产阶级和富有阶层（奢侈品购买者）的增长，可以充分弥补质量低的一次性产品销售下降带来的损失，同时也可以抑制材料成本不可控的上升势头。在新的条件下，以最先进、最安全的技术和更高的市场利润为目标，生产一流产品是更好的策略。这可能会催生一个非常活跃的租赁业，在每个国家和世界各地建立二手、三手和多手交易市场，同时拆卸、再制造、循环、再利用以及其他节省材料的过程的增长。3D打印更换部件的信息，为产品的维护提供定期升级可能成为标准惯例。这将创建一个商业模式，其中的维修和再利用将取代有计划的淘汰。随着“物联网”时代的到来，芯片可以放在每个产品以提供使用体验，使蓬勃发展的租赁和维护行业获得足够的利润。在发达国家，这样的经营策略为失业的装配工人提供大量的维修、升级、仓储、零件“打印”、配送和导入工作，同时设计、再设计及其他创意产业和服务业将雇用大学毕业生。在需求创造、就业和创新方向方面，“绿色使命”的作用相当于第二次世界大战后的重建、冷战及郊区化发展。

收入分配方面的摆动位移

除了创造就业机会外，绿色方向也是减少收入不平等的途径，这无疑是当前经济和社会的关注点。技术革命的历史告诉我们，这并不是什么新鲜事。每一个大增长的“泡沫”阶段，（如硅谷崩盘前）新行业和金融界“脱离”发展缓慢的成熟经济体，随之而来的丰厚利润和资本收益导致地区增长极不平衡，收入向最富有阶层集中，特别是那些从金融投资中轻松获利千百万美元的投资者。

托马斯·皮凯蒂（Thomas Piketty）和萨埃斯（Saez）在不平等问题上的研究，使我们可以对照过去的100年里美国两个技术革命中复现的扩散模式，来描述收入的变化（见图11–3）。[32]这表明在“咆哮的20年代”的泡沫繁荣中发生了两极分化，在20世纪50年代和60年代的黄金时代得到扭转，之后在信息和通信技术的导入期及泡沫崩溃之后又重回两极分化。图11–3显示，确实有不平等的摆动：在前两个导

图11–3　资本主义国家每次技术大发展造成收入两极分化的摆动态势

资料来源：佩雷斯，2012年，借用皮凯蒂和萨埃斯的数据和图标信息（见注释31），我们标注出了时间段。

入期，美国收入最高的10%的人口的纳税额上升到纳税总额的50%；而在战后几十年的拓展期中，这个比例下降到不足35%。收入最高的1%的人口也出现了同样的两极分化现象。

值得注意的是，历史上的黄金时代之所以被如此命名，是因为这些时期繁荣惠及更广泛的社会领域。每一次经济大泡沫崩溃后，克服由此产生的衰退，并倾向于扭转暴露出的收入两极分化趋势，随之便迎来黄金时代。例如，维多利亚时代的繁荣减少了工作时间，增加了工资，提供了相对体面的工人住房。[33]在“美丽年代”（Belle Époque），基于对富人增税，欧洲实行了新的福利政策，其中包括欧洲大陆的大部分国家纷纷效仿德国俾斯麦社会保险政策，以及英国劳埃德·乔治的“人民预算案”。[34]影响更为深远的是，西方发达国家战后建立福利国家，扭转了不平等趋势：上述社会体制的创新鼓励生产和生活方式朝着一个明确的方向发展。

现在，经过一个世纪的发展，消费需求已成为经济的重要驱动力，民主使西方所有成年人进入政治进程，克服两极分化的措施相对明确、有序地实施。目前的福利国家（已超越福利国家的特点）是在“为谋生而工作”的时代提出的发展目标。对大多数劳动者来说，现在的情况已经不是这样。这种模式需要不断变化，需要灵活性和适应性。社会期望（信息和通信技术带来现在的安逸生活和其他人的财富）意味着，目前的几代人无论是为自己还是为他们的孩子，都不愿接受福利水平下降的趋势。以往泡沫崩溃之后，这种挫败感受会反映在排外和反移民运动的兴起上，叛逆的青年会被极端法西斯主义或宗教团体所吸引，极端左翼运动崛起，各种抗议活动爆发，如占领者或愤怒者运动。顽固的紧缩政策使多数人遭受金融赌局之害，国债只会加剧人们的愤怒。只有彻底转变政策才能带来健康的增长和稳定的社会，提供这样做的标准是本章最后一节的论述内容。

政策框架的彻底重塑

本章动态描述了经济学家、环保人士，特别是政策制定者所面临的形势，并解释了具体形势如何随着每个连续的技术革命及其扩散路径发生变化。熊彼特称这些过程为“创造性的破坏”，这种说法并不夸张。这种破坏和修整往往发生在技术和经济领域，它们也需要发生在组织、体制和政策领域中。

思维范式转换

对于企业或社会来说，要充分利用这些剧变所带来的新技术的潜力。它必须假设事情发展的方式和我们认为它们应该以何种方式发展都是过时的，除非结果证明恰恰相反。这需要新的理解和新的思维。

然而，就资源的使用模式、消费的浪费模式以及许多生产模式而言，大规模的生产革命仍然与我们相随。大规模生产正在被新兴经济体所模仿，并被发展中国家所期盼。不过，大规模生产也是发达国家的贫困失业人口所渴望的，因而成为环保主义者攻击的主要目标。对于信息与通信技术产业，其战略最初源于20世纪90年代的繁荣时期，人们发现了石油，储量丰富而价格又低；亚洲有大量极其廉价的劳动力。毫不奇怪，他们被引导采用20世纪60年代出现的计划淘汰的模式，以克服市场饱和所带来的限制。因此，信息技术的无形性特点并没有反映在鼓励使用最少材料、实现最大升级的策略中。幸运的是，这是现在开始发生的，同时，为减少能源而使用的创新技术也在进行当中。

与此同时，这些新技术改变了大多数幸存下来的公司的结构和组织模式。在过去的30年中，这些已经从官僚命令和控制的金字塔中，转移到覆盖全球的灵活网络中，在具有不同权限和自主性的复杂价值链中引入差别化单元。同时，消费者的行为虽然仍然主要是面向“消费主义”模式，但也已经逐渐远离产品的积累，并通过使用计算机、软件，特别是智能手机走向个性化服务。

影响经济变化的两个领域是政府和经济学，这两个领域的变革显然不足。在政策制定上，放弃凯恩斯主义的做法，不再采取适合国家大生产具体情况的干预措施，而是以另一种方式进行干预，与全球化的灵活的信息密集型生产相适应。大多数当权者并没有这样做，反而认为国家应该让道，由市场来决定。他们很幸运，而社会是不幸的。事实上，宣传一个新的技术革命，使市场在20世纪90年代和21世纪取得了巨大的成功，这成功一直持续到导入互联网和发明新金融工具造成的两个泡沫破灭之后。尽管救助银行的成本很高，而且经济衰退带来的社会不平等在不断加剧，但国家的衰弱仍在继续，希望市场自身会找到一种奇迹般的复兴之路，这种想法是不切实际的。历史表明，目前并不是市场自行复苏的好时机。然而，目前的正统经济学无法解释崩溃现象，却仍然坚持这样解释经济功能，忽略技术的作用以及其他社会科学积累的知识，如此便陷入越来越复杂的数学模型之中，似乎认为经济学更接近于物理学。更糟糕的是，这些经济学家和他们的许多批评者仍在进行20世纪60年代和80年代的意识形态之争，而没有意识到我们现在正处于一个完全不同的背景之下——与20世纪30年代有着更多的共同之处。

经济学需要发展。如果要使用模型，就必须学会如何反映结构变化。不是假装成硬科学，它需要发展定性思维和“鉴赏理论”[35]，去丰富量化方法，使之更接近不断变化的社会现实。有趣的是，经历了战争与福利国家的发展，从国内生产总值到自然增长率，几乎所有的宏观经济工具和概念，都是在20世纪30年代和40年代的大规模生产、第二次世界大战和发展福利国家的背景下发展起来的。

根据当前的正统观点，信贷紧缩不应该发生，量化宽松政策本该导致通货膨胀，日益不受约束的（没有政府的任何“排挤”行为）市场本应实现强劲增长。正统观点建议的紧缩政策已经持续了八年，要么效果甚微，要么后果严重。如果是在多年前，任何失败率像现在这么高的公司CEO都会被替换。

人们常说，永远不要浪费任何一场危机。我们正处于一种严重失衡的全球经济危机之中，那就是浪费了巨大的创新潜力。这不是介于国家和市场之间的战争，而是在那些保持不确定增长和加剧收入不平等的政策与能带来可持续的全球黄金时代惠及所有国家的发展方向之间的博弈。我们现在可以利用现有新技术的变革力量，将环境挑战转化为解决各种社会和经济问题的方法。

拓展期间的决策

每个技术革命的导入期和拓展期的主要区别之一是活力的来源。导入由供给驱动；新技术是自行发展的、相辅相成的。拓展主要是拉动需求，不仅是需求的数量，而且还取决于它的特点和动力。凯恩斯方案适用于大规模生产和相对封闭的国家经济的背景。在全球化的条件下，国家的生产技术灵活，运用互联网实现无形贸易且金融流动不断增加。因此，不可能再采用凯恩斯方案。

成功决策的最佳前提条件是正确地解释当前面临的变化的本质。如果本章讨论的历史重现是正确的，其相关性不体现在应用于20世纪80年代的撒切尔—里根模式，当时大规模生产变革创造财富和提高生产力的力量都被耗尽了，而是体现在“咆哮的20年代”之后的那场革命所采取的政策释放出了推动整个经济的能量。凯恩斯主义和布雷顿森林体系推出一系列变革性的政策，创造了新的环境，为所有人带来更好的商业和更好的生活。政府、企业和社会之间达成一种契约，造福所有人。如今我们也需要类似的契约，同时和过去一样建立足够多的标准、政策和制度。

最近和现在的情况不是判断未来形势的基础，就像不可想象在20世纪30年代中期，那些脏兮兮的、饥饿的、失业的工人在救济厨房前排队，只过去了十多年，他们就实现了有车、有房（在郊区），而且家用电器齐全；同样也很难想象，通过和平或暴力手段摆脱殖民统治会成为常态。当时，各大帝国看起来很稳定，德国正准备用武力扩张，改变欧洲和非洲的版图。这些都不是维持现状或试图返回到近况的条件。如果发达世界各国政府坚持彼时的紧缩政策，它们将永远等待着市场促进经济增长，提高社会福利。那些时代像凯恩斯、罗斯福和贝弗里奇一样富有想象力和胆识，能够充分认识到当前技术潜力的特质和它所产生和终结的机遇。

我们无法回到20世纪五六十年代中央集权的官僚年代，那些政策可能在大规模生产时代是成功的，但不可能被带回到20世纪90年代和21世纪不受约束的市场繁荣。自由流动的金融在世纪之交是成功的，因为它首先进行了一场技术革命，然后将新经济传播到全球。这两项工作都非常有利可图，现在已基本完成。在这个过程中，正如以前发生的类似的经济泡沫，金融业做出了难以预测的创新，这一过程并不创造财富，却只会导致通货膨胀。金融资产价值比工资增长快，这不利于劳动者和生产性小企业。大规模的救助措施使得金融业毫发无损，专注于短期投机，以期望此类活动能获得高额回报。这种情况也涵盖了生产企业的行为，其中有许多企业获得了泡沫年代的短期利润预期，更多地从事股票回购、削减成本、避税和快速的交易，而不去从事研发、培训或其他具有长期视野的创新活动。[36]结果，大量资金闲置在公司、银行、金融公司和生产行业。这种情况持续的时间越长，经济和社会的负面后果就越严重。

历史表明，资本主义能够治愈一些最严重的弊病，但只是在经历了危机之后。金融崩溃、战争、长期衰退和/或社会大动荡都属于这类危机。

由信息和通信技术引发的绿色创新浪潮是可能的，但除非它以一种集中的方式发生在大多数行业和国家中，否则潜在的创新会有风险，市场也不会参与。只有将竞争平台着力倾向于可持续投资，同时有可信、一致且可能保持稳定的政策，资金才会从内部投机转向投资生产经济。

明确的社会政治选择

只有当少数人的成功能使许多人受益，资本主义才是合法的。在旧的“第三和第二世界”中，全球化提高了数百万人的生活水平，但却减少了福利国家在所谓“第一世界”中的许多收益。如同凯恩斯主义政策所强调的，政策的改变要大胆、系统而且广泛。福利国家和布雷顿森林协定就是在以前类似的时刻出现的。但这一次在全球范围内，也就是发达国家、新兴国家和发展中国家之间需要实现企业与社会之间的正和博弈。每一次技术革命的传播所带来的变化的广度和深度，都需要重新设计一个同等的制度框架，以释放它们全部的变革潜力。决策的最佳前提条件是对当前时刻的有力诠释；这样理解，就可以设想出一套新的、强有力的政策来应对新时代。以下是一些可能引入的政策类型。

- 不要对劳动征税，而对能源和材料征税。重新设计税收制度（使用数字数据库）对“劣品”而不是“商品”征税——例如，对资源和能源的使用而不是对劳动和消费征税，将刺激材料和能源的节约，鼓励就业并推动消费者对无形价值的支出。
- 规范耐久性和可持续性。使生产者负责其产品的整个寿命，将会鼓励循环经济和制造的耐用性，刺激租金与维护经济的增长。

- 重新设计衡量财富生产的指标。近年来，许多研究表明，国内生产总值在知识经济中的意义十分有限，甚至扭曲了真实作用。新指标需要解释能源和材料的使用，衡量创造价值和增进福祉的各种方法。
- 促进共享和协作经济。免费互联网服务的增值，激发了许多人在共享财产、交易时间和创意项目合作方面形成创新网络。这是一个路径，信息和通信技术使绿色经济立足于可持续发展，并专注于服务和个体感受。
- 逐步建立一些基本收入形式。在发达国家出台最低收入规定（如芬兰目前试行的普遍基本收入、负收入税和/或参与社区项目和服务的工利）是一个必要的平台，有助于鼓励分享与合作经济、促进志愿组织发展、推进创新，有助于提高社区层面的生活质量，并参与全球网络。在“绿色美好生活”中，幸福将越来越不是由财富来衡量，而是通过积极的生活体验、社区共享、创造性参与网络活动和团队活动来加以衡量。任何所选择的基本收入分配制度，以及对特殊情况的额外支持，都可以利用信息并通信技术和借记卡系统来进行管理。
- 全球层面的技能学习。在世界各地，广泛认同教育和技能的重要性需要转化为“新政”的核心部分。[37]以信息通信技术优势为智能优势，包括不断增值的所谓“大规模网络开放课程”（MOOC）和终身教育。提高发展中国家人口的创新能力将改善他们的生存机会，减少移民压力，促进贸易。
- 支持后发国家的发展。正如马歇尔计划在帮助欧洲重建的同时促进了跨大西洋贸易，国际社会需要落实支持发展的有效的新途径，认识到信息与通信技术和全球化所开启的新可能性。[38]如上所述，这些国家的崛起将造福发达国家、新兴国家和发展中国家，创造新的重要而又全面的贸易流。

- 财政调整不是靠控制，而是靠短期的高收益征税以及随时降低税率，从而使长期投资于实体经济更有利可图。此外，在改造建设环境和资助私人绿色项目、绿色研究、发展与市场创造方面的公共投资，[39]有必要为绿色方向的高风险创新提供支持，并加大对他人投资的协同效应。

以上引入的政策类型还远远没有完成，但它是一个列表，不仅建立在历史经验的讨论上，而且其中一些案例已经在世界各地的村庄、城镇、城市和国家中进行了尝试和探索。然而，要想实现这个根本转变，重要的是不能仅仅列举潜在的政策，而是要审视政策设计的过程[40]以及将要实施这些政策的组织类型。[41]

- 政府自身的现代化。近几十年来，放弃组织的“指挥与控制”模式是企业现代化范式转换的一部分。除了引进计算机之外，政府几乎没有什么作为。相反，在新自由主义开出的配方中，主要的“新”做法是外包公共服务，或建立所谓的“公—私伙伴关系”。这是在私营部门最擅长和节省国家资金的假设下，以效率的名义进行的。在大多数情况下，正如科林·克劳奇在本书第九章中所示，这类期望没有得到满足。[42]最坏的后果是公共部门能力弱化、回避必要的现代化进程，这又降低了公共服务对最有才华者的职业吸引力。如果要使经济体得到强有力的协同增长，带来更多的社会效益，逐步提高创造性和灵活性，建立灵活、高效的知识型政府机构至关重要。[43]
- 政策设计的共识建构。政策变化的旧模式是为政府（通常是一方）引入新政策，这会引发巨大的阻力、鼓励游说、努力寻找避税漏洞甚至造成腐败。在当前经济全球化的背景下，这种方法行不通。政府需要建立新的体制机制，以确保从企业到公民社会的所有利益相关者共同努力，产生积极成果。政策设计的过程也显得越来越重要。[44]

- 国家权力让渡。在一个全球化的世界，似乎越来越有必要考虑将部分国家权力下放给地方政府、城市和地区，让渡给超国家的组织。这是一项艰巨的任务，面临巨大的政治障碍。但当全球化和分化彻底改变了金融和整个经济运行的条件时（以避税的便利性为例），让渡部分国家权力给具有执行力的超国家机构将不可避免。

很明显的是，旧方法现在不会起作用，而且最近确实也没起作用。采用简单的紧缩方案，政府退出干预，而期望市场在没有明确特点的情况下朝着确定、稳定的方向发展，这种做法也不奏效。我们需要认真反思、进一步建立共识，需要加强全球谈判和坚定领导。我们可以利用能够推动可持续全球黄金时代的技术；成功运用它们需要了解历史，并愿意做出一个明确的社会政治选择。

致　谢

我感谢Anthemis（UK）有限公司为本章的撰写提供财政支持，感谢塔姆辛·墨累–利奇（Tamsin Murray–Leach）对本章研究、写作和编辑工作所做出的贡献。

注　释

1. 举例说明，参见：R. D. Atkinson，'How certain are you that robots won't create as many jobs as they displace?'，The *Christian Science Monitor*，3 December 2015，http://www.csmonitor.com/Technology/Breakthroughs–Voices/2015/1203/How–certain–are–you–that–robots–won–t–create–as–many–jobs–as–they–displace（2015年12月29日查获）；E. Brynjolfsson

and A. McAfee，*Race Against the Machine: How the Digital Revolution is Accelerating Innovation，Driving Productivity，and Irreversibly Transforming Employment and the Economy*，Lexington，MA，Digital Frontier Press，2011。

2. R. Gordon，*Is U.S Economic Growth Over? Faltering Innovation Confronts The Six Headwinds*，Working Paper 18315，National Bureau of Economic Research，August 2012，http://www.nber.org/papers/w18315（2015年12日29日查获）；T. Cowen，*The Great Stagnation: How America Ate All the Low-Hanging Fruit of* Modern *History*，*Got Sick*，*and Will*（*Eventually*）*Feel Better*，New York，Dutton，2011.
3. 举例说明，T. Jackson，*Prosperity Without Growth*，London，Earthscan，2009; S. Latouche，*Farewell to Growth*，London，Polity Press，2010。
4. R. M. Solow，'A contribution to the theory of economic growth'，*Quarterly Journal of Economics*，vol. 70，no. 1，1956，pp. 65–94.
5. R. U. Ayres，L. W. Ayres and B. Warr，*Energy*，*Power and Work in the U. S. Economy 1900 – 1998*，Insead' s CenterFor the Management of Environmental Resources，2002/52/EPS/CMER，2002.
6. R. Dobbs，J. Oppenheim，F. Thompson，M. Brinkman and M. Zornes，*Resource Revolution: Meeting the World ' s Energy*，*Materials*，*Food*，*and Water Needs*，McKinsey Global Institute report，2011，http://www.mckinsey.com/business-functions/sustainability-and-resource-productivity/our-insights/resource-revolution（2015年12月29日查获）。
7. 举例说明，参见：G. B. Christiansen and R. H. Haveman，'The contribution of environmental regulations to the slowdown in productivity growth'，*Journal of Environmental Economics and Management*，vol. 8，no. 4，1981，pp. 381–90; K. Palmer，W. E. Oates and P. R. Portney，'Tightening environmental standards: the benefit-cost or the no-cost paradigm?'，*Journal of Economic Perspectives*，vol. 9，no. 4，1995，pp. 119–32。

8. H. S. D. Cole，C. Freeman，M. Jahoda and K. Pavitt，*Models of Doom: A Critique of the Limits to Growth*，New York，Universe，1973; C. Freeman and M. Jahoda，*World Futures*，London，Martin Robertson，1978.

9. Global Commission on the Economy and Climate，*The New Climate Economy*，report for the Global Commission on the Economy and Climate，2014，http://2014.newclimateeconomy.report/（2015年12月29日查获）。也可以参见：M. Jacobs，*Green Growth: Economic Theory and Political Discourse*，Working Paper 92，Grantham Institute，2012。

10. In 1934，Hansen' s 'Capital goods and the restoration of purchasing power'，*Proceedings of the Academy of* Political *Science*，vol. 16，no. 1，Money and Credit in the Recovery Program（April），pp. 11–19，and in 2014 L. H. Summers' s 'Reflections on the "new secular stagnation hypothesis"'，in C. Teulings and R. Baldwin，eds，*Secular* Stagnation: *Facts*，*Causes and Cures*，London，CEPR Press，pp. 27–38.

11. Brynjolfsson and McAfee，*Race Against the Machine* ; E. Brynjolfsson and A. McAfee，*The Second Machine Age*，London，W. W. Norton & Co，2014.

12. 参见：particularly Gordon，*Is U.S. Economic Growth Over?* ch. 4。

13. J. A. Schumpeter，*Business Cycles: A Theoretical*，*Historical*，*and Statistical Analysis of the Capitalist Process*，New York，McGraw-Hill，1939; N. Kondratieff，*The Major Economic Cycles*，1922，published in English in G. Daniels（trans.）*Long Wave Cycle*，New York，E.P. Dutton，1984; G. Dosi，C. Freeman，R. Nelson，G. Silverberg and L. Soete，*Technical Change and Economic Theory*，London，Pinter Publishers，1988.

14. 参见：C. Perez，*Technological Revolutions and Finance Capital: The Dynamics of Bubbles and Golden Ages*，Cheltenham，Edward Elgar，2002，particularly ch. 2; 'The double bubble at the turn of the century: technological roots and structural implications'，*Cambridge Journal of Economics*，vol. 33，no. 4，2009，pp. 779–805。
15. 参见：Perez，*Technological Revolutions*，chs 4–5。
16. J. A. Schumpeter，*Capitalism*，*Socialism and Democracy*，London，Routledge，1994 [1942].
17. A fuller account of these processes can be found in Perez，*Technological Revolutions* .
18. C. Freeman and F. Louçã，*As Time Goes By: From the Industrial Revolutions to the Information Revolution*，Oxford，Oxford University Press，2001.
19. M. Mazzucato and C. Perez，'Innovation as growth policy: the challenge for Europe'，in J. Fagerberg，S. Laestadius and B. R. Martin eds，*The Triple Challenge for Europe: Economic Development*，*Climate Change and Governance*，Oxford，Oxford University Press，2015，ch. 9.
20. M. Twain and C. D. Warner，*The Gilded Age: A Tale of Today*，Hartford，CT，The American Publishing Co.，1873.
21. Brynjolfsson and McAfee，*The Second Machine Age* .
22. 更为大胆的是瑞典模式的创造者雷恩和梅德纳。这种模式认为，商业政府与工会合作的模式在生产力、竞争力、技能和福利方面，将国家推向了第一的行列。就像其他发达国家的正统凯恩斯主义方法一样，一旦大规模生产革命接近枯竭，这种模式就变得不足了。R. Meidner and G. Rehn，The *Trade Union Movement and Full Employment. Report to the LO Congress in 1951*，Stockholm，The

Swedish Confederation of Trade Unions（LO），1951.

23. Ellen MacArthur Foundation，*Towards A Circular Economy: Business Rationale For An Accelerated Transition*，Report，2 December 2015，https://www.ellenmacarthurfoundation.org/publications/towards-a-circular-economy- business-rationale-for-an-accelerated-transition（2015年12月29日查获）；Ellen MacArthur Foundation，*Growth Within: A Circular Economy Vision For A Competitive Europe*，Report，25 July 2015，http://www.ellenmacarthurfoundation.org/assets/downloads/publications/EllenMacArthurFoundation_Growth-Within_July15.pdf（2015年12月29日查获）。
24. C. Freeman，*Systems of Innovation: Selected Essays in Evolutionary Economics*，Cheltenham，Edward Elgar，2008.
25. World Wildlife Fund and SustainAbility，*One Planet Business: Creating Value Within Planetary Limits*，Report，WWF-UK，2007，http://assets.wwf.org.uk/downloads/one_planet_business_first_report.pdf（2015年12月29日查获）。
26. 举例说明，对于前者，参见：for the former，the FTSE' s ESG（Environmental，Social and Governance）series of indexes，including the FTSE Environmental Opportunities Index Series and the FTSE4Good Environmental Leaders Europe 40 Index; more at http://www.ftse.com/analytics/factsheets?allproducts=RESPINV&Category=Go（2015年12月29日查获）；对于后者，参见：the speech by the Govenor of the Bank of England Ref to Lloyds of London insurance undertakers: M. Carney，'Breaking the tragedy of the horizon—climate change and financial stability'，speech delivered at Lloyd' s of London on 29 September 2015，http://www.bankofengland.co.uk/publications/Documents/speeches/2015/speech844.pdf（2015年12月29日查获）。

27. B. A. Lundvall, ed., *National Innovation Systems: Towards a Theory of Innovation and Interactive Learning*, London, Pinter Publishers, 1992.

28. J. M. Keynes, 'Private letter to Franklin Delano Roosevelt,' 1 February 1938, in D. E. Moggridge, *Maynard* Keynes: *An Economist's Biography*, London, Routledge, 1992.

29. R. Kaplinsky, 'Schumacher meets Schumpeter: appropriate technology below the radar', *Research Policy*, vol. 40, no. 2, 2011, pp. 193–203.

30. R. Kaplinsky, *Globalization, Poverty and Inequality: Between a Rock and a Hard Place*, Cambridge, Polity Press, 2005; C. Perez, 'Technological dynamism and social inclusion in Latin America: a resource-based production development strategy', *CEPAL Review* °*100*, 2010, pp. 121–41; A. Marin, L. Navas-Alemán and C. Perez, 'Natural resource industries as a platform for the development of knowledge intensive industries', *Tijdschrift* Voor *Economische en Sociale Geogra fi e*, vol. 106, no. 2, 2015, pp. 154–68.

31. C. Perez, 'Why IT and the green economy are the real answer to the financial crisis', Green Alliance Blog, 2012, http://greenallianceblog.org.uk/2012/03/19/why-it-and-the-green-economy-are-the-real-answer-to-the- financial-crisis/（2015年12月29日查获）。

32. T. Piketty and E. Saez, 'Income inequality in the United States, 1913–1998', *The Quarterly Journal of Economics*, vol. 115, no. 1, 2010, pp. 1–39.

33. M. A. Bienfeld, *Working Hours in British Industry: An Economic History*, London, London School of Economics and Political Science/Weidenfeld and Nicholson, 1972.

34. G. Bruun, *Nineteenth Century European Civilisation 1815 – 1914*,

London，Oxford University Press，1990 [1955].

35. R. Nelson and S. Winter，*An Evolutionary Theory of Economic Change*，Cambridge，MA，Belknap Press，1982. 也可以参见：Freeman and Louçã，*As Time Goes By*，ch. 2。

36. W. Lazonick，'From innovation to financialization: how shareholder value ideology is destroying the US economy'，in G. Epstein and M. H. Wolfson，eds，*The Handbook of the Political Economy of Financial Crises*，Oxford，Oxford University Press，2013，pp. 491–511.

37. B. A. Lundvall，'Innovation and democracy in the Learning Economy: the "New New Deal" as response to the crisis' . Memorandum for 10 Downing Street Policy Seminar *Industrial Activism*，*Market Regulation and the Transition* to *a Low Carbon Economy*，2009.

38. 参见：Perez，'Technological dynamism'，CEPAL Review N 100，2010，pp. 121–41; and Marin et al. 'Natural resource industries'。

39. M. Mazzucato，*The Entrepreneurial State*，London，Anthem，2013；'Serious innovation requires serious state support'，*Financial Times*，4 December 2013，http://www.ft.com/cms/s/0/f017a3c4–4e1b–11e3–8fa5–00144feabdc0.html#axzz2tbj5RZ76（2015年12月29日查获）。

40. D. Rodrik，*Industrial Policy for the Twenty– fi rst Century*，CEPR Discussion Paper 4767，London，CEPR，2004，http://papers.ssrn.com/sol3/papers.cfm?abstract_id=617544（2015年12月29日查获）。

41. E. Karo and R. Kattel，（2015）*Innovation Bureaucracy: Does the Organization of Government Matter* when *Promoting Innovation?* CIRCLE WP 2015/38，Lund University，2015.

42. 参见：W. Drechsler and T. Randma–Liiv，'The new public management then and now: lessons from the transition in Central and Eastern Europe'，in M. de Vries and J. Nemec，eds，*Implementation of New Public*

Management *Tools. Experiences from Transition and Emerging Countries*，Brussels，Bruylant，2014，pp. 33–49。

43. 郭士纳把庞大的美国国际商用机器公司官僚机构变成一个巨大而敏捷的组织，并把它作为政府做事情的一面镜子。参见：L. Gerstner，*Who Says Elephants Can ’ t Dance?* New York，Harper Business，2002。

44. 参见：Rodrik，*Industrial Policy*。

译后记

用“拿来主义”重思资本主义

习近平总书记强调指出，“世界格局正处在加快演变的历史进程之中，产生了大量深刻复杂的现实问题，提出了大量亟待回答的理论课题。这就需要我们加强对当代资本主义的研究，分析把握其出现的各种变化及其本质，深化对资本主义和国际政治经济关系深刻复杂变化的规律性认识。”不忘本来、吸收外来、面向未来，已经成为新时代中国特色社会主义事业长期坚持的基本方略。

“我们要运用脑髓，放出眼光，自己来拿！”这是鲁迅先生在《拿来主义》一文中教给我们的箴言。我们要更好地发展中国特色社会主义，就必须贯彻“吸其精华、去其糟粕”的拿来主义，注重在扬弃中吸收外来，完善自我。一部中华民族现代化历史，就是一部与西方资本主义打交道的历史，回顾这段探索历程，我们付出过巨大的代价，也汲取了深刻的教训。应该说，如何对待西方资本主义，始终是一个我们绕不开的课题，当务之急不在于要不要“拿来”，而在于会不会“拿来”。

“拿来”的根柢是自信。只有保持自信，才能以客观理性的心态去看待别人的东西，才能以海纳百川的气度去学习别人的东西。这种自信，来自于我们坚定不移“走自己的路”的信念，植根于我们对中国共产党执政规律、社会主义建设规律、人类社会发展规律认识的不断深化。没有自信就不会“拿来”，很有可能蜕变为“迎来”、“捧来”，不辨优劣，不分好坏，一股脑儿地照搬照抄，这是万万要不得的。当然，自信不是自大，不是目中无人。现在学术界有一种不好的倾向，就是把西方文明、西方制度说得一无是处，哪里还值得我们关注，值得我们学习？这既不客观，也不理性，如果任由这种心态滋生蔓延，甚至会把实践带到很危险的境地。只有在“拿来”的基础上实现创造性转化、创新性发展，我们才能更加笃定于中国特色社会主义的道路自信、理论自信、制度自信和文化自信。

“拿来”的前提是会鉴别。要想拿到资本主义的好东西、好经验，就必须有鉴别力，必须对资本主义的肌理进行解剖，弄清楚什么是好的，什么是坏的，这样才能有的放矢、为我所用。须知，现实世界纷繁复杂，真正的问题往往隐藏在各种浅问题、伪问题之下。况且，真问题之中还有小大之分、缓急之分、彼此之分。抓住了真问题，就等于解决了一半。正如本书作者之一诺贝尔经济学奖得主斯蒂格利茨对美国制度提出的“三个1%”的深刻揭露和批判，即“1%有、1%治、1%享”，这已经背离了林肯总统所倡言的“民有、民治、民享”，越来越不能在经济需求与社会需求、生态需求之间求得平衡。环顾当代西方资本主义的种种乱象，说到底，它源自严重的结构性危机，这恰恰是资本主义制度失灵的症结。本书作者们分别聚焦紧缩性财政、外生货币、短期主义、创新、投资不足、耐心资本、资本主义经济不平等、私有化和公共服务外包、技术革新、绿色低碳等关键结构性要素，逐一剖析西方资本主义遇到的问题。这些问题，有的是我们解决好了但却令西方裹足不前的，有的是我们在发展中也需要注意避开的。

“拿来”的关键是懂路径。如果说抓住真问题就等于解决了一半，那么另一半就必须靠有效的理论来指导，要走正确的路径。搞清楚真正的问题所在之后，就要探求有效的理论，探寻合适的路径。认识资本主义、解剖资本主义有很多种进路和方法。但从哪里下手最快也最能触及其内在机理呢？无非两个地方，一个是资本主义机能发挥最好的地方，表现最好的地方；另一个是资本主义出问题的地方，失灵的地方。我们在观察西方资本主义的时候，应当注重从这两个地方切入，两相对照，不可偏废。本书就属于后一个进路，是对当代资本主义经历了最深刻伤痕——金融危机以来的经济社会结构进行的全面、系统的深刻反思。

翻译本书，也促使译者进行理论思考。马克思说过，理论只要能说服人，就能掌握群众；而理论只要彻底，就能说服人。所谓彻底，就是抓住事物的本质。梳理西方的经济学思想流派，不难发现，从亚当·斯密到边际三杰，再到凯恩斯；从约翰·穆勒到马歇尔，再到萨缪尔森；从哈耶克到弗里德曼，再到伯南克，无一例外，他们根本遵循的都是“政府—市场”范式。这种范式也深深地影响着我们的经济思维，从计划经济转向市场经济，同样也是力图在“政府—市场”的二元关系中找到平衡。实践证明，“政府—市场”范式因其彻底性而具有强大的解释力和引领力，对现代经济治理产生了深远的影响。但是，任何一种范式都必须随着客观条件的改变而做出相应的调整，特别是随着信息技术等颠覆性科技的发展传导到经济结构、社会结构、政治结构中，各种要素都在流转变动之中，而且这种流动往往是以指数量级出现的。量变引起质变，这就迫切需要对政府和市场以及相关的概念进行与时俱进的重构，才能让经济范式更好地指导实践，才能推动治理现代化，这也正是我们在学习领会和坚持发展习近平新时代中国特色社会主义思想时需要深入思考的一个重要的着力点。

本书中文版能呈现在读者面前，是几位志同道合者集体智慧的结晶。本书的四位译者也是因缘际会，大家来自不同地方、不同单位，但却因为一个共同的追求、共同的事业而走在一起。李磊在江苏省委办公厅经济处工作；柬东新是北京建筑大学的英语教师，两人目前均在中央党校攻读在职“马博士”；陆昕是负笈美国西北大学的访问学者，目前在中央电视台工作；周建军是国务院国资委研究中心的副研究员。无论是在平时的工作实践中，还是在研习马克思主义经典理论的过程中，几位译者都有一种共同的感受，就是对西方资本主义机制最新、最前沿的动态捕捉还不够，对其内在机理的认识还不够，用来比较分析的“靶子”还不够。正是这样的困惑，促使我们把目光投向翻译并介绍当代西方资本主义最新的理论实践动态，这对于推进21世纪中国的马克思主义无疑是一件很有意义的事情。

本书翻译初稿完成后，译者专门请江苏省委办公厅经济处处长叶绍芳同志对全书进行了译校，特别是对经济理论和实务方面的知识要点做了指导，并提出了宝贵的修改意见。中信出版集团的王宏静女士独具慧眼，鼎力支持，使得本书得以顺利翻译；在书稿的编辑过程中，责任编辑李琦女士细致入微、一丝不苟，保证了书稿的品质，我们深感钦佩。好的翻译理应是一次思想的再创造，我们将继续为之努力，欢迎读者在阅读过程中交流意见、提出批评。

最后，借用本书编者马祖卡托在其力作《创新型政府》（中文版由李磊、柬东新、程单剑三人翻译，中信出版集团即将出版）的开篇中所说：“我们身处伟大时代，要思考‘大问题’”。译者愿以此与读者共勉，让我们一起思考“大问题”，建设新时代。

李磊

于京西自得园